VirtualBox를 이용한 리눅스 서버구축 입문

김 교 일 저

D.B.Info

저자 서문

'서버구축' 과목을 강의하다 보니 학생들이 이유를 알지도 못한 채 책에서 지시하는 대로 무작정 따라하는 모습을 많이 보게 되었습니다. 그러한 방법은 학생들의 흥미를 유도할 수 없기 때문에, 결과적으로 학생들의 실력은 향상되기 어렵다고 생각합니다. 그런데 학생들이 무작정 책대로 따라만 하는 것은 책이 그러한 방식으로 집필되어있기 때문이라고 할 수 있습니다. 입문용의 책들이 흔히 갖는 문제 중의 하나가 설명을 제대로 해 주지 않고 '그냥 따라하라' 는 식으로 기술되어 있다는 것입니다. 이러한 문제를 해결하고 학생들의 학습동기를 유발하기 위해 이 책을 집필하였습니다. 이 책의 특징은 다음과 같습니다.

1. 리눅스는 학생들에게 친근한 운용체제가 아닙니다. 입문서적으로서 너무 많은 분량은 리눅스라는 운영체제에 대한 접근을 방해하는 요인이 될 수 있습니다. 이 책은 각 서버들에 대해 입문용으로서 꼭 필요한 설정만을 적용하여 전체적인 양을 줄이면서 그 설정의 의미는 명확하게 설명하기 위해 노력하였습니다.

2. 서버를 구축하고 관리하는 데는 서버자체에 대한 지식 뿐 아니라 리눅스에 대한 사용능력이 매우 중요한 바탕이 된다고 생각됩니다. 학생들 스스로 각 장을 공부하면서 자연스럽게 리눅스를 사용하는 능력을 키울 수 있도록 구성하였습니다.

3. VirtualBox의 네트워킹을 이용하여 서버구축 과정 중에 네트워킹을 설정하고 관리하는 것을 충분히 실습할 수 있도록 하였습니다.

4. 총 12장으로 구성하여 한 주에 한 장씩 수업하고 한 주의 보충수업, 두 주의 시험을 포함하면 15주의 수업이 여유 있게 가능하도록 구성했습니다.

사람의 일이라는 것이 항상 그런 것 같습니다. 나름대로 애를 써서 집필하였으나 탈고를 하고 나니 충분한 시간을 두고 더 알차게 집필하지 못한 아쉬움이 남습니다. 처음에 품었던 포부에 미치지 못하는 부분은 추후 개정을 통해 지속적으로 보강하도록 하겠습니다. 부족하나마 아무쪼록 학생들에게 도움이 되는 책 중의 하나가 되기를 바랍니다. 원고의 정리와 출판에 힘써 주신 복두출판사 송광헌 사장님을 비롯한 임직원 여러분께 감사드리고, 겨울방학 동안 가족보다 집필하는 책과 시간을 더 보낸 남편·아빠임에도, 응원을 아끼지 않은 사랑하는 아내와 딸에게 고마운 마음을 전합니다.

저자 김교일

Contents

제1장 VirtualBox

이 장에서 다루는 내용

○ 가상머신이란

○ 가상머신 소프트웨어의 비교

○ VirtualBox의 설치

○ VirtualBox에서 가상머신 만들기

○ VirtualBox의 네트워킹

이 장의 목표

이 장을 마치고 나면 다음의 능력들을 갖게 될 것입니다.

- 가상머신이 무엇인지 설명할 수 있게 됩니다.
- 자신에게 맞는 가상머신 소프트웨어를 선택할 수 있습니다.
- VirtualBox에 대해 설명할 수 있습니다.
- VirtualBox를 다운로드하여 본인의 PC에 설치할 수 있습니다.
- VirtualBox를 사용하여 원하는 사양의 가상머신을 만들 수 있습니다.
- VirtualBox의 가상머신에 용도에 맞는 네트워크 인터페이스를 만들 수 있습니다.

〈그림 1-1〉 여러 가지 가상머신 소프트웨어들

1.1 가상머신이란

컴퓨터란 소프트웨어를 실행하여 원하는 결과를 얻는 장치입니다. 그 원하는 결과가 무엇이냐에 따라 다양한 소프트웨어가 존재합니다. HWP와 MS워드같은 문서편집기, 포토샵과 같은 그래픽프로그램, 파이어폭스(Firefox)나 크롬(Chrome)과 같은 웹브라우저, 혹은 오러클(Oracle)이나 MySQL과 같은 데이터베이스 프로그램들이 이에 해당합니다. 그런데 문서편집기, 그래픽프로그램, 웹브라우저 그리고 데이터베이스 프로그램 등은 하는 일이 달라서로 판이하게 다른 소프트웨어처럼 보입니다. 하지만 이들도 그들의 원하는 결과를 만들어 내기 위해서는 서로 비슷한, 공통적으로 해야 하는 일들이 있습니다. 예를 들면 파일을 만들어 저장하거나 읽는다든지, 네트워크를 접속하여 어떤 일을 처리한다[1]든지하는 것입니다. 이렇게 대부분의 프로그램들이 공통적으로 처리해야 하는 일들은 모든 프로그램들이 개별적으로 구현하여 가지고 있을 필요는 없을 것입니다. 그것보다는 하나의 프로그램이 이 기능들을 구현하고 다른 프로그램들은 이 프로그램이 구현한 기능들을 이용하면 좋을 것입니다. 이런 방식이 현재 사용하는 컴퓨터의 일반적인 모습입니다. 이렇게 공통기능을 구현한 프로그램을 우리는 운영체제[2](Operating System)라고 부릅니다. 즉, 하드웨어로서의 대부분의 컴퓨터라는 기계는 운영체제가 기본적으로 설치되어야 다른 소프트웨어들을 실행시킬 수 있는 것입니다.

운영체제에는 다양한 종류가 있습니다. 흔히 사용하는 개인용 컴퓨터를 위한 운영체제의 경우에는 3가지 종류로 대별할 수 있는데, 가장 많이 사용하는 것이 마이크로소프트사의 윈도우즈계열의 Winodws XP, Windows 7 등이고 둘째는 리눅스계열의 페도라(페도라), 우분투(Ubuntu), 레드햇(Redhat) 등이며 셋째는 애플(Apple)사의 Mac OS X 등입니다. 각 운영체제마다 장단점과 용도에 다소간의 차이가 있고 실행되는 프로그램도 운영체제별로 다르기 때문에 좀 전문적인 작업을 필요로 할 경우나 개인의 취향에 따라서는 둘 이상의 운영체제를 사용하게 되는 경우도 많습니다.

복수 개의 운영체제를 필요로 하는 경우, 여러 대의 컴퓨터를 마련하여 각 컴퓨터에 원하는 운영체제를 설치하여 운영하는 것이 가장 좋을 것입니다. 하지만 이렇게 할 경우 재정적 부담이 너무 큰 것이 사실입니다. 그래서 사람들은 멀티부팅(Multi-booting)이라고 하는 방식을 이용해 왔습니다. 멀티부팅이란 하나의 컴퓨터에 두 개 이상의 운영체제를 설치하여 컴퓨터의 부팅시 원하는 운영체제를 선택하여 부팅할 수 있도록 하는 것입니다[3]. 즉,

1) 요즘은 문서편집기도 작성한 문서를 네트워크를 이용하여 블로그, 트위터 또는 페이스북 등에 올리는 기능 등을 가지고 있다.
2) OS는 본문에서 나열한 파일관리, 네트워크관리 뿐만 아니라 일반적으로 프로세스관리, 메모리관리, 입출력장치관리, 시스템보안, 사용자관리 등의 기능을 가지고 있다.

하나의 PC가 부팅시 선택에 의해 때로는 Windows 머신도 되고 때로는 Linux머신도 되며, 때로는 Mac도 되게 할 수 있는 것입니다. 하지만 이 방법에는 단점이 있는데 한 운영체제에서 다른 운영체제로의 전환에 시간이 너무 많이 걸린다는 것(리부팅이 필수적이니까요!) 입니다. 또한 설치된 여러 운영체제를 동시에 사용할 수는 없다는 것입니다. <그림 1-2>의 예에서는 Windows 7과 페도라 11의 두 운영체제를 설치하여 멀티부팅으로 사용하는 PC를 보였습니다. 이 PC는 두 개의 운영체제를 이용할 수 있지만 이 두 운영체제를 동시에 사용할 수는 없습니다. 사용자는 컴퓨터의 스위치를 켜서 부팅할 때 Windows 7을 사용할지, 페도라 11을 사용할지 결정해야만 합니다.

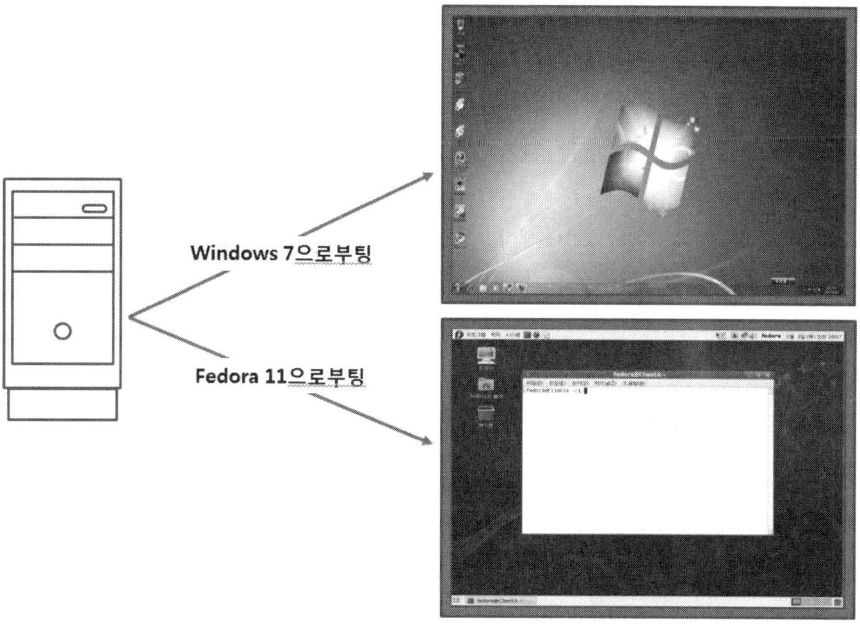

〈그림 1-2〉 멀티부팅하는 컴퓨터의 예

1980대 초반에 4.77Mhz의 Intel 8088 마이크로프로세서와 16KB의 메모리를 장착한 IBM PC가 처음 세상에 나온 이후 컴퓨터 관련 기술이 비약적으로 발전하여 현재는 3Ghz대의 6개의 프로세서코어가 하나의 칩에 들어있는 CPU와 수 GB 용량의 메모리를 PC에 사용하

3) 컴퓨터를 켰을 때 하드디스크에 저장된 OS의 핵심적인 부분인 커널(kernel)을 메모리에 적재하여 실행가능하도록 만들어주는 소프트웨어를 부트로더(bootloader)라고 하는데 PC에 설치되는 부트로더의 대부분이 멀티부트기능을 지원해 준다.

는 것이 대중화되었습니다. 단순하게 생각하여 약 30년간 수 백배의 성능 발전이 이루어진 것입니다. 이렇게 강력해진 PC의 능력에 힘입어 가상머신(Virtual Machine, VM)이라는 개념이 실용화되었습니다. 가상머신이라는 용어에서 '가상'이란 실제 존재하는 하드웨어가 아니라 소프트웨어에 의해 만들어진 것이라는 의미이며, '머신'이란 컴퓨터를 의미합니다. 따라서 가상머신이란 하드웨어로서 실제 별도로 존재하는 컴퓨터가 아니라, 어떤 실제 컴퓨터에서 실행되고 있는 소프트웨어에 의해 마치 독립적으로 존재하는 별도의 컴퓨터가 있는 것과 같이 만들어진 환경을 의미합니다.

가상머신을 사용자인터페이스 관점에서 설명하면 하나의 컴퓨터(이를 호스트 컴퓨터라고 하자)에서 실행된 한 프로그램창이 독립적인 컴퓨터의 모니터인 것처럼 동작하게 되는 것이라고 말 할 수 있습니다. 가상머신이 만들어져서 켜진다는 것은 호스트 컴퓨터의 입장에서는 문서편집기와 같은 프로그램 하나가 실행되는 것과 동일한 것으로 여겨지지만, 이 가상머신은 개별 컴퓨터와 거의 동일한 환경을 제공하기 때문에 여기에 별도의 운영체제를 설치하여 부팅하는 것이 가능해집니다. 결과 호스트컴퓨터에서 실행되는 가상머신에 호스트컴퓨터와는 별도로 또 다른 컴퓨터가 운영되는 일이 가능해지는 것입니다. 이로서 Windows XP로 운영되는 실제 컴퓨터의 모니터 안에서 Linux를 운영체제로 하는 가상머신을 실행시키는 것이 가능하며 사용자에게 그 상황은 <그림 1-3>과 같이 보여질 것입니다.

〈그림 1-3〉 가상머신을 이용한 예

<그림 1-3>에서는 Windows 7으로 운영되는 PC안에 일반 프로그램과 같이 창이 있고 그 창 안에서 페도라 11을 기반으로 하는 별도의 PC가 운영되고 있는 것과 같은 모습을 보여주고 있습니다. 이와 같은 경우 페도라 11은 가상머신 소프트웨어가 만들어준 가상머신에서 운영되고 있는 것입니다.

이때 Windows 7을 **호스트 운영체제**(또는 호스트 OS), 페도라 11을 **게스트 운영체제**(또는 게스트 OS)라고 합니다. 즉, 가상머신 프로그램이 실행되고 있는 호스트 컴퓨터의 운영체제를 호스트 OS라 하고 호스트 OS상에서 실행되는 가상머신에 설치하여 운영하는 운영체제를 게스트 OS라고 부르는 것입니다.

1.2 가상머신 소프트웨어

가상머신 소프트웨어란 가상머신을 만들어주는 프로그램을 말합니다. 다양한 가상머신 소프트웨어들이 여러 회사에서 출시되고 있으나 여기에서는 가장 사용자가 많은 3가지만을 소개하도록 합니다. 그것은 VMware, Virtual PC, 그리고 VirtualBox입니다.

VMware

VMware는 VMware사(http://www.vmware.com)에서 생산하는 가상머신 소프트웨어 패밀리의 통칭입니다. VMware사는 1998년부터 가상머신 소프트웨어를 만들어 온 이 분야의 선두주자입니다. 이 회사에서는 여러 가상머신 소프트웨어를 만들어 판매하고 있지만 그 중에 VMware Workstation, VMware Server, 그리고 VMware Player의 3가지만 소개합니다. 이들 중 VMware Server와 VMware Player는 무료로 제공되나 VMware Workstaion은 유료입니다. 하지만 VMware Workstaion은 가장 기능이 우수하고 안정성이 뛰어난 제품입니다. 서버구축의 입문용 학습을 위해서 여러 리눅스 머신을 사용해야 하는 경우라면 무료인 VMware Server나 VMware Player를 이용하는 것도 괜찮은 선택이라고 생각합니다.

Virtual PC

Microsoft사에서 만든 가상머신(http://www.microsoft.com/windows/virtual-pc)입니다. 하지만 공식 홈페이지를 방문하면 Windows 7에만 설치할 수 있는 Virtual PC가 Windows XP mode[4)]와 함께 제공됩니다. 윈도우 XP나 Vista의 경우는 http://www.microsoft.com/

4) Microsoft사가 Windows 7을 출시하면서 Windows XP용 소프트웨어와의 호환을 위해 만든 가상머신이다.

windows/virtual-pc/support/virtual-pc-2007.aspx를 방문하여 Virtual PC 2007을 다운로드 받아야 합니다. Microsoft사는 Virtual PC에 대해 Windows 계열의 운영체제를 실행하기 위한 가상머신이라고 말하고 있으나 Linux계열의 운영체제를 성공적으로 설치한 사례도 보고되고 있습니다.

VirtualBox

독일의 소프트웨어 회사인 Innotek GmbH에서 개발한 가상머신 소프트웨어입니다. Innotek은 이후 Sun Microsystems사[5]에 인수되었고 다시 Sun Microsystems사는 Oracle사에 인수되었기 때문에 VirtualBox는 이제 Oracle사의 소유가 되었습니다. VirtualBox는 아주 초기부터 무료도 배포되어 왔습니다. Oracle이 Sun Microsystems사를 인수할 당시 많은 사람들이 Sun Microsystems사가 무료로 공급하고 있는 유명한 소프트웨어 패키지들인 Java 언어, MySQL 그리고 VirtualBox가 유료화되는 것이 아닌가 하고 걱정을 하였으나 현재까지는 계속 무료로 배포되고 있습니다. VirtualBox의 홈페이지는 http://www.virtualbox.org 입니다. 무료 소프트웨어로서 뿐만 아니라 유료로 판매한다고 하더라도 문제가 없을 정도로 VirtualBox는 매우 완성도 높은 소프트웨어입니다. VirtualBox는 이 교재에서 서버구축 학습에 이용할 가상머신이므로 별도로 상세히 소개하겠습니다.

1.3 VirtualBox

VirtualBox는 다음과 같은 특징이 있습니다.

- VirtualBox는 매우 **다양한 호스트 운영체제**에서 설치/실행이 됩니다. 윈도우즈 계열의 XP, Vista, Server 2003과 2008, 그리고 Windows 7의 32비트와 64비트버전에서 모두 설치/실행이 가능합니다. Mac OS X와 대부분의 Linux에서도 설치/실행됩니다. 거의 제한이 없이 지원하는 게스트 OS로는 Windows 2000, XP, Server 2003, Vista, Server 2008, Windows 7등의 윈도우즈 계열과 Linux 2.6버전의 커널을 갖는 리눅스 그리고 Solaris 10과 OpenSolaris 등이 있습니다.

- **이동성**이 좋습니다. VirtualBox는 매우 다양한 호스트 운영체제에서 실행됨을 이미 살펴보았습니다. 그런데, VirtualBox는 호스트 OS와 상관없이 해당 가상머신을 Open Virtualization Format (OVF)라는 표준파일로 출력할 수 있습니다. 이를 다른 컴퓨터의

5) Sun Microsystems사는 서버용 중대형 Unix컴퓨터를 만드는 회사로 유명하나 우리에게는 Java언어를 만들고 보급하는 회사로 더욱 잘 알려져 있다.

VirtualBox에서 읽어 들여 그 가상머신을 그대로 사용할 수 있습니다. 변경된 호스트 OS가 다르더라도 상관없이 잘 실행됩니다.

- 매우 가볍습니다. VMware에 비해 실행되는 프로세스의 수가 상대적으로 적습니다.

- Guest Additions라는 패키지를 설치하면 **호스트-게스트간 공유클립보드 및 공유폴더**를 제공합니다. 또한 고해상도의 화면이 가능해지며 가상머신의 창 크기를 조정함에 따라 화면해상도가 자동으로 조정됩니다.

- **무제한 횟수의 스냅샷**(Snapshot) 기능이 제공됩니다. 스냅샷은 특정한 어떤 시점에서 가상머신의 상태를 찍어서 기억(저장)해 놓는 것입니다. 이렇게 기억해 놓으면 언제라도 그 시점의 상태로 복원이 가능합니다. 스냅샷은 가상머신의 운용상태에 상관없이 언제라도 찍을 수 있습니다.

- 가상머신으로의 **원격접속 기능**을 제공합니다. 원격에 있는 컴퓨터에서 가상머신에 접속하여 시스템을 사용/관리하는 기능을 기본적으로 제공하고 있습니다.

1.4 VirtualBox의 설치

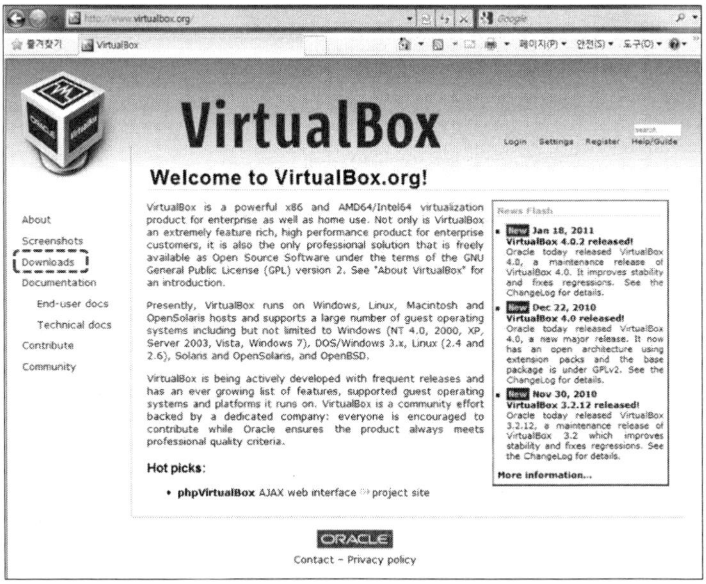

〈그림 1-4〉 VirtualBox홈페이지의 Downloads 메뉴 클릭

- 웹브라우저를 실행하여 VirtualBox의 홈페이지인 **www.virtualbox.org**를 방문합니다. 홈페이지의 왼쪽에 있는 메뉴 중에서 <Downloads>를 클릭합니다<그림 1-4>.

- 'Download VirtualBox'라는 제목의 페이지가 열립니다. 이 교재를 집필하고 있는 현재 최신 버전인 VirtualBox 4.0.2가 설치할 호스트 OS별로 나열되어 있습니다. VirtualBox 4.0.2를 Windows XP 또는 Windows 7 기반의 PC에 설치하려 한다면 'VirtualBox 4.0.2 for Windows hosts'의 바로 오른쪽에 있는 <x86/amd64>를 클릭하면 됩니다. 하지만 현재까지의 4.0대 버전은 게스트 OS와 호스트 OS 간 또는 게스트 OS 상호간 네트워킹에 버그가 있어서 서로 통신이 되지 않는 경우가 발생할 뿐 아니라 페도라 리눅스의 최신 버전인 페도라 14의 패키지관리 소프트웨어인 yum의 실행이 잘 되지 않는 문제점도 있어서 우리는 이전의 안정 버전인 VirtualBox 3.2.12를 이용하도록 합니다.

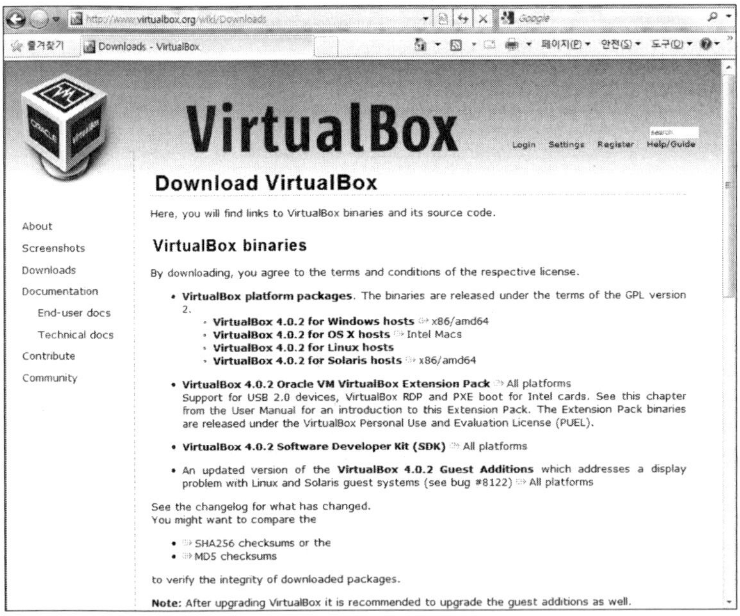

〈그림 1-5〉 VirtualBox 4.0.2의 다운로드 페이지

- <그림 1-5>의 상태에서 웹브라우저의 페이지를 아래로 내리면 'VirtualBox older builds'라는 항목이 있습니다. 3줄 아래를 보면 동일한 문구의 링크 <VirtualBox older builds>가 있습니다. 이를 클릭합니다<그림 1-6>. 그리고 다음의 'Download VirtualBox (Old Builds)' 페이지에서 <VirtualBox 3.2>를 클릭합니다.

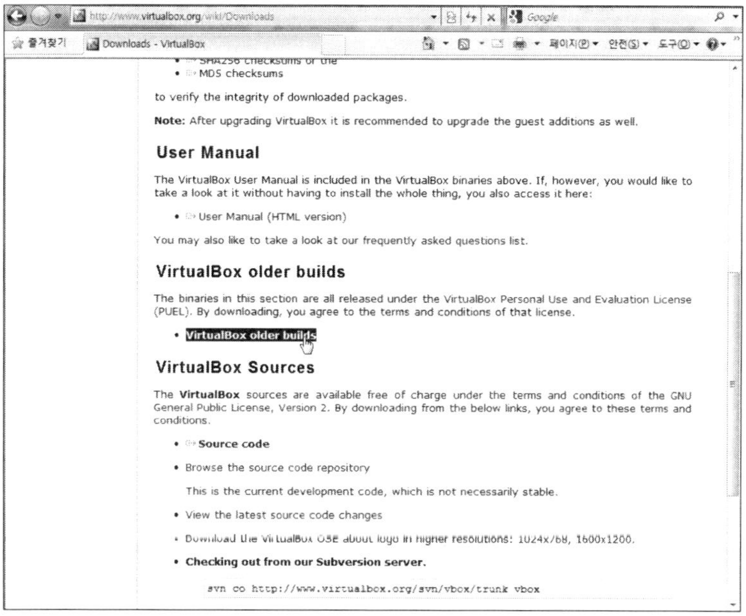

〈그림 1-6〉 VirtualBox older builds의 선택

- 이제 <그림 1-7>과 같은 페이지가 열립니다. 'Download VirtualBox (Old Builds): VirtualBox 3.2' 페이지에서 'VirtualBox 3.2.12 for Windows hosts'의 바로 오른쪽에 있는

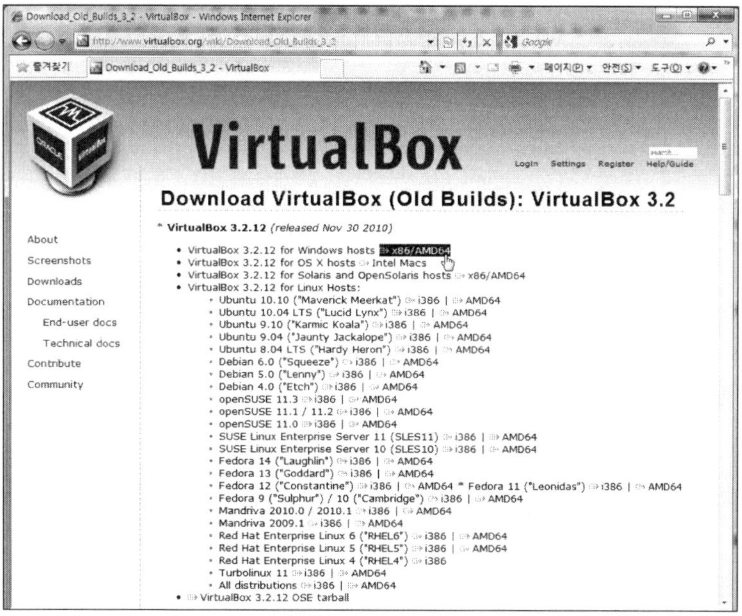

〈그림 1-7〉 VirtualBox 3.2.12의 선택

<x86/AMD64>를 클릭합니다.

- 다운로드 경고창이 뜨면 [저장]을 누릅니다<그림 1-8>.

〈그림 1-8〉 다운로드 경고 창에서 저장 선택

- '다른 이름으로 저장'창에서 저장에 적절한 위치를 선택합니다. 만약을 위해 저장되는 위치를 잘 기억하기 바랍니다. 파일 이름은 VirtualBox-3.2.12-68302-Win.exe입니다.

- 다운로드가 진행 중인 창에서 '다운로드가 완료되면 이 대화상자를 닫음'의 체크를 해제하면 다운로드 후 간편하게 VirtualBox 3.2.12의 설치파일을 실행할 수 있어서 좋습니다. 다운로드가 완료되면 실행을 시킵니다<그림 1-9>.

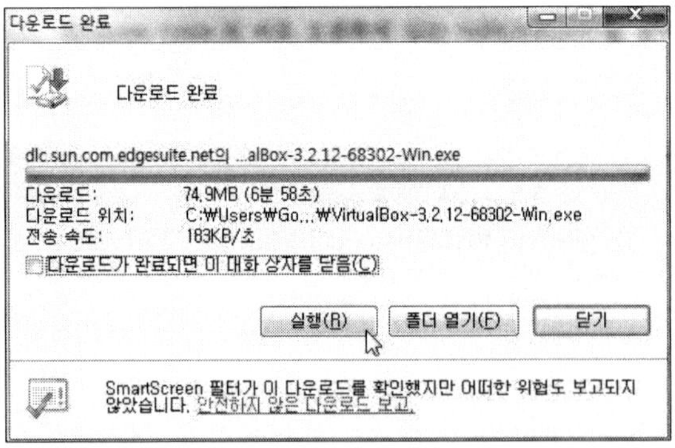

〈그림 1-9〉 다운로드 완료 후 [실행] 선택

- 만약 위에서 언급한 항목에 체크가 되어 있어서 다운로드 완료 후 창이 사라져 버렸다면 기억해 놓았던 다운로드 위치에 가서 저장된 VirtualBox-3.2.12-68302-Win.exe를 실행시키면 됩니다.

- 설치파일을 실행시키면 그 실행에 대한 보안경고창이 뜹니다. 보안경고를 보면 항상 약간의 겁이 나기 마련이지만 과감하게 [실행]을 누릅니다<그림 1-10>.

〈그림 1-10〉 보안경고창에서 [실행] 선택

- <그림 1-11>과 같은 설치환경 화면이 나옵니다. [Next]를 누릅니다.

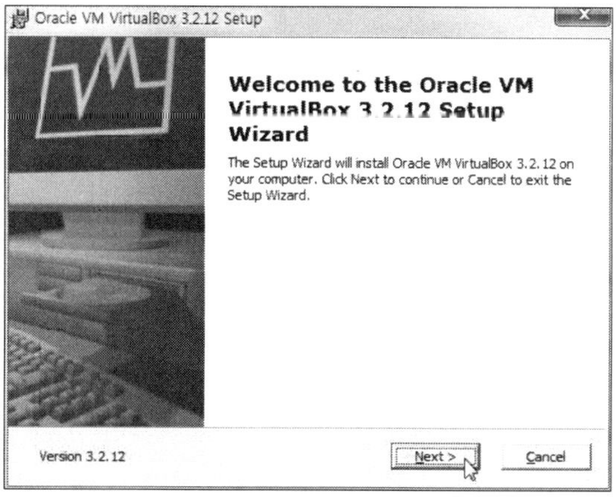

〈그림 1-11〉 설치환경 화면

- 다음은 사용약관에 대한 동의여부를 물어보는 창입니다. <그림 1-12>와 같이 'I accept

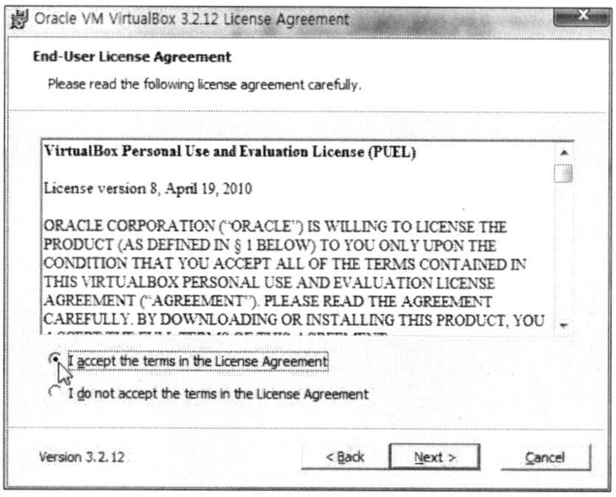

〈그림 1-12〉 사용약관에 동의

the terms in the License Agreement'항목을 클릭하여 선택한 후 [Next]를 누릅니다.

- 설치할 구성요소를 취사선택하고 설치위치를 지정하는 창이 나옵니다. 설치구성요소는 일반적으로 변경할 사항이 없을 것입니다. 설치위치의 경우 변경이 필요하면 [Browse]를 눌러 원하는 위치를 선택하도록 합니다. 위치변경이 필요없다면 [Next]를 눌러 다음으로 진행합니다.

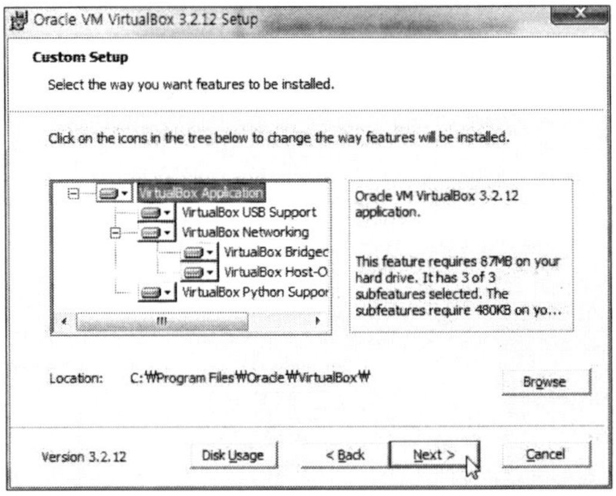

〈그림 1-13〉 구성요소 및 설치위치 변경 창

- 다음은 바로가기 등을 만들 것인가를 물어보는 창이 나옵니다. 바탕화면 등에 바로가기를 설치하여 VirtualBox를 손쉽게 실행할 수 있도록 하는 것이 좋을 수 있습니다. 선호에 차이가 있을 수도 있겠으나 두 항목이 선택된 채로 [Next]를 눌러 VirtualBox를 간편하게 실행할 수 있도록 합니다. 만약 체크를 해제한다고 하더라도 설치완료 후 Windows XP나 Windows 7의 <모든 프로그램>에서 VirtualBox를 찾아 실행할 수도 있습니다.

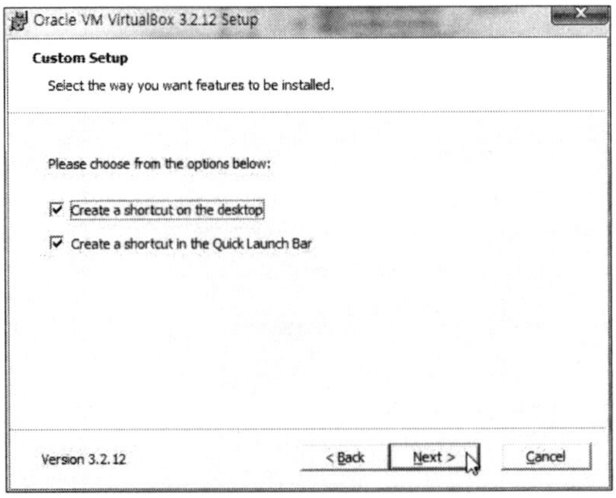

〈그림 1-14〉 바로가기 생성 창

- 다음에는 <그림 1-15>처럼 네트워크 일시단절에 대한 경고문이 나옵니다. 내용은 설치를 진행하면 PC의 네트워크를 일시적으로 단절시키게 된다는 것입니다. 잠간동안의 단절이 문제가 되지 않는 상황이면 지금 [Yes]를, 아니라면 현재 네트워크를 이용하고 있는 중요한 일이 끝나기를 기다렸다가 [Yes]를 클릭합니다.

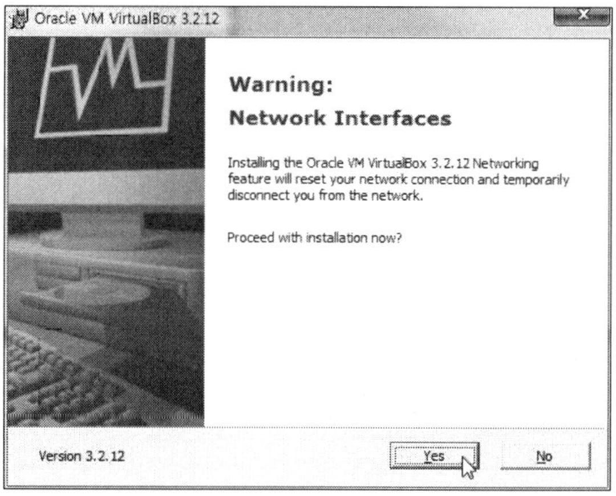

〈그림 1-15〉 네트워크 일시단절 경고

- 설치가 준비되었다는 메시지가 나온다. [Install]을 클릭하여 설치를 시작합니다.

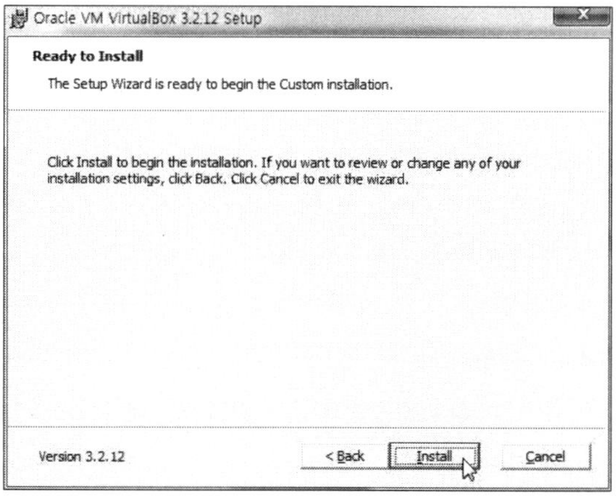

〈그림 1-16〉 설치준비완료창

- Windows 7의 경우에는 화면이 잠깐 깜박이고 설치프로그램을 실행해도 되겠냐는 경고창이 뜹니다. 그대로 진행시키도록 합니다. 그러면 설치가 진행됩니다. 그런데 설치과정 중에 <그림 1-17>과 같이 '이 장치 소프트웨어를 설치하겠습니까?'라고 묻는 창이 4번 정도 나오게 됩니다. 모든 창에 대해 [설치]를 클릭해 줍니다.

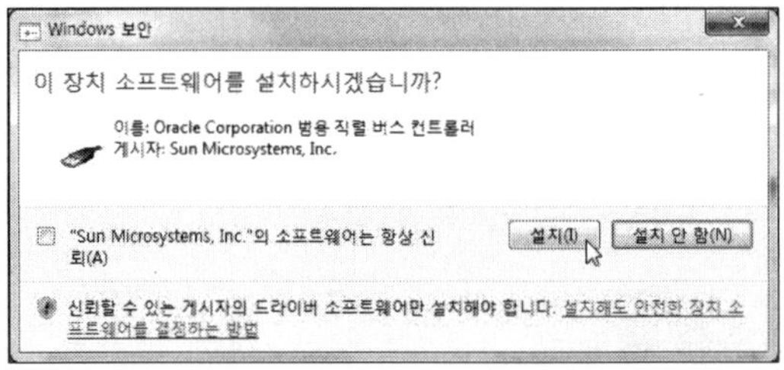

〈그림 1-17〉 장치설치여부 물음창

- 설치가 완료되면 <그림 1-18>과 같은 화면이 됩니다. 'Start Oracle VM VirtualBox 3.2.12 after installation'항목 앞의 체크를 없애고 [Finish]를 누릅니다.

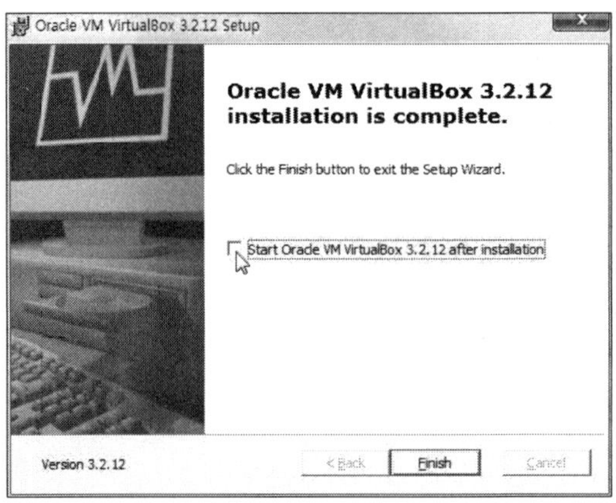

〈그림 1-18〉 설치완료

1.5 가상머신 만들기 (ServerA)

VirtualBox를 성공적으로 설치하였습니다. 이제 VirtualBox를 이용하여 가상머신을 만들어 보겠습니다. 먼저 VirtualBox를 실행해야 할 것입니다. <그림 1-14>에서 첫 항목에 체크를 했다면 바탕화면에 <그림 1-19>와 같은 바로가기 아이콘이 생겼을 것입니다. 이를 클릭하여 VirtualBox를 실행시키면 됩니다.

〈그림 1-19〉 바로가기 아이콘

만약 <그림 1-14>에서 둘째 항목에도 체크를 했다면 윈도우즈의 시작버튼을 누르면 <그림 1-20>과 같은 빠른실행 아이콘이 보일 것입니다. 이것을 선택해도 VirtualBox는 시작됩니다.

〈그림 1-20〉 빠른실행 아이콘

<그림 1-14>의 모든 체크를 해제했어도 모든 프로그램에서 VirtualBox를 찾아 클릭해 주면 VirtualBox가 실행됩니다<그림 1-21>.

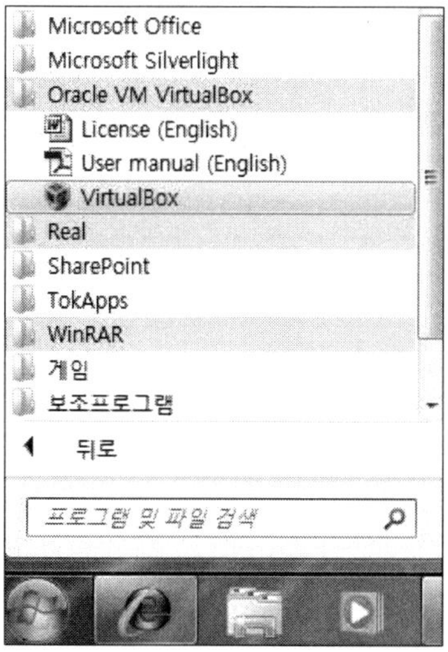

〈그림 1-21〉 모든프로그램에서 VirtualBox를 선택

위에서 열거한 3개 중 하나의 방법을 이용하여 VirtualBox를 실행합니다. VirtualBox의 실행창은 <그림 1-22>와 같은 모습일 것입니다. 가상머신을 만들기 위해서 [새로 만들기]를 클릭합니다.

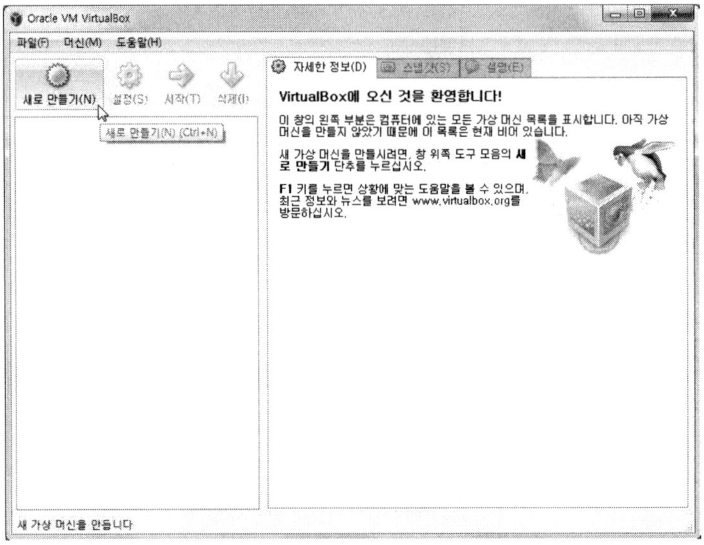

〈그림 1-22〉 [새로 만들기]를 클릭

새 가상머신 생성마법사가 시작됩니다. [다음]을 누릅니다.

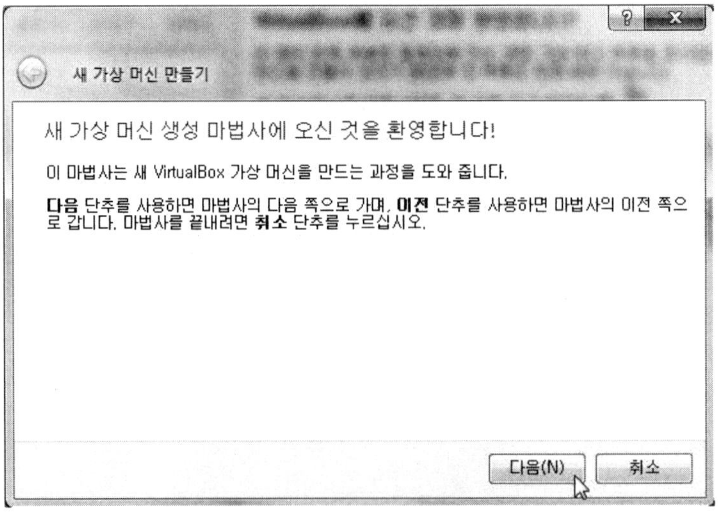

〈그림 1-23〉 새 가상머신생성 마법사

이제 생성하려고 하는 가상머신의 이름을 정하고 그 가상머신에 설치하려고 하는 운영체제의 종류를 설정하는 창이 뜹니다<그림 1-24>. 가상머신의 이름은 "ServerA"라고 입력하고 '운영체제의 종류(T)'에서 '운영체제(S)'는 **Linux**를 '버전(V)'은 **페도라**를 선택하고 [다음]을 누릅니다.

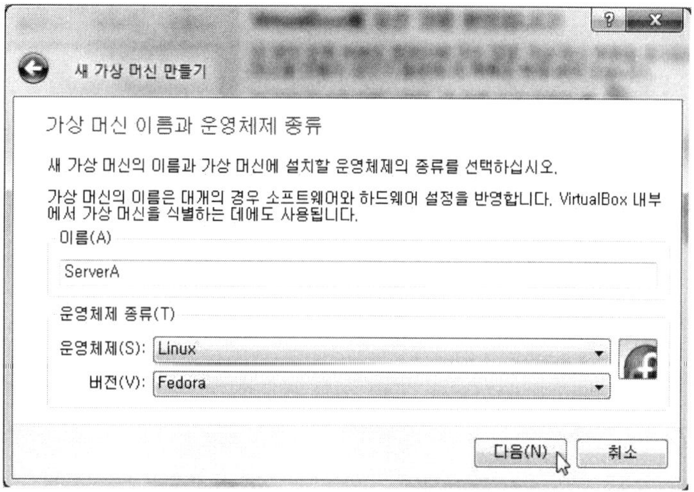

〈그림 1-24〉 가상머신이름과 운영체제종류 설정

<그림 1-25>와 같이 가상머신의 메모리를 할당하는 창이 나옵니다. 기본메모리는 512MB가 할당되어 있으나 우리는 256MB로 조정해 주도록 합니다. 슬라이드를 움직여서 메모리 양을 조정할 수도 있지만 오른쪽에 있는 입력창에 "256"이란 값을 직접 입력하는 것이 편합니다.

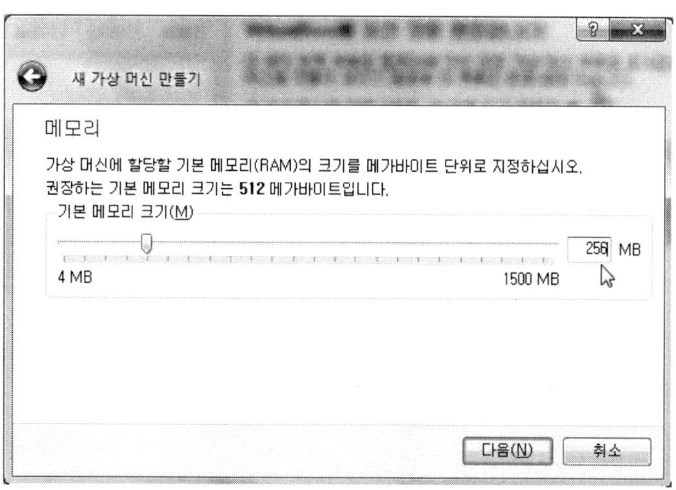

〈그림 1-25〉 메모리용량 설정

'가상 하드디스크' 창이 열립니다. 'Booting Hard Disk'의 체크박스에 체크가 되어 있는 것과 '새 가상디스크 만들기'가 선택되어 있는 것을 확인하고 [다음]을 누릅니다. '기존 하드 디스크 사용하기'의 바로 아래에 ClientA.vdi라고 나와 있는 부분은 각자의 상황에 따라 다르게 나타날 수 있는 내용이므로 신경 쓸 필요는 없습니다.

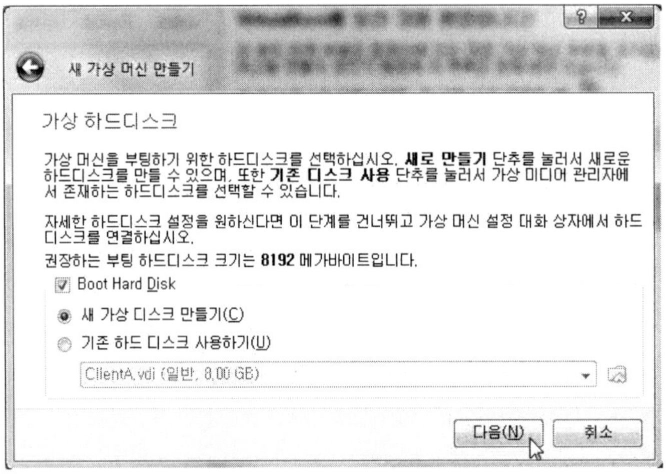

〈그림 1-26〉 가상 하드디스크 창

새 가상디스크 생성마법사의 환영메시지 창에서는 입력이나 선택할 내용이 없습니다. 그냥 [다음]을 누릅니다.

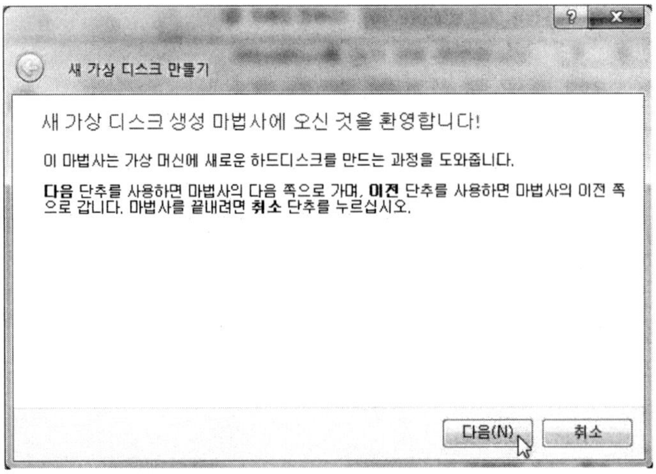

〈그림 1-27〉 새 가상디스크 생성마법사

하드디스크의 저장소종류를 선택하는 창이 나옵니다. '**동적 확장 저장소**'와 '**고정 크기 저장소**'가 있습니다. 동적 확장 저장소란 처음에는 작은 크기의 하드디스크 공간만을 사용하다가 사용하는 파일시스템의 용량이 증가함에 따라 사용하는 디스크 크기가 점차로 증가되는 저장소이며, 고정 크기 저장소는 처음부터 애초 할당한 크기의 디스크공간을 점유하여 사용하는 방식입니다. 특별한 이유가 없다면 동적 확장 저장소를 선택해서 사용합니다.

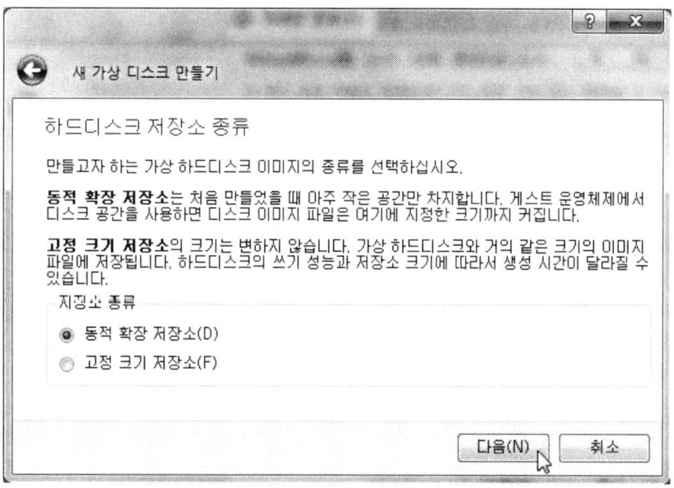

〈그림 1-28〉 하드디스크 저장소 종류 선택

다음은 가상디스크의 크기를 정해야 합니다. 기본권장 크기는 8GB입니다. 슬라이드바의 오른쪽 입력란에 용량을 "16.00 GB"로 직접 입력하고 [다음]을 누릅니다.

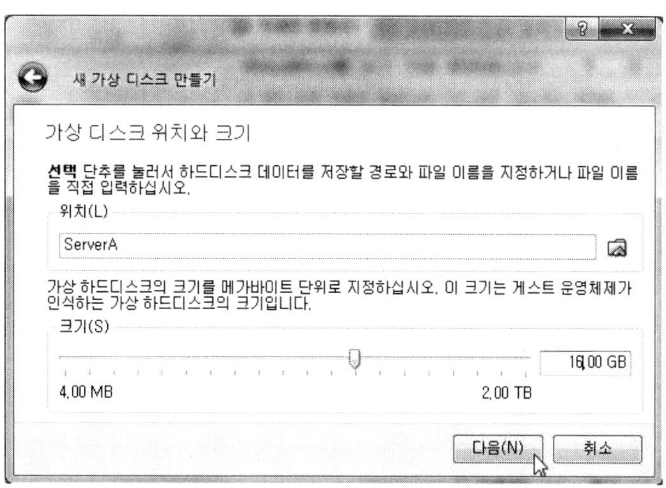

〈그림 1-29〉 가상디스크의 위치와 크기

가상머신 ServerA의 경우 실습에 필요한 하드디스크공간은 8GB면 충분하긴 하지만 16GB로 설정한다고 하더라도 '동적 확장 저장소'로 설정하였기 때문에 실제 과도하게 점유되어 허비되는 하드디스크 공간은 발생하지 않습니다. 다음 창에서는 새 가상 하드디스크에 대한 요약정보를 확인하고 [완료]를 누릅니다.

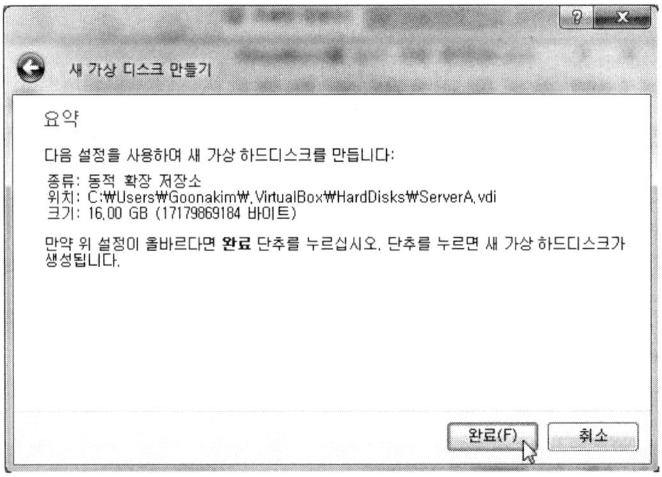

〈그림 1-30〉 새 가상디스크 요약정보 확인

다음에는 새 가상 디스크 이미지에 대한 요약된 정보를 확인하는 창이 나옵니다. 역시 요약정보를 확인하고 [완료]를 누릅니다.

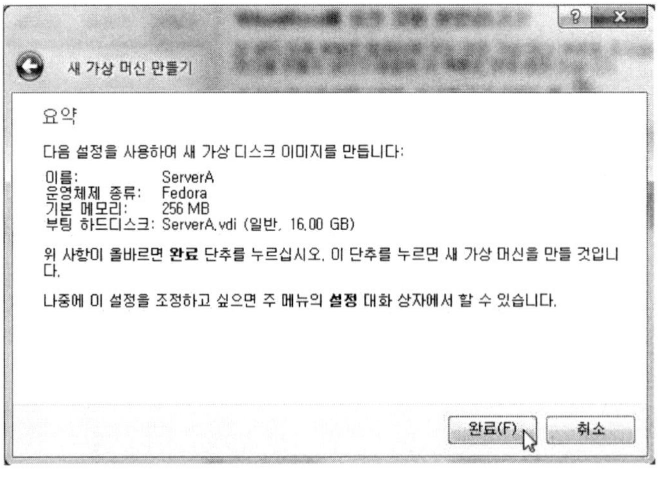

〈그림 1-31〉 새 가상디스크 이미지 요약정보 확인

이제 가상머신 ServerA가 생성되었습니다. 그 결과가 반영된 VirtualBox의 실행창이 <그림 1-32>입니다. 왼쪽 영역에는 생성된 가상머신의 이름과 상태가 나와 있고, 오른쪽 영역에는 왼쪽에서 선택된 가상머신의 정보가 나와 있습니다.

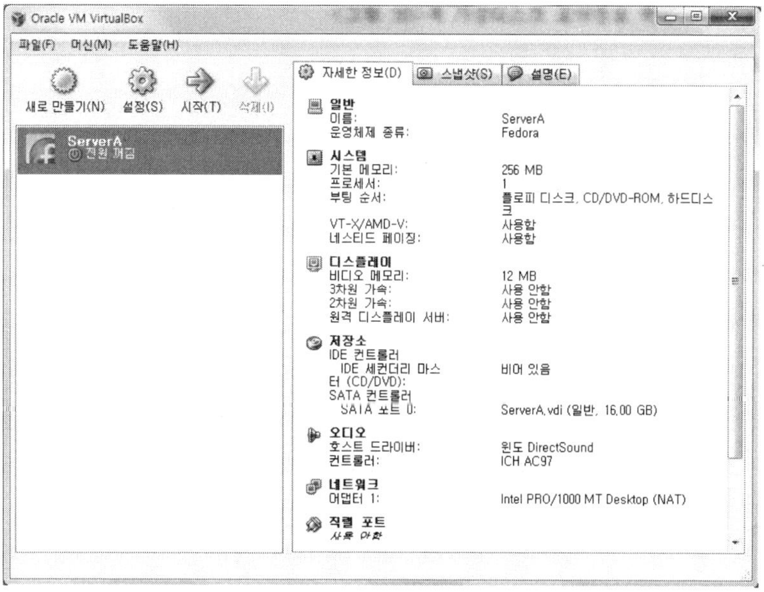

〈그림 1-32〉 ServerA가 생성된 상태의 VirtualBox

1.6 가상머신 만들기 (ClientA)

이제 ClinetA라는 이름으로 가상머신을 추가로 만들어 보겠습니다.

- VirtualBox의 실행창에서 [새로 만들기]를 클릭합니다.
- '새 가상머신 생성마법사'가 시작됩니다. [다음]을 누릅니다.
- '가상머신 이름과 운영체제 종류'를 설정하는 창에서 이름은 "ClientA"라고 입력하고 '운영체제의 종류(T)'에서 '운영체제(S)'는 **Linux**를 '버전(V)'은 **페도라**를 선택하고 [다음]을 누릅니다.
- '메모리' 창에서 가상머신의 메모리를 256MB로 조정해 주고 [다음]을 누릅니다.
- '가상 하드디스크' 창이 열린다. 'Booting Hard Disk'의 체크박스에 체크가 되어 있는 것과 '새 가상디스크 만들기'가 선택되어 있는 것을 확인하고 [다음]을 누릅니다.
- 새 가상디스크 생성마법사의 환영메시지 창에서는 그냥 [다음]을 누릅니다.
- '하드디스크 저장소종류' 창에서는 '동적 확장 저장소'를 선택하고 [다음]을 누릅니다.
- '가상디스크 위치와 크기' 창에서는 디스크의 크기를 8GB로 하고 [다음]을 누릅니다.
- 새 가상 하드디스크에 대한 요약정보를 확인하고 [완료]를 누릅니다.

- 새 가상 디스크 이미지에 대한 요약된 정보를 확인하고 [완료]를 누릅니다.
- 이제 VirtualBox의 실행창을 보면 <그림 1-33>과 같이 ClientA라는 가상머신이 추가로 생성되었음을 확인할 수 있습니다.

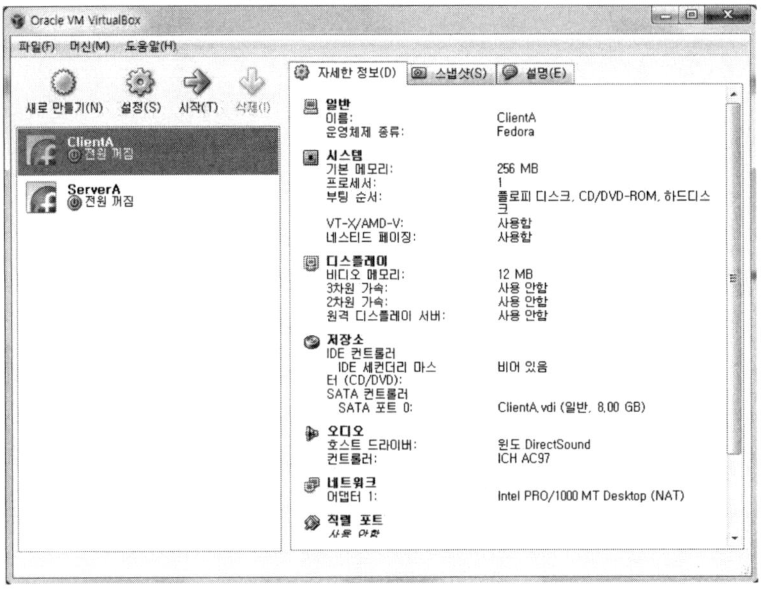

〈그림 1-33〉 ClientA가 생성된 VirtualBox

1.7 가상머신 만들기 (ServerB)

이제 ServerB라는 이름으로 가상머신을 추가로 만들어 보겠습니다.
- VirtualBox의 실행창에서 [새로 만들기]를 클릭합니다.
- '새 가상머신 생성마법사'가 시작됩니다. [다음]을 누릅니다.
- '가상머신 이름과 운영체제 종류'를 설정하는 창에서 이름은 "ServerB"라고 입력하고 '운영체제의 종류(T)'에서 '운영체제(S)'는 **Linux**를 '버전(V)'은 **페도라**를 선택하고 [다음]을 누릅니다.
- '메모리' 창에서 가상머신의 메모리를 128MB로 조정해 주고 [다음]을 누릅니다.
- '가상 하드디스크' 창이 열린다. 'Booting Hard Disk'의 체크박스에 체크가 되어 있는 것과 '새 가상디스크 만들기'가 선택되어 있는 것을 확인하고 [다음]을 누릅니다.
- 새 가상디스크 생성마법사의 환영메시지 창에서는 그냥 [다음]을 누릅니다.
- '하드디스크 저장소종류' 창에서는 '동적 확장 저장소'를 선택하고 [다음]을 누릅니다.
- '가상디스크 위치와 크기' 창에서는 디스크의 크기를 8GB로 하고 [다음]을 누릅니다.

- 새 가상 하드디스크에 대한 요약정보를 확인하고 [완료]를 누릅니다.
- 새 가상 디스크 이미지에 대한 요약된 정보를 확인하고 [완료]를 누릅니다.
- 이제 VirtualBox의 실행창에서 ServerB라는 가상머신이 추가로 생성되었음을 확인합니다.

1.8 가상머신 만들기 (ClientB)

이제 ServerB라는 이름으로 가상머신을 추가로 만들어 보겠습니다.

- VirtualBox의 실행창에서 [새로 만들기]를 클릭합니다.
- '새 가상머신 생성마법사'가 시작됩니다. [다음]을 누릅니다.
- '가상머신 이름과 운영체제 종류'를 설정하는 창에서 이름은 "ClientB"라고 입력하고 '운영체제의 종류(T)'에서 '운영체제(S)'는 **Linux**를 '버전(V)'은 **페도라**를 선택하고 [다음]을 누릅니다.
- '메모리' 창에서 가상머신의 메모리를 256MB로 조정해 주고 [다음]을 누릅니다.
- '가상 하드디스크' 창이 열린다. 'Booting Hard Disk'의 체크박스에 체크가 되어 있는 것과 '새 가상디스크 만들기'가 선택되어 있는 것을 확인하고 [다음]을 누릅니다.
- 새 가상디스크 생성마법사의 환영메시지 창에서는 그냥 [다음]을 누릅니다.
- '하드디스크 저장소종류' 창에서는 '동적 확장 저장소'를 선택하고 [다음]을 누릅니다.
- '가상디스크 위치와 크기' 창에서는 디스크의 크기를 8GB로 하고 [다음]을 누릅니다.
- 새 가상 하드디스크에 대한 요약정보를 확인하고 [완료]를 누릅니다.
- 새 가상 디스크 이미지에 대한 요약된 정보를 확인하고 [완료]를 누릅니다.
- 이제 VirtualBox의 실행창에서 ClientB라는 가상머신이 추가로 생성되었음을 확인합니다.

1.9 VirtualBox의 네트워킹

일반적으로 알아야 할 VirtualBox의 네트워킹 방식은 네트워크주소변환(Network Address Translation, NAT), 호스트 전용 네트워킹(Host-only networking), 브릿지 네트워킹(Bridged networking) 그리고 내부 네트워킹(Internal networking)의 4가지입니다.

네트워크 주소변환 Network Address Translation (NAT)

가상머신에서 인터넷을 연결하여 웹을 검색하거나, 파일을 다운로드하거나 이메일을 보내는 일들이 네트워크를 이용하는 이유라면 이 방식이 적절합니다. Network Address Translation를 직역하면 '네트워크주소 변환'이라고 할 수 있는데, 이는 우리가 흔히 사용하는 인터넷공유기에서 사용되고 있는 기술입니다. 익히 알고 있는 바와 같이 인터넷공유기의 기능은 KT, SK브로드밴드, LG U+와 같은 인터넷서비스사업자(Internet Service Provider, ISP)로부터 하나의 네트워크주소(현재는 보통 IP주소를 네트워크주소로 이용한다)만을 할당 받은 상황에서도 여러 대의 컴퓨터들이 인터넷을 동시에 이용할 수 있도록 해 주는 것입니다. <그림 1-34>는 인터넷공유기의 동작원리를 보여주고 있습니다.

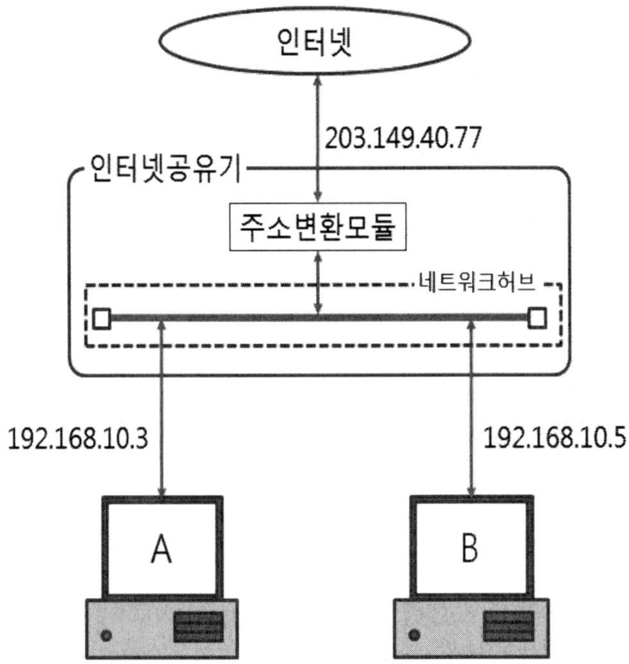

〈그림 1-34〉 인터넷공유기의 원리

인터넷에 연결하기 위해 ISP로부터 받은 IP주소는 203.149.40.77 하나뿐이지만 두 대의 PC를 연결해 사용하고 있는 그림입니다. 두 대의 PC에는 각각 192.168.10.3과 192.168.10.5가 할당되어 있습니다. 이 공유기의 주소변환모듈은 다음과 같이 동작합니다.

① 컴퓨터 A가 인터넷으로 송신 패킷을 내 보낼 때: 패킷에 적혀있는 송신자 주소인 192.168.10.3을 203.149.40.77로 바꾸어 준 뒤 인터넷으로 전송합니다.

② 인터넷으로부터 컴퓨터 A로 응답 패킷이 들어 올 때: 패킷에 적혀있는 수신자 주소인 203.149.40.77을 192.168.10.3로 바꾸어 준 뒤 내부 네트워크로 전송합니다.

③ 컴퓨터 B가 인터넷으로 송신 패킷을 내 보낼 때: 패킷에 적혀있는 송신자의 주소인 192.168.10.5를 203.149.40.77로 바꾸어 준 뒤 인터넷으로 전송합니다.

④ 인터넷으로부터 컴퓨터 B로 응답 패킷이 들어 올 때: 패킷에 적혀있는 수신자 주소인 203.149.40.77을 192.168.10.5로 바꾸어 준 뒤 내부 네트워크로 전송합니다.

이렇게 하면 외부로는 203.149.40.77이라는 하나의 IP주소를 가지고 있는 것으로 보이지만 내부에서는 두 대의 PC가 인터넷을 할 수 있게 됩니다. 하지만 이상한 점 하나가 있습니다. 발견했나요? 그렇습니다. 응답으로 수신되는 패킷은 수신주소가 모두 203.149.40.77일 것인데 이것이 컴퓨터 A로 가는 것인지 B로 가는 것인지 어떻게 구분하나요? 이는 포트(port)라고 하는 것으로 해결이 됩니다. 원래 인터넷을 위한 주소는 IP주소와 함께 포트번호를 지정해야 완전해 집니다. 공유기의 주소변환(NAT)모듈은 컴퓨터 A가 패킷을 전송할 때 송신자주소를 203.149.40.77로 바꾸어 주는 것과 동시에 송신자 포트번호도 할당하여 써넣어 줍니다. 예를 들면, 2540번으로 정해주었다고 하죠. 이때 이 번호를 컴퓨터 A용으로 할당했다고 테이블에 적어놓습니다. 그 다음 컴퓨터 B가 전송을 하면 이 패킷의 송신자주소를 역시 203.149.40.77로 바꾸어 주면서 송신자 포트번호 역시 할당해 주겠지요. 예를 들면, 7383번으로 할당했다고 가정합시다. 이 정보도 역시 테이블에 적어 놓습니다. 이제 응답패킷들이 들어오게 되는데 수신자 IP주소는 모두 203.149.40.77이겠지만 수신자 포트번호가 2540번이라면 A에게 보내주면 되고, 7383번이라면 B에게 보내주면 되는 것입니다. 하지만 본질적으로는, NAT를 사용했을 때 외부의 컴퓨터가 컴퓨터 A나 B에게 먼저 첫 패킷을 보내는 경우에는 그것을 누구에게 전달해야 하는 것인지 알 수가 없습니다[6]. 이는 외부의 컴퓨터가 NAT를 이용하는 컴퓨터에 대한 접속을 시도하는 것은 어렵다는 것을 말해줍니다.

인터넷공유기에서는 컴퓨터들이 네트워크 허브(또는 스위치)로 연결되어 있기 때문에 내부 네트워크(LAN)가 구성되어 서로 네트워킹이 가능하게 됩니다. <그림 1-34>의 경우 컴퓨터 A와 B는 NAT모듈과 상관없이 192.168.10.3과 192.168.10.5의 주소를 사용하여 서로 통신할 수 있습니다. 그러나 VirtualBox의 NAT는 공유기의 동작과 차이가 있다는 것을 주의해야 합니다. 공유기는 내부의 컴퓨터들이 네트워크를 이룬 후에 NAT와 연결되지만 VirtualBox에서는 각 가상머신들이 NAT서버와 1:1로 연결되며 가상머신간의 상호 네트워

6) 실제 인터넷공유기는 포트포워딩이나 DMZ같은 기술을 활용하여 이 문제를 부분적으로나마 해결하고 있다.

킹은 제공하지 않습니다. 그렇기 때문에 VirtualBox의 NAT에서는 일반적으로 가상머신들이 할당받는 IP주소값이 동일합니다. 따라서 NAT방식은 가상머신에게 외부 인터넷을 이용하기 위한 네트워크만을 제공한다고 생각하면 됩니다.

호스트 전용 네트워킹 Host-only networking

이 네트워크는 가상머신들간과 가상머신들과 호스트컴퓨터간의 네트워킹이 가능하게 해주는 방식입니다. 이 방식을 선택하면 호스트와 가상머신들을 포함하는 LAN이 구성되어 서로 통신이 가능하게 됩니다.

브릿지 네트워킹 Bridged networking

이 방식을 선택하면 해당 가상 네트워크인터페이스에 외부에서 사용이 가능한 별도의 IP주소를 할당하게 되고 VirtualBox가 호스트컴퓨터의 네트워크카드를 직접 접속하여 해당패킷을 송수신하게 됩니다. 즉, 호스트컴퓨터와 별개로 별도의 컴퓨터처럼 네트워킹을 하게 되는 것입니다. 가상머신을 만들어 서버를 운영하는 경우라면 이 방식을 선택하는 것이 적절합니다.

내부 네트워킹 Internal networking

이것은 선택된 가상머신들 사이에서만 통신이 가능한 네트워킹 방식입니다. 호스트나 외부 인터넷과의 연결은 제공하지 않습니다. 이것은 VirtualBox에 생성된 가상머신들끼리 외부와는 고립된 사설네트워크를 구축하는 것이라고 할 수 있습니다.

1.10 가상머신의 네트워크 설정

1.7절에서 알아본 VirtualBox의 4가지 네트워킹 방식은 네트워크 인터페이스별로 다르게 채택하여 사용할 수 있습니다. VirtualBox는 가상머신당 4개의 랜카드를 동시에 장착할 수 있도록 제공하므로 그 개수는 충분합니다. 다음은 이 교재의 실습에서 가상머신에게 요구되는 네트워킹 조건입니다.

- 프로그램 패키지 설치 등을 위해 인터넷에 연결되어야 합니다. 그러나 외부의 컴퓨터가 우리 가상머신에 대한 접속을 시도할 필요는 없습니다.(이건, NAT 방식으로 해결됩니다!)
- 가상머신들간 그리고 가상머신들과 호스트간 네트워크를 구성해서 실습해야 하므로 이들 간에 통신이 가능해야 합니다.(이건, 호스트 전용 네트워킹으로 해결됩니다!)

이와 같은 조건들을 생각하면 NAT 방식과 호스트 전용 네트워킹의 두 방식이 동시에 필요하다는 결론을 얻게 됩니다. <그림 1-35>는 이렇게 설정한 가상머신의 네트워크 환경을 개념적으로 보여주고 있습니다. 하나의 가상머신에 랜카드를 2개씩 설치합니다. 그리고 하나의 랜카드로는 NAT 방식의 어댑터를 설치합니다. 이를 통해 인터넷에 접속하여 필요한 다운로드 등을 수행하게 합니다. 또 다른 랜카드는 호스트 전용 어댑터로 설치합니다. 이 랜카드는 호스트 전용 네트워크에 연결되어 다른 가상머신이나 호스트 컴퓨터와 통신하는 내부 LAN을 구성하게 됩니다.

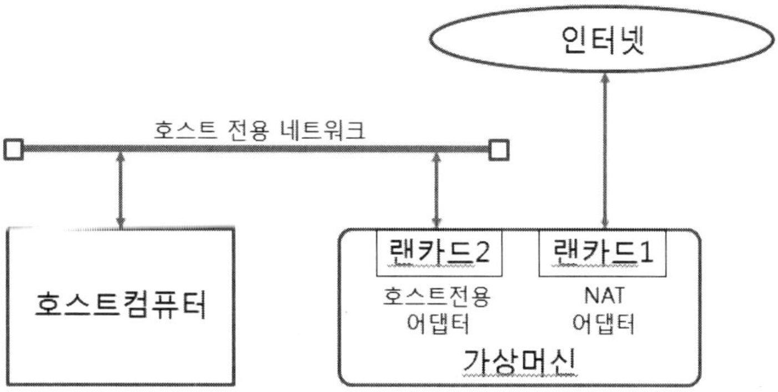

〈그림 1-35〉 가상머신의 네트워크환경 개념도

가상머신 ServerA와 ClientA의 네트워크를 모두 이와 같이 설정하여 연결하면 전체 네트워크 연결도는 <그림 1-36>과 같아질 것입니다. ServerB와 ClientB도 모두 같은 방식으로 연결될 것입니다.

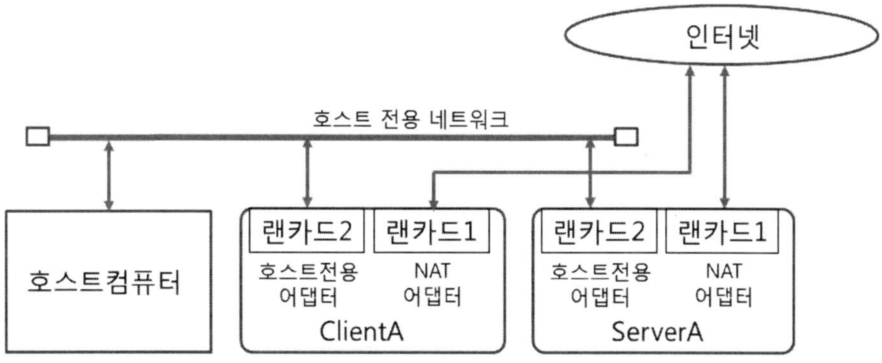

〈그림 1-36〉 실습 네트워크 환경 개념도

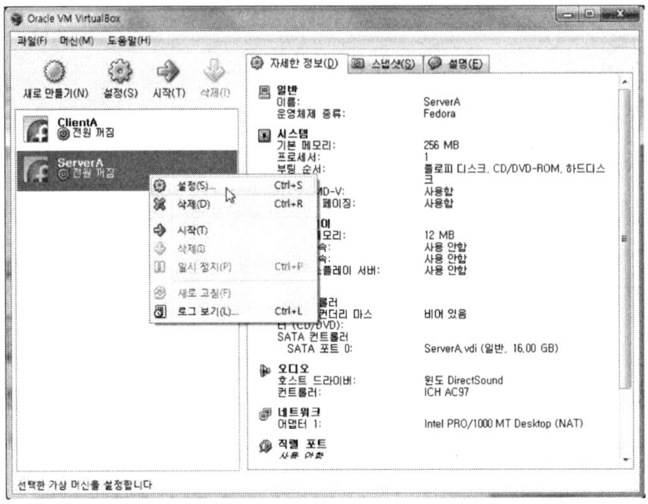

〈그림 1-37〉 ServerA의 설정을 위한 메뉴선택

그러면 이제 실제로 가상머신들의 네트워크설정을 해 보도록 하겠습니다. 먼저 VirtualBox의 실행창의 왼쪽 가상머신 목록에서 ServerA를 선택합니다. ServerA가 파란색으로 반전되어 보여야 합니다. 목록의 반전된 ServerA 위에 마우스 포인터를 올리고 마우스의 오른쪽버튼을 누르면 메뉴가 나옵니다. 이 메뉴에서 [설정]을 클릭합니다. 이 과정은 <그림 1-37>을 참고하기 바랍니다(그림에는 ServerB와 ClientB가 빠져있음을 양해하시기 바랍니다).

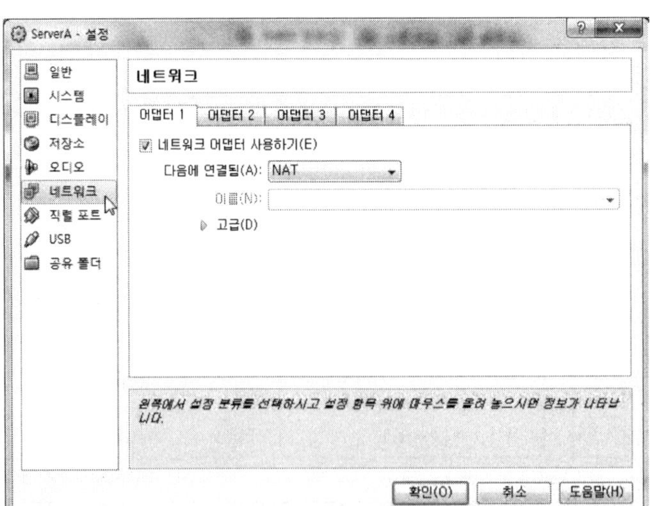

〈그림 1-38〉 설정창에서 네트워크를 선택

설정창이 생성됩니다. <그림 1-38>과 같이 설정창에서 네트워크를 선택합니다. 오른쪽 영역을 보면 '어댑터 1'부터 '어댑터 4'까지 탭이 있습니다. '어댑터 1'의 정보를 보면 이미 장착되어 있으며 NAT로 설정되어 있는 것을 알 수 있습니다.

'어댑터 2'탭을 클릭합니다. 아직 아무 것도 설정되어 있지 않습니다. <그림 1-39>를 참고하여 '네트워크 어댑터 사용하기'에 체크하고 '다음에 연결됨(A)'에서 '호스트 전용 어댑터'를 선택합니다. 바로 아래의 '이름(N)'의 내용이 자동으로 'VirtualBox Host-Ony Ethernet Adapter'로 바뀝니다. 이제 [확인]을 누릅니다.

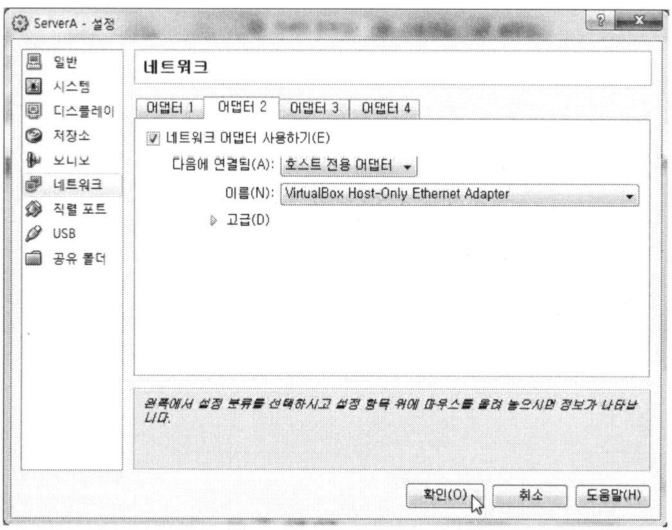

〈그림 1-39〉 어댑터 2의 설정

나머지 가상머신 ClientA, ServerB 그리고 ClientB에 대해서도 똑같은 작업을 반복하여 어댑터 2를 추가해 줍니다. 자, 이상으로 가상머신을 생성하고 서버구축 실습을 위해 네트워크를 설정하는 작업을 마쳤습니다. 이제 2장으로 넘어가서 생성된 가상머신에 페도라 리눅스를 설치하도록 합니다.

제2장 페도라 리눅스

이 장에서 다루는 내용

○ 페도라 리눅스의 소개
○ 페도라 리눅스 DVD 이미지 구하는 법
○ VirtualBox의 가상머신에서 DVD 드라이브 이용하기
○ 페도라 11 설치

이 장의 목표

이 장을 마치고 나면 다음의 능력들을 갖게 될 것입니다.

· 리눅스의 장점이 무엇인지 설명할 수 있습니다.
· 페도라 리눅스의 설치파일을 구할 수 있습니다.
· CD나 DVD의 ISO파일을 만들 수 있습니다.
· VirtualBox에서 가상머신의 CD/DVD드라이브를 적절히 설정하여 이용할 수 있습니다.
· 페도라를 설치할 수 있습니다.

2.1 페도라 리눅스

리눅스 Linux

현재 일반 사용자들이 이용하는 데스크탑이나 노트북 컴퓨터 등의 운영체제는 Windows 계열이 거의 석권하고 있으나, 서버시장에서는 리눅스의 활약이 만만치 않습니다. Windows Server 운영체제는 사용이 용이하다는 점이 강점으로 많은 서버들이 채택하고 있는 것이 사실이나 리눅스는 그 안정성과 비용이 무료라는 점, 그리고 많은 공개 소프트웨어들의 존재가 강점으로 작용하여 서버시장에서의 점유율을 계속 늘려 나가고 있는 상황입니다. 하지만 리눅스의 경우에는 무료라는 것이 강점이긴 하지만 그 이면에는 서버의 운영을 책임지고 지원해 줄 신뢰할만한 큰 기업이 없다는 것으로 약점이 되기도 합니다. 이에 리눅스를 패키지로 가공하여 관리서비스와 함께 판매하는 회사도 생겼는데 RedHat이라는 회사도 그 중의 하나입니다. 원래 RedHat은 자사의 RedHat 리눅스 패키지를 유료로 구매하는 사람들에게는 관리서비스를 제공해 주고 별도의 관리를 지원받고 싶지 않은 사람들은 무료로 다운받아 사용할 수 있도록 했습니다. 그러다가 2003년부터 RedHat 리눅스 패키지의 무료 배포를 중단하고 대신 페도라(Fedora)라는 이름의 무료 배포판이 나오게 된 것입니다. 따라서 지금도 페도라와 RedHat 리눅스와의 유사 또는 친밀성은 여전히 존재합니다.

2010년에 초반에 IDC(International Data Corporation)에 의하면 그 해 1/4분기에 Windows 서버가 약 75%, 리눅스가 약 22%, 유닉스가 약 3% 정도의 판매 점유율을 나타내고 있다고 보도한 기사를 읽은 기억이 있습니다. 이렇듯 신문을 보면 서버시장에서 Windows 서버가 생각 이상의 점유율을 보이고 있다는 기사를 종종 접하게 됩니다. 이런 기사가 나오게 되는 이유는 Windows의 경우는 돈을 주고 살 수 밖에 없어서 그 판매기록이 거의 100% 명확하게 노출이 되고 집계되지만, 리눅스의 경우에는 운영체제 없이 하드웨어만 구매한 후 인터넷으로 다운받은 운영체제를 설치하게 되는 경우가 상당히 많기 때문에 그 실제 점유율을 산출하기가 현실적으로 불가능하기 때문일 것입니다. 따라서 그런 기사에는 상당수의 리눅스 서버가 계산되지 않았다고 생각하면 맞을 것입니다.

2007년 2월 26일자 전자신문에는 네이버와 한게임을 운영하는 회사인 NHN이 그해 리눅스서버를 4,000대 도입할 계획을 가지고 있어서 1만여대 이상의 리눅스 서버를 운용하게 되었다는 기사가 났습니다. 네이버 검색서버 뿐아니라 한게임의 게임서버도 리눅스 기반으로 옮겨 갈 예정이라면서 회사의 임원 중 한 분은 "리눅스 서버는 안정성면이나 벤더에 종속되지 않는 기술주도권 확보면에서 장점이 많다"고 강조하였다고 했습니다.

이렇게 서버로서의 가치 및 효용성이 좋은 리눅스는 현재 여러 배포본이 존재하고 있는데, 인기있는 배포본으로는 우분투(Ubuntu), 페도라, 오픈수세(openSUSE), 데비안(Debian), 젠투(Gentoo), 센트오에스(CentOS) 등이 있습니다. 이 중에선 우리는 페도라를 선택하여 서버구축을 학습해 보도록 하겠습니다.

페도라 Fedora

앞 절에서 알아본 바와 같이 페도라는 2003년부터 RedHat사가 후원하는 페도라 프로젝트에 의해 배포되는 무료 리눅스패키지입니다. 페도라는 버전 6까지는 페도라 Core라는 이름으로 불렸습니다. 즉, 버전 3은 페도라 Core 3으로 버전 6은 페도라 Core 6로 불렸습니다. 그런데 버전 7부터는 Core를 빼고 페도라만을 이용해 페도라 7이라고 부르게 되었습니다. 현재 페도라의 가장 최신 버전은 페도라 14입니다.

페도라 DVD 구하기

페도라 패키지는 페도라 홈페이지인 http://fedoraproject.org/ko/를 방문하여 다운로드하면 됩니다. 홈페이지 상단메뉴 중 <Download>를 클릭하면 <그림 2-1>과 같은 페이지가 열립니다. 여기에 나와 있는 [지금 다운로드!]를 누르면 CD 1장인 675MB 용량의 페도라 14 데스크탑판을 받게 됩니다. 우리는 서버를 학습해야 하므로 풀패키지를 받는 것이 좋겠습니다.

〈그림 2-1〉 페도라14 다운로드 페이지

풀패키지를 다운로드하기 위해서는 페이지의 거의 맨 아래에 있는 링크인 <All download methods>를 눌러야 합니다. <그림 2-2>를 참조하기 바랍니다.

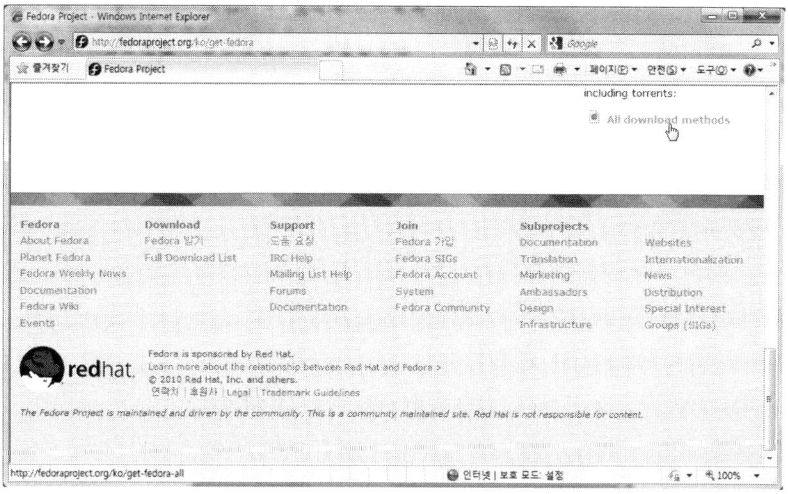

〈그림 2-2〉 'All download methods' 링크의 위치

이제 <그림 2-3>과 같이 풀패키지가 담긴 설치 DVD를 받을 수 있는 페이지가 열립니다. 여기에서 <i386 - 설치 DVD>를 선택하면 됩니다. 그런데 보통은 '직접 다운로드'하는 방법보다는 'BitTorrent'방법이 더 빠르고 좋습니다.

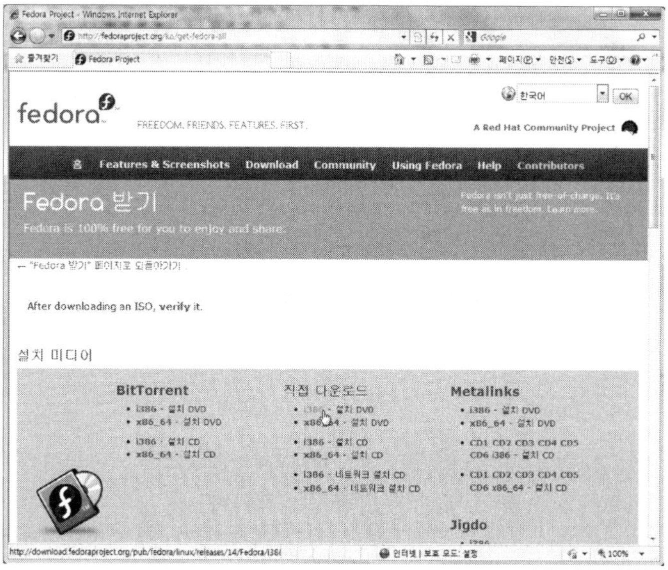

〈그림 2-3〉 설치 DVD 다운로드 선택

페도라 14 이전의 버전을 원하는 경우에는 http://archive.fedoraproject.org/pub/ archive/fedora/linux/를 방문하여 해당 버전을 다운로드하면 됩니다. 이때 원하는 버전이 7이후라면 releases 디렉터리로, 그 이전이라면 core 디렉터리로 가서 찾아야 합니다. 사이트의 디렉터리가 매우 복잡하므로 페도라 11을 예로 들어 설명하면, 설치DVD 이미지파일(ISO포맷)을 원한다면, http://archive.fedoraproject.org/pub/archive/fedora/linux/releases/11/Fedora/i386/ iso/에서 해당 ISO파일을 다운받으면 됩니다. 만약 설치DVD에 포함된 특정한 패키지만 필요하다면, http://archive.fedoraproject.org/pub/archive/fedora/linux/releases/ 11/Everything/i386/os/Packages/을 방문하여 찾아보면 됩니다.

이렇게 다운로드 받은 파일은 파일확장자가 iso로서 디스크에 기록된 그대로의 모습을 간직하고 있는 이미지파일의 한 종류입니다. 만약 DVD로 만들고 싶다면 CD/DVD 레코드 소프트웨어로 공 DVD 기록매체에 기록하면 됩니다. 이미지파일이기 때문에 이를 이용하여 DVD를 만들면 바로 부팅이 가능한, Fedora 설치 DVD가 됩니다.

만약 우리가 하나의 PC에 페도라를 설치해서 서버로 사용하고자 한다면 주저없이 최신 버전인 페도라 14를 다운로드하여 설치할 것입니다. 하지만 지금은 서버구축을 학습하기 위한 것이고 하나의 PC에 가상머신을 이용하여 다수의 컴퓨터를 만들어 페도라를 설치할 것이기 때문에 우리는 페도라 11을 다운로드 하도록 합니다. 그 이유는 두 가지입니다. 첫째, 페도라의 소프트웨어 패키지관리 프로그램인 yum이 페도라 14의 경우는 VirtualBox와 조금 맞지 않는 부분이 있는 것 같기 때문입니다. 둘째, 페도라 12부터 RAM메모리요구량이 페도라 11에 비해 두 배로 늘어났기 때문입니다. 즉, 그래픽환경이 X윈도우 기반으로 페도라를 실행하기 위해서는 페도라 11의 경우는 최소 256MB의 메모리가 있으면 되었는데, 페도라 12의 경우는 512MB로 상승되었습니다. 가상머신을 만들어 실행시키면 가상머신에 할당된 메모리라는 것은 실제 컴퓨터의 메모리를 그대로 사용하게 되는 것입니다. 따라서 페도라 12를 사용할 경우는 ServerA와 ClientA만 실행해도 실제 PC의 RAM 중 1GB를 사용하게 됩니다. 게다가 향후 서버나 클라이언트 가상머신을 더 만들어야 할 필요가 있는데 이렇게 되면 PC의 메모리가 감당하기 어려울 정도로 메모리를 많이 쓰게 될 수도 있습니다. 그러므로 메모리 사용량이 적은 페도라 11을 이용하는 것이 좋겠다는 결론에 이릅니다.

http://archive.fedoraproject.org/pub/archive/fedora/linux/releases/11/Fedora/i386/iso/에서 <Fedora-11-i386-DVD.iso>를 클릭하여 다운로드합니다.

만약 속도가 너무 느리다면 http://mirrors.fedoraproject.org/publiclist/Fedora/11/에서 적당한 미러사이트를 선택하여 다운로드 하도록 합니다. 미러사이트 목록 테이블에서 각 미러사이트 행의 Content열에 보면 http와 ftp등으로 표기된 링크가 있습니다. 적당한 미러 사이트의 http를 클릭한 후에 releases/11/Fedora/i386/iso를 연속적으로 찾아가면 <Fedora-11-i386-DVD.iso>를 찾을 수 있습니다.

2.2 VirtualBox 가상머신에서 DVD 이용하기

VirtualBox 가상머신에서는 CD/DVD드라이브를 제공합니다. 그런데 이 CD/DVD드라이브는 두 가지 방식으로 사용할 수가 있습니다. 첫째는 VurtualBox가 설치된 PC의 실제 DVD드라이브에 연결하여 실제 CD 또는 DVD를 사용하는 것이고 둘째는 Daemon tools와 같은 가상 CD/DVD 드라이브 프로그램처럼 CD/DVD의 이미지를 연결하여 마치 실제 CD/DVD가 삽입되어 있는 것처럼 사용하는 것입니다. 그럼 가상머신 ServerA를 예로 들어 그 사용법을 차례로 알아보겠습니다.

PC의 DVD드라이브 이용하여 실제 CD/DVD 디스크 읽기

VirtualBox의 실행창의 왼쪽 가상머신 목록에서 ServerA를 선택합니다. ServerA가 파란색으로 반전되어 보여야 합니다. 목록의 반전된 ServerA 위에 마우스 포인터를 올리고 마우스의 오른쪽버튼을 누르면 메뉴가 나옵니다. 이 메뉴에서 [설정]을 클릭합니다. 여기까지의 과정은 이전에 네트워크를 설정했던 것과 동일하며 <그림 37>을 참고하면 됩니다. 그런데 이제는 네트워크를 설정하는 것이 아니라 CD/DVD드라이브를 설정해야 합니다. 그러므로 나타난 설정창에서 저장소를 선택합니다<그림 2-4>.

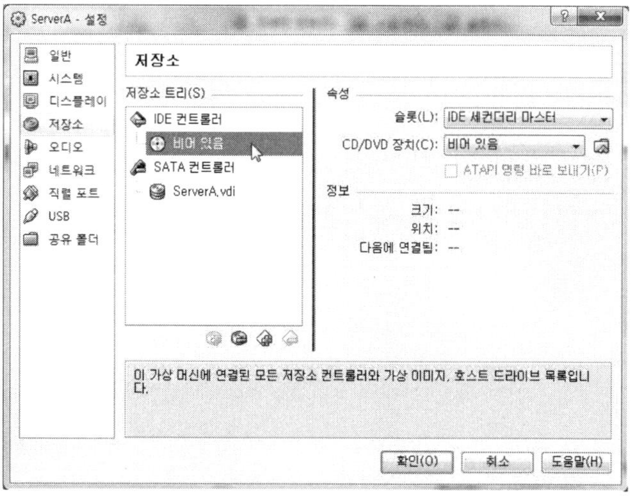

〈그림 2-4〉 'IDE 컨트롤러'의 '비어 있음' 을 선택

그리고 오른쪽의 '**저장소 트리**'영역에 있는 '**IDE 컨트롤러**'하의 '**비어 있음**'을 선택합니다.

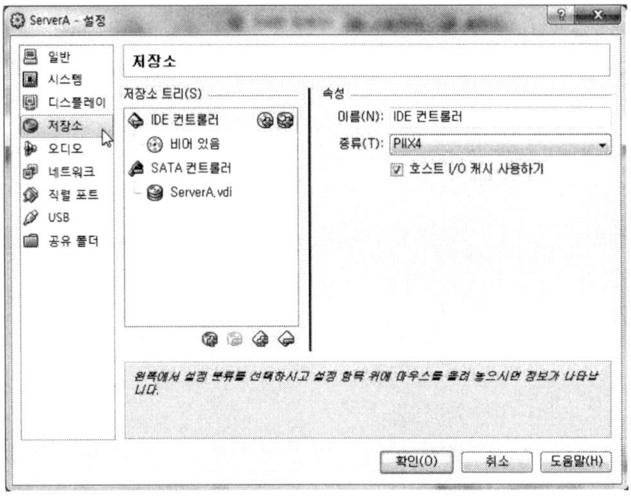

〈그림 2-5〉 설정창에서 저장소를 선택

'**저장소 트리**'영역의 오른쪽에 '**속성**'영역이 있는데 여기의 "비어 있음"으로 되어 있는 '**CD/DVD 장치**'의 값을 클릭하면 선택할 수 있는 광학드라이브 목록에서 적절한 것을 선택합니다(드라이브 문자는 PC마다 다를 수 있음에 주의!). 선택 후 '**저장소 트리**'영역에 있는 '**IDE 컨트롤러**'하의 '**비어 있음**'이 선택한 드라이브로 바뀌어 있음을 확인할 수 있고 이제 가상머신에서 PC의 CD/DVD드라이브를 사용할 수 있게 되었습니다.

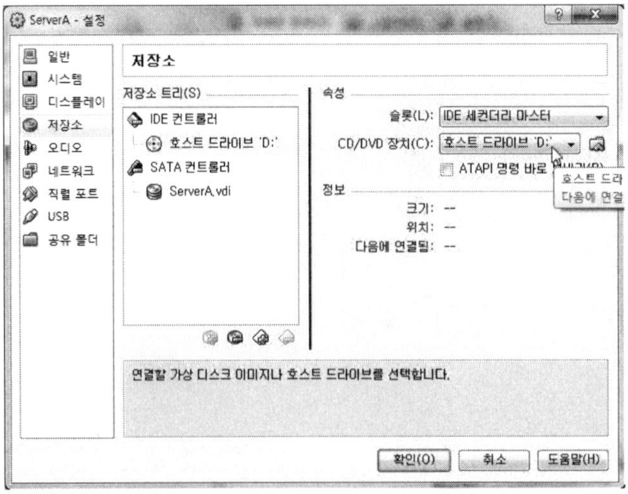

〈그림 2-6〉 PC의 적절한 드라이브를 선택

가상머신의 DVD드라이브로 PC에 저장된 DVD 이미지 읽기

앞에서는 진짜 CD/DVD를 PC의 CD/DVD드라이브에 삽입하여 이를 가상머신에서 이용하는 방법을 알아봤습니다. 이제는 PC의 CD/DVD드라이브와는 상관없이 가상머신의 CD/DVD드라이브로 PC에 저장되어 있는 디스크이미지를 읽어서 사용하는 방법을 알아보겠습니다. 이렇게 PC에 저장된 이미지를 직접 사용하면 다음과 같은 좋은 점이 있습니다.

- CD/DVD 디스크를 가지고 다니지 않아도 됩니다. 실습을 하다보면 가상머신을 추가로 만들어서 페도라를 설치해야 하는 경우도 있고, 일부 패키지만을 페도라디스크로부터 추가로 설치해야 할 때도 생깁니다. 이때 디스크가 없다면 큰일인데 저장된 디스크의 이미지를 이용한다면 매우 좋을 것입니다.
- 실제 디스크에서 파일을 읽는 것보다 디스크이미지에서 읽는 것이 더 빠릅니다. 페도라를 설치할 때 매우 많은 수의 파일을 읽어야 합니다. 따라서 디스크 이미지를 이용한다면 페도라 설치시간이 많이 줄어들 것입니다.

앞 절에서 '**저장소 트리**'영역 오른쪽의 '**속성**'영역에서 'CD/DVD **장치**'의 값을 클릭하여 PC의 광학드라이브를 선택했었는데 바로 그 오른쪽을 보면 연두색의 산모양의 표시가 있는 폴더 아이콘이 있습니다. 아이콘 위에 마우스 포인터를 올려보면 '가상 미디어 관리자 열기'라는 말풍선이 나옵니다. 이 아이콘을 클릭합니다.

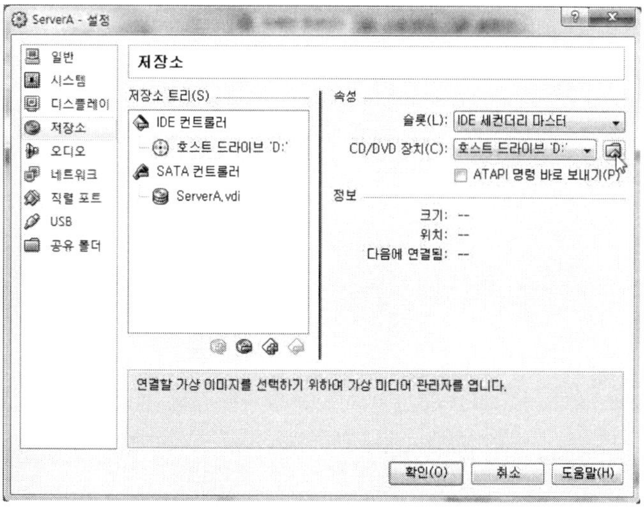

〈그림 2-7〉 가상미디어관리자 아이콘 클릭

가상 미디어 관리자가 열리면 'CD/DVD 이미지탭'이 선택되어 있습니다. 상단 실행아이콘 중 [추가]를 누릅니다.

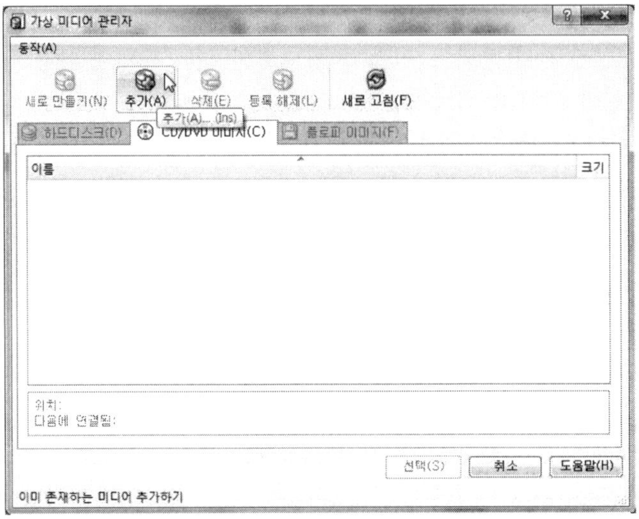

〈그림 2-8〉 가상 미디어 관리자에서 추가 선택

이어 열리는 'CD/DVD-ROM 디스크 이미지 파일 선택'창에서 페도라 11 DVD 이미지 파일(Fedora-11-i386-DVD.iso)을 찾아 선택한 후 [열기]를 누릅니다.

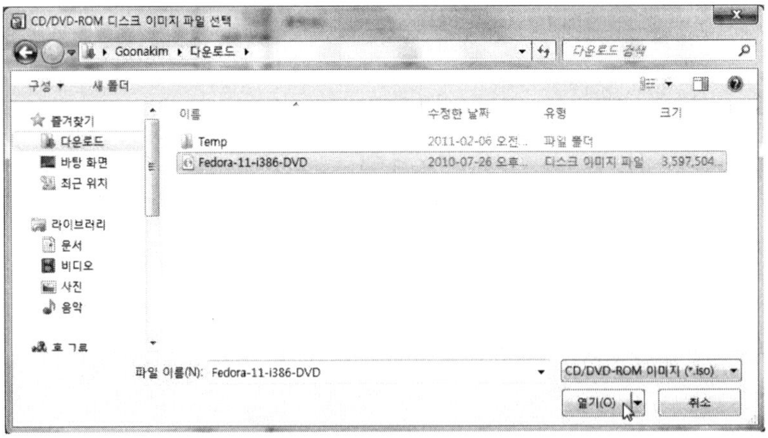

〈그림 2-9〉 CD/DVD-ROM 디스크 이미지 파일 선택

결과 가상 미디어 관리자로 돌아오며 CD/DVD 이미지 목록에 방금 선택한 페도라 11 DVD 이미지가 보입니다. 이것을 선택한 후 [선택]을 누릅니다.

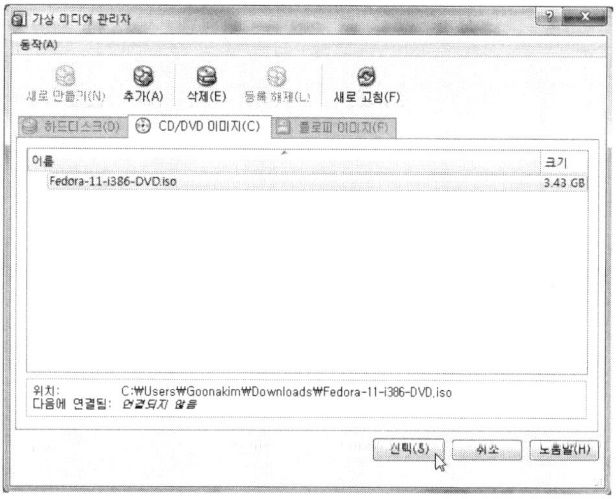

〈그림 2-10〉 가상 미디어 관리자에서 이미지 선택

이제 설정화면으로 돌아오게 되고 페도라 11 이미지 파일이 가상머신의 CD/DVD 드라이브에 연결된 것을 확인할 수 있습니다. 이제 [확인]을 누릅니다.

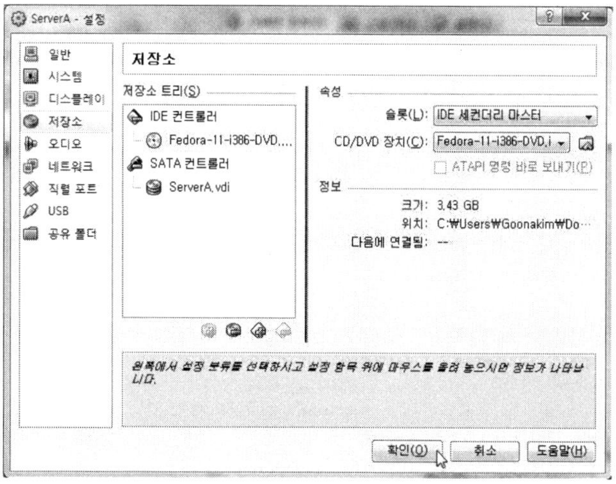

〈그림 2-11〉 디스크 이미지로 저장소 설정 화면

▶ ServerB, ClientA, ClientB의 CD/DVD장치에 대해서도 같은 방법으로 페도라 11의 이미지 파일을 연결해 주기 바랍니다.

2.3 페도라 설치

이제 가상머신에 페도라 11을 설치하겠습니다. 설치를 진행하기 전에 우선 가상머신에서 추가로 설정해야 하는 부분이 있습니다. 바로 부팅순서의 설정입니다. VirtualBox 실행창의 가상머신 목록에서 <ServerA>나 <ClientA>를 선택하고 오른쪽의 '자세한 정보'탭의 영역을 보면 '시스템'항목 하에 '부팅 순서'가 나와 있습니다. 현재는 '①플로피 디스크 ② CD/DVD-ROM ③하드디스크'의 순서로 되어 있을 것입니다. 이것을 다음과 같이 수정할 것입니다.

- 플로피디스크는 제거합니다. 요즘 플로피디스크 드라이브 자체가 PC에 없죠.
- CD/DVD-ROM과 하드디스크의 부팅순서를 바꾸어 줍니다. 이렇게 하지 않으면 페도라 설치를 다하고 나서 페도라 설치 이미지(또는 디스크)를 그대로 둔 채 컴퓨터(가상머신)를 껐다 켜면 또 다시 페도라 설치디스크로 부팅하게 됩니다. 조금 불편하죠. 기존의 시스템을 밀어 버리고 새로 운영체제를 설치하고자 할 때는 다시 두 부팅순서를 바꿔주면 되겠습니다.

네트워크나 저장소에 대한 설정을 했을 때와 마찬가지로 ServerA의 설정창을 엽니다. 이번에는 <시스템>항목을 선택합니다. 오른쪽을 보면 '마더보드'탭이 선택되어 있을 것입니다. '부팅 순서'항목을 보면 플로피 디스크, CD/DVD-ROM, 하드디스크, 네트워크의 순서로 나와 있습니만 네트워크 앞에는 체크가 되어 있지 않습니다. 플로피 디스크와 이와 같이 체크를 없애 줍니다. 그리고 CD/DVD-ROM을 체크를 유지한 상태로 선택합니다. 이 상태에서 바로 오른쪽의 [아래로 이동 화살표]를 누릅니다<그림 2-12>.

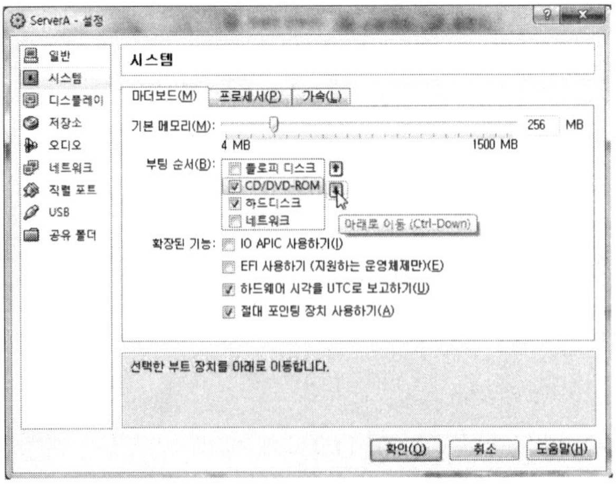

〈그림 2-12〉 부팅순서의 재배열

그 결과 CD/DVD-ROM과 하드디스크의 부팅 순서가 바뀌었습니다. 이제 [확인]을 누릅니다.

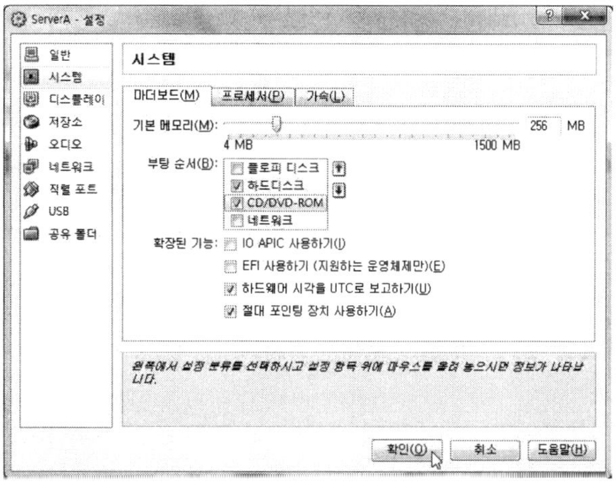

〈그림 2-13〉 부팅순서 재배열 결과

▶ ServerB, ClientA, ClientB에 대해서도 같은 작업을 하여 부팅순서를 재배열해 줍니다.

가상머신 ServerA에 페도라 설치

VirtualBox 실행창의 가상머신 목록에서 ServerA를 선택합니다. VirtualBox 메뉴의 [시작]을 누릅니다.

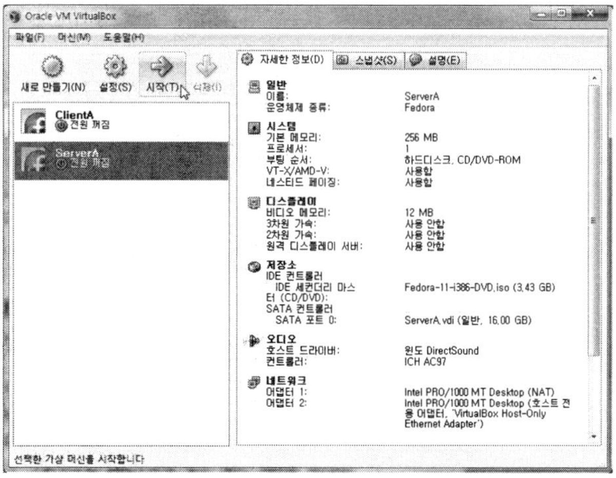

〈그림 2-14〉 ServerA를 시작하기

ServerA의 실행창이 열리면서 '이 창이 활성화되면 자동으로 키보드를 잡게 되어 키보드

입력은 가상머신으로 전달되고 호스트쪽으로는 차단된다'는 'VirtualBox-정보'창이 뜹니다. '이 메시지를 다시 표시하지 않기'에 체크하고 [확인]을 누릅니다. 이후 이와 유사한 정보창이 더 나올 때 모두 같은 방법으로 처리하면 되며 문제가 되지 않습니다.

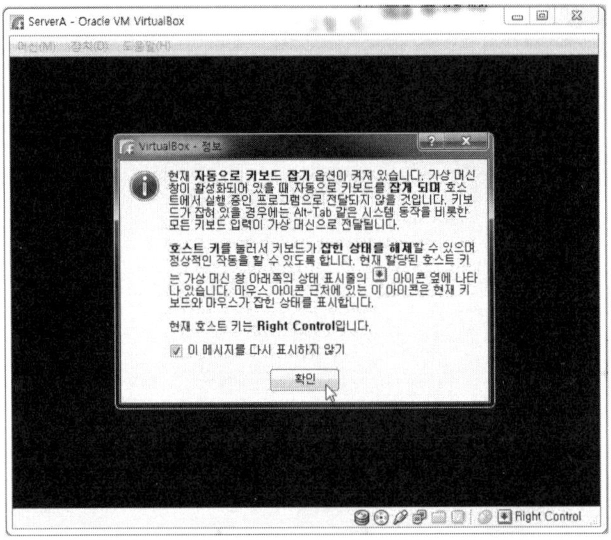

〈그림 2-15〉 자동으로 키보드 잡기 경고창

페도라 설치유형을 선택하는 화면입니다. <Install or upgrade an existing system>이 선택된 상태로 Enter↵를 입력합니다.

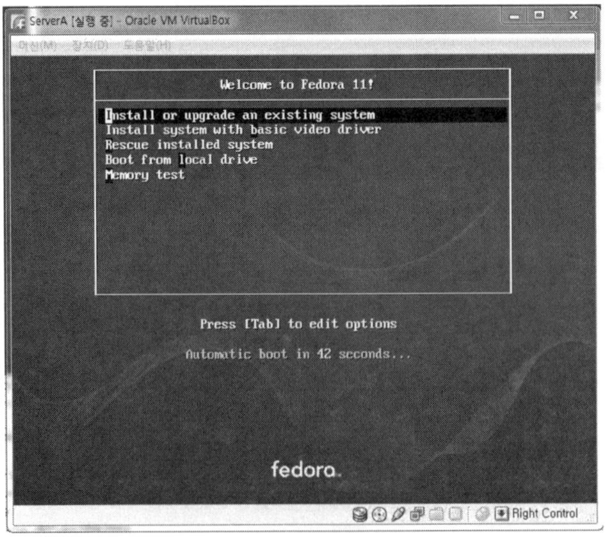

〈그림 2-16〉 페도라 설치 유형 선택

마우스통합이 지원되지 않는다는 정보창이 뜹니다. 아직 ServerA에서 마우스를 사용하는 프로그램이 실행되고 있지 않기 때문에 발생하는 것입니다. 앞에서 설명한 바와 같이 '이 메시지를 다시 표시하지 않기'에 체크하고 [확인]을 누릅니다.

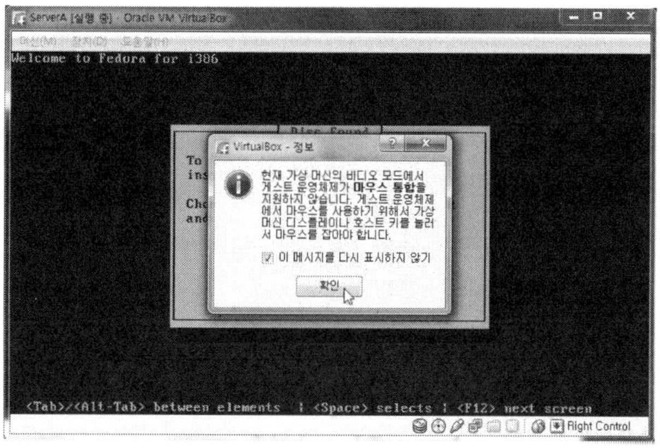

〈그림 2-17〉 마우스 통합 미지원 경고

페도라 설치 디스크에 에러가 있는지 검사하겠느냐고 물어보는 화면입니다. <OK>가 반전되어 있는데 [Tab](Tab)키를 눌러 <Skip>으로 반전을 이동시킨 후 [Space Bar] 를 눌러 선택합니다. 이는 디스크를 검사할 필요가 별로 없으며 검사에 시간이 많이 들기 때문입니다.

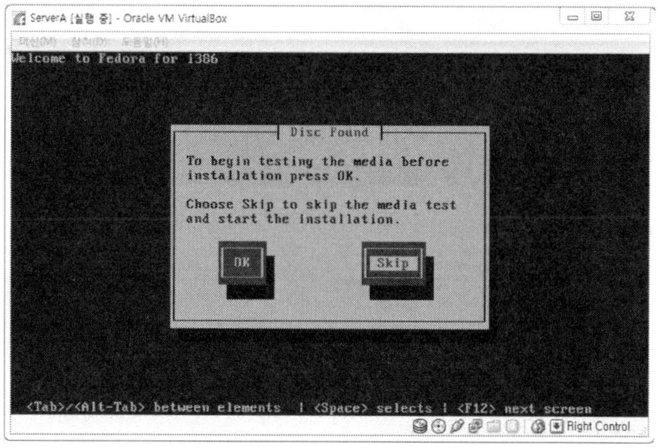

〈그림 2-18〉 디스크 검사 통과

이제 검은 화면에서 몇 줄의 영문 메시지가 나오게 됩니다. 화면이 바뀌고 또 다른 영문 메시지가 나오다가 <그림 2-19>와 같은 화면이 나오게 됩니다. 이는 페도라 설치를 위해 GUI를 제공해 주는 아나콘다(Anaconda)라고 하는 프로그램입니다. 페도라 11에서는 설치하려는 컴퓨터의 메모리가 192MB이상이 되어야 아나콘다가 실행됩니다. 그 이하의 메모리 용량에서는 텍스트모드로 설치가 진행됩니다. [Next]를 눌러 진행합니다.

〈그림 2-19〉 아나콘다의 첫 화면

설치과정에 사용할 언어를 선택하는 화면입니다. 그런데 이때 선택하는 언어가 설치과정 뿐만 아니라 설치 후 페도라에서 사용하게 되는 언어가 됩니다. 스크롤바를 이용해 'Korean (한국어)'를 선택하고 [Next]를 누릅니다.

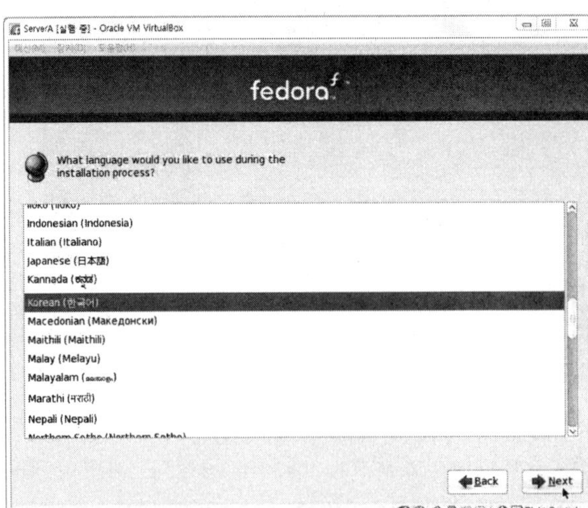

〈그림 2-20〉 설치 언어 선택

다음은 키보드를 선택하는 화면입니다. 'U.S. English'를 선택하고 [다음]을 누릅니다.

〈그림 2-21〉 U.S. English로 키보드 선택

'sda장치 프로세스 중 오류발생'이라는 경고창이 뜹니다. 가상머신이 만든 가상 하드디스크이기 때문에 나오는 오류메시지입니다. [드라이브 초기화]를 누릅니다.

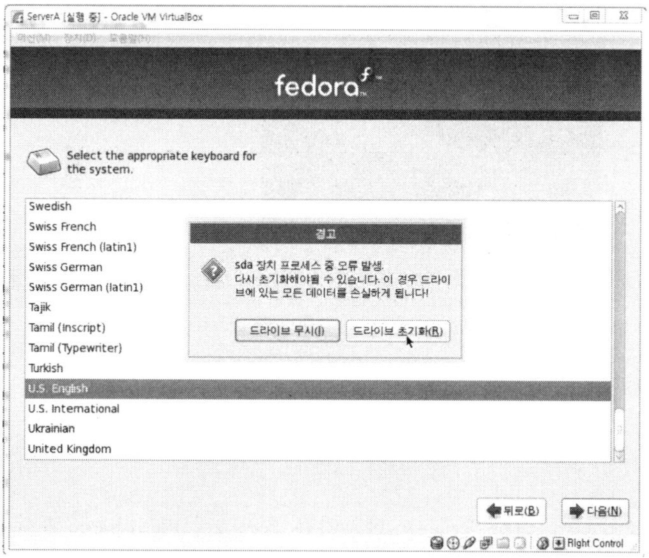

〈그림 2-22〉 드라이브 초기화 실행

다음은 호스트이름을 설정하는 화면입니다. '**호스트명**'에 "ServerA"라고 입력한 후 [다음]을 누릅니다.

〈그림 2-23〉 호스트명 설정

시간대를 선택하는 화면입니다. 이미 '아시아/서울(Seoul)'로 선택되어 있으니 그냥 [다음]을 눌러 진행합니다.

〈그림 2-24〉 시간대 설정

다음은 루트계정(root)에 대한 암호를 설정하는 화면입니다. 리눅스에서 root라는 id는 시스템 관리자(수퍼유저 super user 라고도 부릅니다)로서 매우 중요합니다. 영문, 숫자, 그리고 특수문자를 섞어서 8자 이상으로 만들도록 합니다. ServerA는 학습용이므로 간단하게 만들겠습니다. "dmu1234!"로 설정합니다. 입력시 리눅스는 Windows와는 달리 소문자와 대문자를 다른 문자로 생각하니 주의하기 바랍니다. 패스워드를 다르게 만들었다가 잊어버리면 실습이 곤란하므로 꼭 이와 같이 설정하여 주기 바랍니다. 나중에 진짜 서버를 운영하게 된다면 확실히 안전한 패스워드를 사용하기 바랍니다. [다음]을 눌러 진행합니다.

파티션을 만들 차례입니다. 선택되어 있는 '기존의 Linux 시스템 교체'를 그대로 둔 채 [다음]을 누르면 페도라가 알아서 파티션을 해 줍니다. 하지만 학습을 위해 수동으로 파티션을 만들어 보도록 하겠습니다. '기존의 Linux 시스템 교체'라는 부분을 클릭하면 선택할 수 있는 파티션 옵션이 펼쳐지는데 맨 아래에 있는 '사용자 레이아웃 만들기'를 선택합니다<그림 2-25>. [다음]을 누릅니다<그림 2-26>.

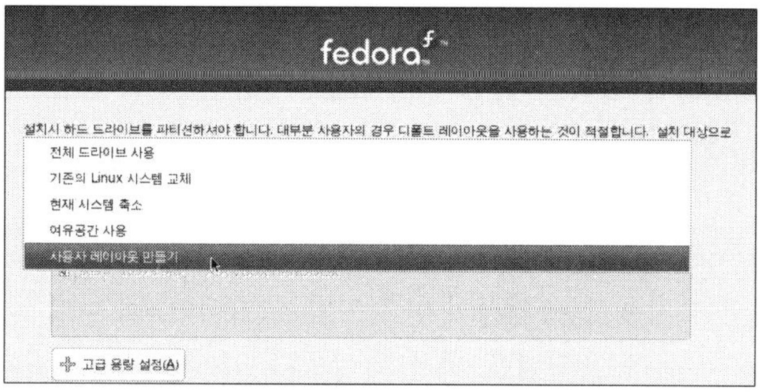

〈그림 2-25〉 '사용자 레이아웃 만들기' 를 선택

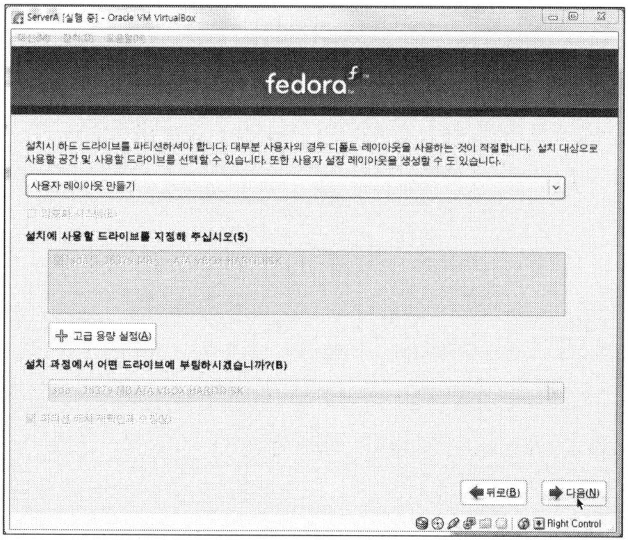

〈그림 2-26〉 선택 후 다음으로 진행

파티션이란 하드디스크에 구역을 나누어 사용하는 것입니다. 그렇게 하여 분리된 각 구역들은 마치 별도의 디스크인 양 서로의 영역을 침범하지 못하게 됩니다. PC를 조립해 본 사람이라면 잘 아는 것이지만 Windows 시스템에서는 파티션을 하면 각 파티션에 드라이브문자라는 것을 할당해 줍니다. 따라서 파티션을 C: 또는 D: 등과 같은 이름으로 사용하게 됩니다. 그러나 리눅스에서는 모든 것을 파일로 표현하고 있습니다. 컴퓨터에서 파티션 영역을 사용할 때 그 파티션영역에 만들어지는 디렉터리의 이름으로 접근하게 됩니다.[7] 디렉터리도 파일의 특수한 경우이기 때문에 역시 파티션도 파일로 표현된 것이라고 말할 수 있습니다.

여기에서 리눅스에 있는 디렉터리들을 간략하게 알아 보겠습니다.

- **/** : 루트(root) 디렉터리라고 하며 디렉터리 시스템의 출발점이기 때문에 모든 다른 디렉터리들은 루트 디렉터리 아래로 마운트됩니다.
- **/boot** : 부팅에 필요한 커널과 파일들이 들어있는 디렉터리입니다.
- **/root** : 수퍼유저 root의 홈디렉터리입니다. /(root)디렉터리와 혼동하면 안됩니다.
- **/home** : 일반 사용자들의 홈디렉터리는 이 디렉터리 아래 만들어집니다.
- **/bin** : ls, rm, mv, pwd 등의 기본명령어가 위치하는 디렉터리입니다.
- **/sbin** : 시스템운영에 사용하는 명령어가 들어있는 디렉터리입니다.
- **/dev** : 시스템에서 사용하는 장치를 위한 파일들이 있는 디렉터리입니다.
- **/etc** : 응용프로그램의 환경설정파일이 존재하는 디렉터리입니다.
- **/var** : 시스템 운영중에 생성되는 log파일, 메일송수신시 임시로 저장되는 spool, 프린트 spool, 웹서버자료 등이 저장되는 디렉터리입니다.
- **/lib** : 시스템 및 응용 프로그램 실행에 필요한 공유라이브러리가 있는 디렉터리입니다.
- **/usr** : 다양한 응용프로그램들이 설치되어 있는 곳입니다. 리눅스에서는 패키지를 설치할 때 대부분 이 디렉터리에 설치됩니다.

페도라에서는 이상과 같은 디렉터리 중에서 /bin, /dev, /etc, /lib, /root, /sbin 그리고 /usr은 별도의 파티션으로 만들어서는 안됩니다. 이 디렉터리들은 / 파티션에 만들어져야 합니다. 기본적으로는 중요한 파티션은 swap, /boot, 그리고 / 파티션입니다.

- **swap 파티션**은 시스템이 처리하는 데이터를 위한 RAM 메모리의 용량이 부족할 때 가상메모리로 사용되는 특별한 공간입니다. 따라서 사용자가 볼 수 있는 별도의 디렉터리로

7) 물론 파티션에는 별도의 장치이름이 있지만 여기서는 운영체제의 사용자 관점에서 기술하는 것입니다.

존재하지는 않습니다. 반드시 별도의 파티션으로 만들어야 합니다.

- **/boot 파티션**은 부팅시 사용하게 되므로 다른 디렉터리와 상당히 다른 특성을 지니게 되므로 별도의 파티션으로 만드는 것이 좋습니다. 페도라 11의 경우는 부트로더인 GRUB이 ext4 파일시스템을 지원하지 못하므로 /boot 파티션은 / 파티션과는 별도로 ext3로 파일시스템을 구성합니다.
- **/ 파티션**은 / 디렉터리가 존재하는 파티션이자 별도의 파티션으로 만들어지지 않은 모든 디렉터리가 존재하는 파티션입니다.

그 외 추가로 /home과 /var를 별도의 파티션으로 만들기도 합니다. /home은 사용자의 데이터들이 존재하게 되므로 별도의 파티션으로 만들면 시스템을 업그레이드 하거나 변경할 때 사용자의 데이터에 영향을 주지 않고 할 수 있어서 좋습니다. /var는 시스템 운영 중에 발생하는 다양한 기록 및 임시 파일이 저장되는 곳이므로 / 파티션에 /var디렉터리가 존재할 경우 과도한 임시파일의 발생으로 / 파티션의 용량이 부족하게 될 위험성이 있습니다. 따라서 별도의 파티션으로 만들어 준다면 이런 위험을 피할 수 있습니다.

이 교재에서는 RedHat에서 권장하는 가장 기본적인 파티션을 하겠습니다. 즉, swap, /boot, 그리고 / 파티션을 만드는 것입니다. <그림 2-27>의 화면을 보면 현재는 /dev/sda라는 이름의 하드디스크의 모든 공간(16378MB)이 '여유공간'으로 되어 있습니다. 이제 [새로 생성]을 누릅니다.

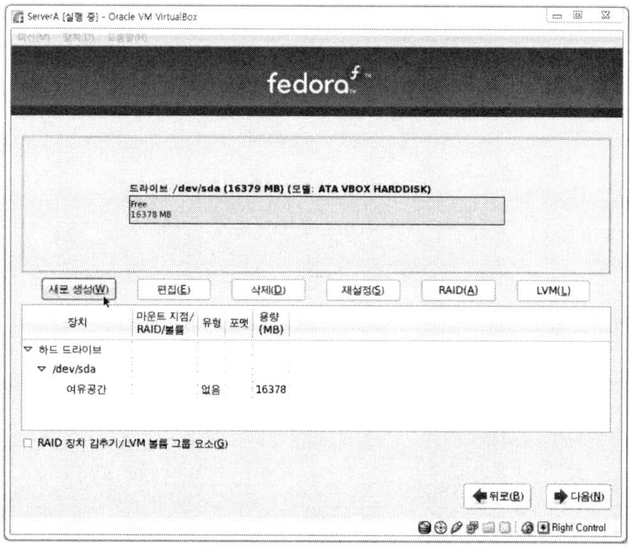

〈그림 2-27〉 파티션 새로 생성

'파티션 추가' 창이 열립니다. '파일시스템 유형'이 'ext4'로 되어 있습니다. 'ext4'를 눌러 나오는 목록에서 'swap'을 선택합니다.

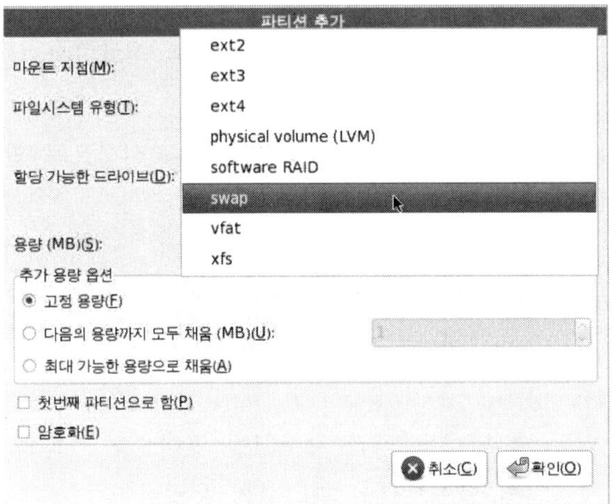

〈그림 2-28〉 파일시스템 유형으로 swap선택

다음은 swap 파티션의 용량을 설정합니다. 전통적으로 적절한 swap의 용량은 RAM용량이 2GB보다 작을 경우는 RAM용량의 2배로 설정하고, RAM이 2GB보다 많은 경우는 (4GB + 2GB가 초과되는 RAM용량)으로 swap의 용량을 계산합니다. ServerA는 RAM이 256MB이므로 swap에 512MB를 할당하면 되지만 여유있게 1024MB를 할당합니다. '용량(MB)' 항목의 입력란에 "1024"를 입력하고 [확인]을 누릅니다.

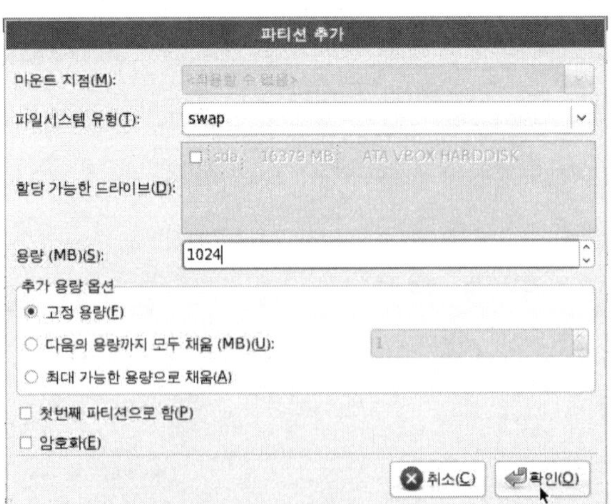

〈그림 2-29〉 swap 용량 입력

<그림 2-30>의 화면에서 swap 파티션이 생성된 것을 확인할 수 있습니다. 이제는 /dev/sda에 /dev/sda1이라는 파티션이 생겼는데 용량은 1024MB이고 유형을 보니 swap 파티션입니다.

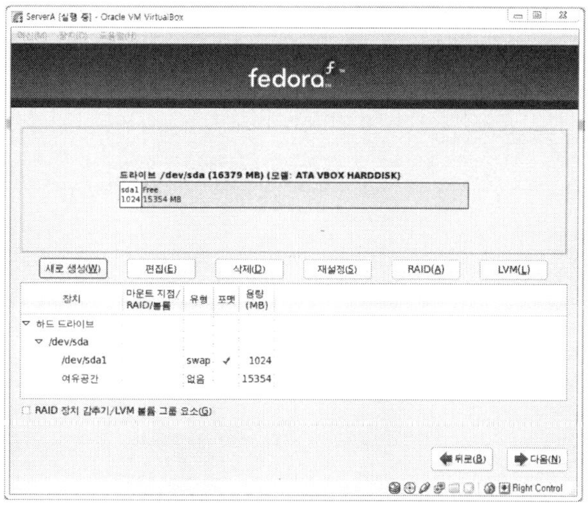

〈그림 2-30〉 swap 파티션의 생성 결과

이제 /boot 파티션을 만들 차례입니다. 다시 [새로 생성]을 누르면 '파티션 추가'창이 나옵니다. 우선 '마운트 지점'항목에서 '/boot'를 선택합니다. '파일시스템 유형'이 자동으로 'ext3'로 바뀝니다. 페도라 11의 경우 용량은 100MB로 충분하다고 하지만 "200"MB로 설정합니다. [확인]을 클릭합니다.

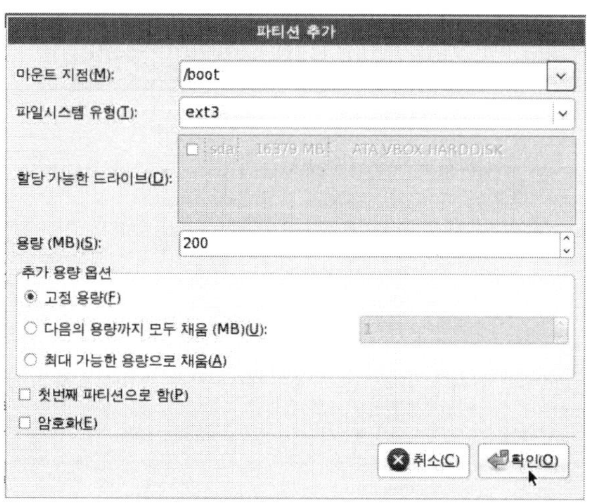

〈그림 2-31〉 /boot 파티션 설정

다시 [새로 생성]을 눌러 / 파티션을 만들겠습니다. '**마운트 지점**'항목에서 '/'를 선택합니다. '**파일시스템 유형**'은 'ext4'로 선택합니다. 이제 남은 용량을 모두 / 파티션에 할당할 것이므로 '**추가 용량 옵션**'에서 '**최대 가능한 용량으로 채움**'을 선택하고 [**확인**]을 클릭합니다.

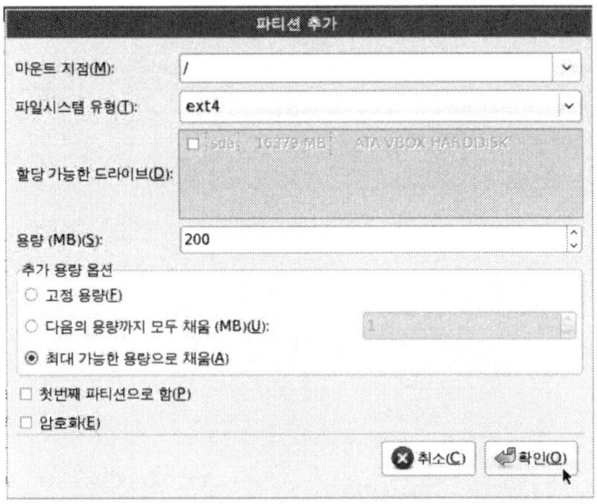

〈그림 2-32〉 / 파티션의 설정

이제 파티션 설정작업이 끝났습니다. 설정결과를 확인하고 이상이 없으면 설정한 대로 하드디스크에 파티션을 생성하도록 합니다. 설정해 준 3개의 파티션을 용량순으로 정렬하여 보여주고 있습니다. 덕분에 /boot 파티션의 장치이름이 sda1이 되고 swap 파티션은 sda2가 되었습니다. [다음]을 누릅니다.

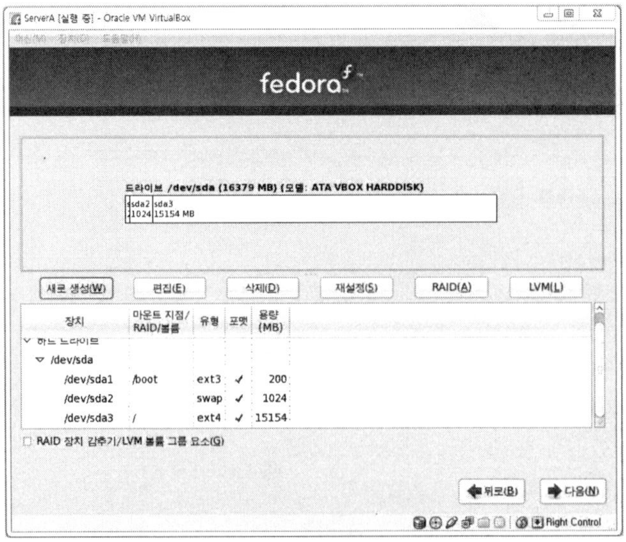

〈그림 2-33〉 파티션 설정 결과

파티션 설정을 한 대로 디스크에 기록하겠느냐고 물어옵니다. [디스크에 변경 사항 기록]을 누릅니다.

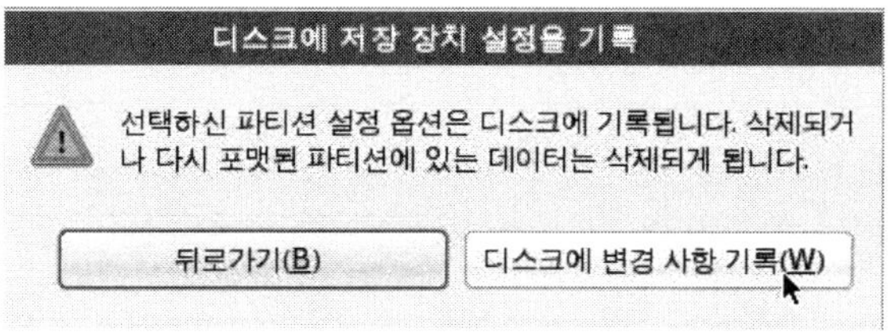

〈그림 2-34〉 디스크에 변경사항 기록 선택

각 파티션에 파일시스템을 설치하는 작업이 끝나면 부트로더에 대한 설정을 하는 화면이 나옵니다. 설치위치, 암호설정, 부트로더로 부팅할 운영체제목록 등을 설정할 수 있습니다. 특별한 변경사항이 없으므로 [다음]을 누릅니다.

〈그림 2-35〉부트로더 설정 화면

다음은 패키지그룹 선택 화면입니다. '**사무와 생산성**'은 MS오피스와 유사한 OpenOffice.org의 오피스 소프트웨어들, Planner 프로젝트관리 프로그램, GIMP와 같은 그래픽 프로그램 및 멀티미디어 응용프로그램 등을 포함하고 있습니다. '**소프트웨어 개발**'은 페도라시스템에서 프로그램을 컴파일하는데 필수적인 도구들을 포함하고 있습니다. '**웹 서버**'를 선택하면 아파치(Apache) 웹 서버를 설치합니다. 우리는 '**사무와 생산성**'과 함께 '**소프트웨어 개발**'을 선택합니다. 그 아래는 설치에 필요한 파일을 제공하는 리포지터리를 선택하는 곳입니다. 'Installation Repo'란 설치 DVD를 의미합니다. 아래에 있는 'Fedora 11 - i386'이나

'Fedora 11 - i386 - Updates'를 선택하면 패키지들을 인터넷을 통해 최신 버전으로 설치하지만 학습에는 그다지 필요하진 않으므로 체크하지 않습니다. [다음]을 누릅니다.

〈그림 2-36〉 설치할 패키지의 선택

설치패키지간의 의존성검사와 설치준비작업이 끝나면 각 패키지들의 설치가 진행됩니다. 1349개의 패키지를 설치하므로 시간이 많이 걸립니다.

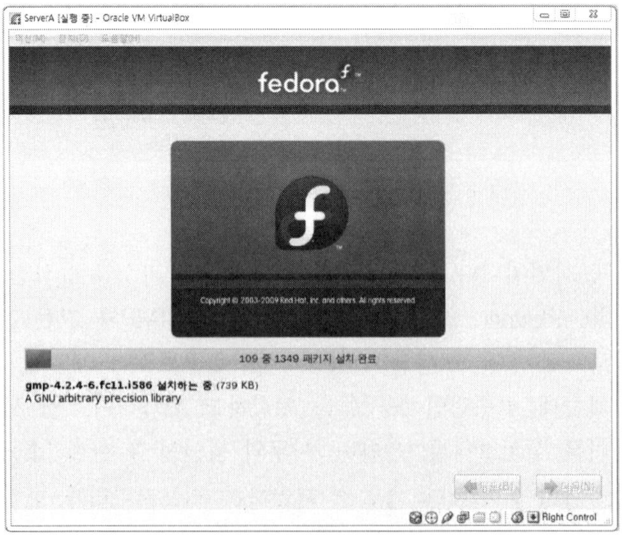

〈그림 2-37〉 패키지 설치 과정

패키지 설치가 끝나면 설치완료 메시지가 나옵니다. [재부팅]을 누릅니다.

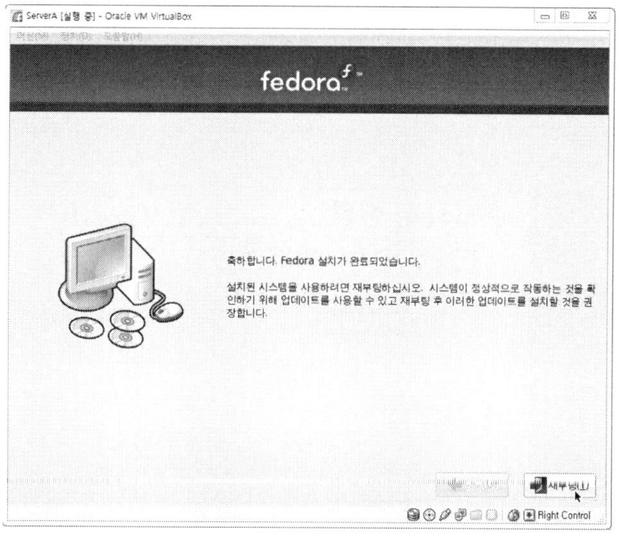

〈그림 2-38〉 설치완료 메시지

재부팅이 되면 '환영합니다' 화면이 나옵니다. 설정할 것이 없습니다. [앞으로]를 누릅니다. 이어 나오는 '라이센스 정보' 화면에서도 역시 [앞으로]를 누릅니다.

〈그림 2-39〉 환영메시지

이제 '사용자 생성' 화면이 나옵니다. '사용자 이름'은 "servera"라고 입력합니다. '성명'에도

"servera"라고 입력합니다. '암호'는 "dytc1234"로 합니다. 역시 지금은 학습용으로 만들었기 때문에 암호를 간단하게 설정했지만 실제로 운용하는 서버라면 사용자 암호도 관리자 암호와 마찬가지로 문자, 숫자, 특수기호를 모두 사용하여 8자 이상으로 짐작하기 어렵게 만들어야 합니다. '암호 확인'에도 똑같이 "dytc1234"라고 입력해 줍니다. [앞으로]를 누릅니다.

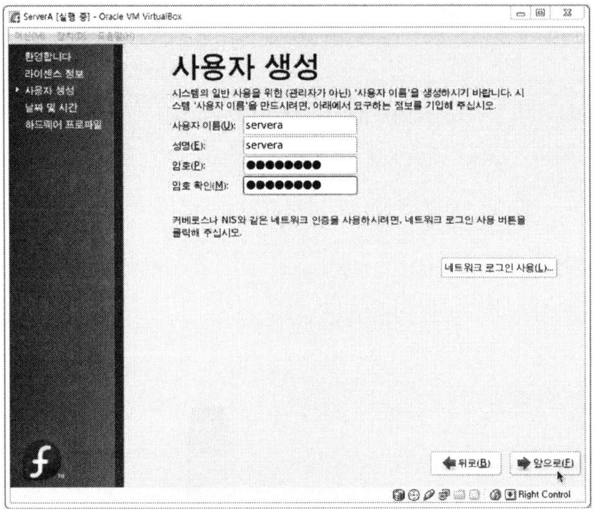

〈그림 2-40〉 사용자 생성

'날짜 및 시간' 창에서는 날짜와 시간을 적절히 맞추고 [앞으로]를 누릅니다. '하드웨어 프로파일' 창에서는 '프로파일을 전송하지 않음'이 선택된 상태로 [완료]를 클릭합니다. 정말 보내지 않겠냐고 재차 물어옵니다. [아니요. 보내지 않습니다.]를 클릭합니다. 이렇게 하여 설정이 완료되었습니다. 페도라는 사용자의 로그인을 대기하는 화면으로 넘어 갑니다. 일단 [시스템 끄기]를 눌러 ServerA를 종료합니다.

〈그림 2-41〉 시스템 끄기 선택

가상머신 ClientA에 페도라 설치

이제 ClientA에도 페도라를 설치해 줍니다. ServerA의 설치과정과 거의 동일하지만 파티션 옵션, 설치 소프트웨어 패키지 선택, 그리고 설치완료 후 사용자를 추가하는 부분에서 약간의 차이가 있을 것입니다.

- VirtualBox 실행창의 가상머신 목록에서 ClientA를 선택합니다. VirtualBox 메뉴의 [시작]을 누릅니다.

- ClientA의 실행창이 열리면서 '이 창이 활성화되면 자동으로 키보드를 잡게 되어 키보드 입력은 가상머신으로 전달되고 호스트쪽으로는 차단된다'는 'VirtualBox-정보'창이 뜹니다. '이 메시지를 다시 표시하지 않기'에 체크하고 [확인]을 누릅니다. 앞으로 'VirtualBox-정보' 창에 대해서는 별도의 언급을 하지 않겠습니다. 이후 'VirtualBox-정보'창이 나올 때는 모두 같은 방법으로 처리하면 됩니다.

- 페도라 설치유형을 선택하는 화면입니다. <Install or upgrade an existing system>이 선택된 상태로 Enter↵ 를 입력합니다.

- 페도라 설치 디스크에 에러가 있는지 검사하겠느냐고 물어보는 화면에서 <OK>가 반전되어 있는데 Tab키를 눌러 <Skip>으로 반전을 이동시킨 후 Space Bar 를 눌러 선택합니다.

- 페도라의 그래픽모드 설치프로그램인 아나콘다가 실행됩니다. [Next]를 눌러 진행합니다

- 설치과정에 사용할 언어는 스크롤바를 이용해 'Korean (한국어)'를 선택하고 [Next]를 누릅니다

- 다음은 키보드를 선택하는 화면입니다. 'U.S. English'를 선택하고 [다음]을 누릅니다.

- 'sda장치 프로세스 중 오류발생'이라는 경고창이 뜹니다. [드라이브 초기화]를 누릅니다.

- 다음은 호스트이름을 설정하는 화면입니다. '호스트명'에 "ClientA"라고 입력한 후 [다음]을 누릅니다

- 시간대를 선택하는 화면입니다. 이미 '아시아/서울(Seoul)'로 선택되어 있으니 그냥 [다음]을 눌러 진행합니다

- 다음은 루트계정(root)에 대한 암호를 설정하는 화면입니다. 'Root 암호'와 '확인'의 오른쪽에 있는 입력란 두 곳에 정확하게 "dmu1234!"라고 입력합니다. [다음]을 눌러 진행합니다.

- 파티션을 만들 차례입니다. ServerA에서 수동으로 파티션을 설정했지만 ClientA에서는 이미 선택되어 있는 '기존의 Linux 시스템 교체' 그대로 놓고 [다음]을 누릅니다. 이 옵션을 선택하면 페도라가 자동으로 파티션을 하게 됩니다. ClientA는 파티션을 꼭 이렇게 해야 하는 것은 아니고 ServerA와 마찬가지로 수동으로 진행해도 됩니다. 다만, 페도라 설치에 대해서 여러 방법을 경험해 보기 위해 여기에서는 자동 파티션을 선택하는 것입니다.

- 파티션 설정을 한 대로 디스크에 기록하겠느냐고 물어옵니다. [디스크에 변경 사항 기록]을 누릅니다.

- 다음은 패키지그룹 선택 화면입니다. '사무와 생산성'만을 선택한 상태로 둡니다. 리포지터리 선택도 'Installation Repo'만 선택된 상태로 진행합니다. [다음]을 누릅니다.

- 설치패키지간의 의존성검사와 설치준비작업이 끝나면 각 패키지들의 설치가 진행됩니다. '사무와 생산성'만을 선택했는데도 설치할 패키지의 수가 1117개에 달하므로 역시 시간이 많이 걸립니다.

- 패키지 설치가 끝나면 설치완료 메시지가 나옵니다. [재부팅]을 누릅니다

- 재부팅이 되면 '환영합니다' 화면이 나옵니다. 설정할 것이 없습니다. [앞으로]를 누릅니다.

- '라이센스 정보' 화면에서도 역시 [앞으로]를 누릅니다

- '사용자 생성' 화면입니다. '사용자 이름'은 "clienta"라고 입력합니다. '성명'에도 "clienta"라고 입력합니다. '암호'는 "dytc1234"로 합니다. '암호 확인'에도 똑같이 "dytc1234"라고 입

력해 줍니다. [앞으로]를 누릅니다.

- '날짜 및 시간' 창에서는 날짜와 시간을 적절히 맞추고 [앞으로]를 누릅니다.

- '하드웨어 프로파일' 창에서는 '프로파일을 전송하지 않음'이 선택된 상태로 [완료]를 클릭합니다.

- 정말 보내지 않겠냐고 재차 물어옵니다. [아니요. 보내지 않습니다.]를 클릭합니다.

- 이렇게 하여 설정이 완료되었습니다. 페도라는 사용자의 로그인을 대기하는 화면으로 넘어 갑니다. 일단 [시스템 끄기]를 눌러 ClientA를 종료합니다.

가상머신 ClientB에 페도라 설치

이제 ClientB에도 페도라를 설치해 줍니다. 이것은 ClinetA의 설치과정과 동일합니다.

가상머신 ServerB에 페도라 설치

ServerB는 메모리가 128MB이므로 텍스트모드로 설치가 됩니다. 약간 어색하고 불편한 느낌이 들겠지만 텍스트 모드의 설치를 한 번 해 보는 것도 좋겠습니다. 텍스트 모드에서는 항목간 이동은 ↹이며 선택은 Space Bar 를 눌러서 합니다.

- VirtualBox 실행창에서 ServerB를 선택하고 [시작]을 누릅니다.

- 페도라 설치유형을 선택하는 화면입니다. 역시 <Install or upgrade an existing system>이 선택된 상태로 Enter↵ 를 입력합니다.

- 페도라 설치 디스크에 에러가 있는지 검사하겠느냐고 물어보는 화면에서 <OK>가 반전되어 있는데 <Skip>으로 반전을 이동시킨 후 선택합니다.

- 페도라의 그래픽모드 설치프로그램인 아나콘다는 시스템의 메모리가 부족하여 실행되지 못하고 그 대신 텍스트모드로 설치프로그램이 실행됩니다. 'Welcome to Fedora!'라고 하는 환영메시지가 나옵니다. [OK]를 선택합니다.

- 설치 언어를 선택하는 화면입니다. 텍스트 모드에서는 한글지원이 잘 되지 않으므로 English를 그대로 선택합니다.

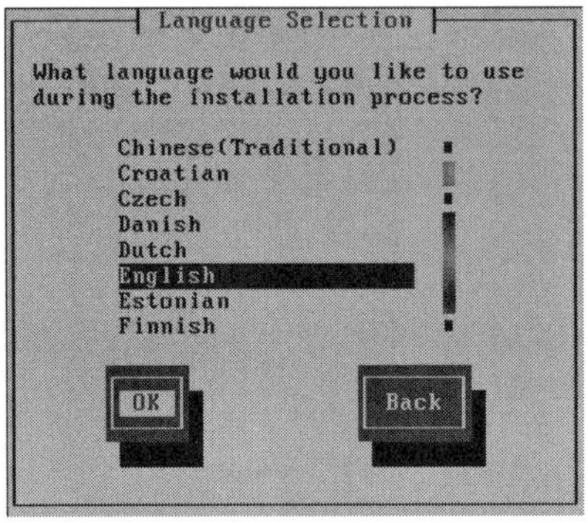

〈그림 2-42〉 설치언어 선택 - english

- 키보드를 선택하는 화면입니다. 역시 us를 그대로 선택합니다.

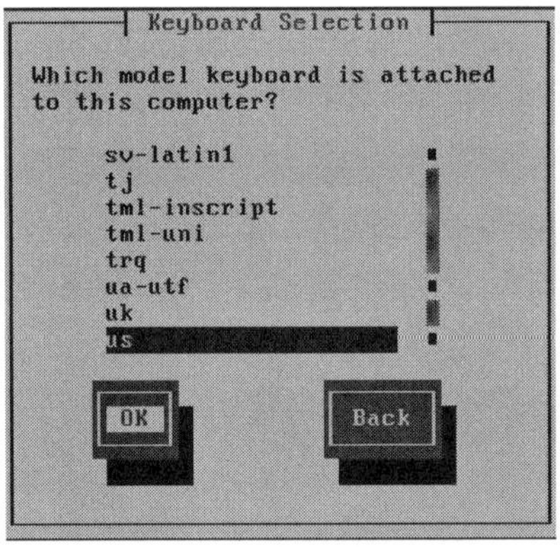

〈그림 2-43〉 키보드 선택 - us

- 하드디스크를 초기화하겠냐고 물어봅니다. [Re-initialize drive]를 선택합니다.

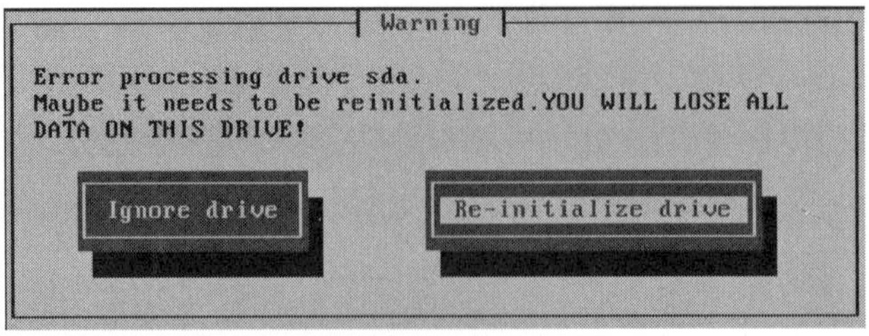

〈그림 2-44〉 하드디스크 초기화

- 시간대를 설정하는 화면에서는 ⬇키를 눌러 'Asia/Seoul'을 지시한 후 [OK]를 선택합니다.

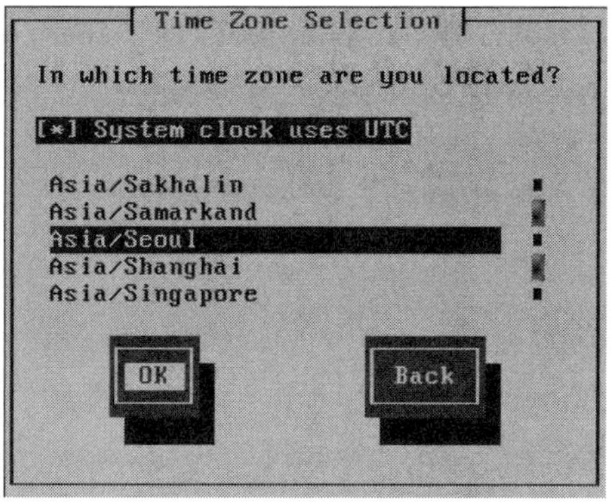

〈그림 2-45〉 시간대 설정

- 루트 패스워드를 입력합니다. "dmu1234!"로 정확하게 입력합니다.

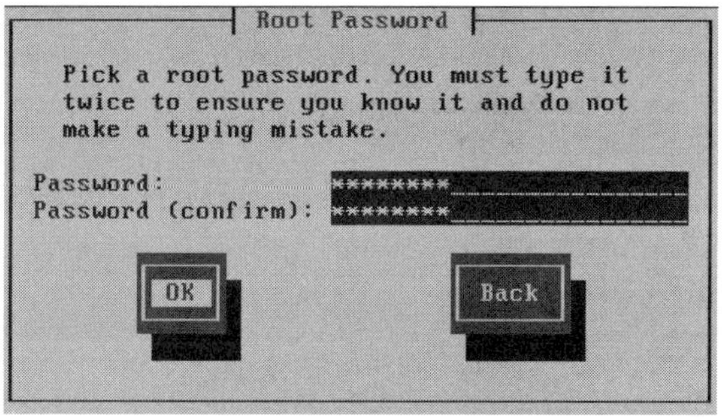

〈그림 2-46〉 루트패스워드 입력

- 파티션 유형을 선택합니다. 선택 변경없이 [OK]를 택합니다.

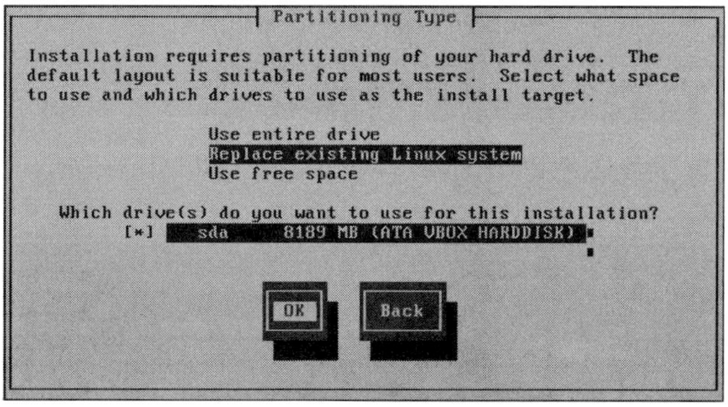

〈그림 2-47〉 파티션유형 선택

- 선택한 사항대로 디스크에 쓸 것인가를 물어봅니다. 'Write changes to disk'를 선택.

〈그림 2-48〉 디스크에 변경사항 기록 선택

- 설치를 준비하는 여러 메시지들이 나오다가 패키지를 설치하는 화면이 나옵니다. 텍스트 모드여서 패키지수가 179개 밖에 되질 않습니다.

〈그림 2-49〉 패키지들을 설치하는 중

- 설치가 완료된 것을 축하한다며 재부팅하라는 메시지입니다. [Reboot]합니다.

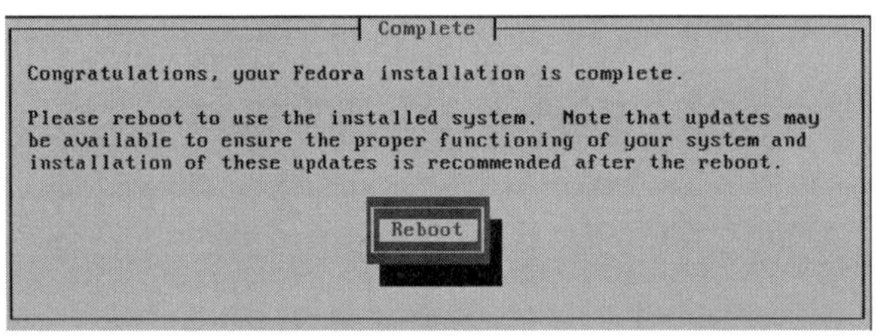

〈그림 2-50〉 설치완료축하 - 재부팅선택

- 재부팅하면 ServerB는 <그림 2-51>과 같이 텍스트모드 로그인대기화면이 됩니다. 이때 그냥 가상머신을 종료해서는 안됩니다. 로그인하여 정상적으로 시스템을 종료해야 합니다. 'login :' 뒤에 "root"라고 입력합니다. 'Password:'라고 나오면 루트패스워드를 입력합니다.

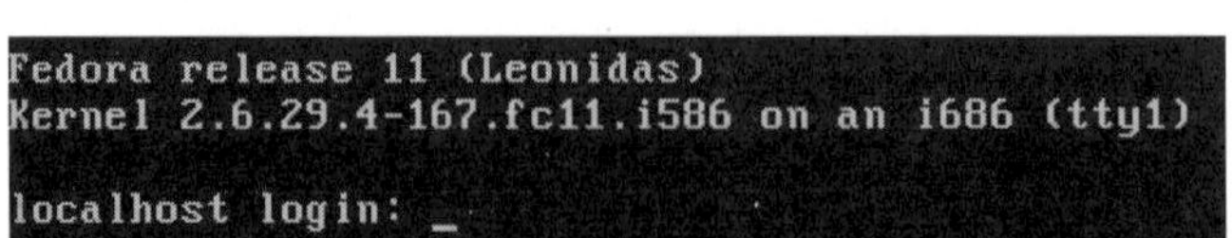

〈그림 2-51〉 로그인 대기 화면

- 로그인에 성공하면 <그림 2-52>와 같은 화면이 됩니다.

```
login: root
Password:
[root@localhost ~]# _
```

〈그림 2-52〉 ServerB의 첫 로그인 화면

- 이제 시스템을 종료하겠습니다. [root@localhost ~]# 이라는 프롬프트 뒤에 "halt"라고 입력하고 Enter↵ 를 누릅니다. 이제 ServerB가 종료됩니다.

제3장 페도라와 가상머신 추가설정

이 장에서 다루는 내용

○ 페도라 11 네트워크설정
○ VirtualBox GuestAdditions

이 장의 목표

이 장을 마치고 나면 다음의 능력들을 갖게 될 것입니다.

· 페도라의 네트워크를 설정할 수 있습니다.
· 페도라에 VirtualBox GuestAdditions를 설치하고 이를 활용할 수 있습니다.

3.1 페도라 시작 및 네트워크 연결

이제 페도라에 로그인하여 네트워크를 설정하고 Guest Additions를 추가설치하도록 하겠습니다. Guest Additions는 게스트 운영체제의 화면 해상도의 증가, 게스트와 호스트간 공유폴더의 제공, 게스트와 호스트간 클립보드 데이터 공유 등의 기능을 제공합니다.

먼저 ServerA를 설정하도록 하겠습니다. VirtualBox 실행창에서 'ServerA'를 선택하고 [시작]을 누릅니다. ServerA의 실행창이 생성되면 화면중앙의 사용자목록[8]에서 'servera'를 클릭합니다.

〈그림 3-1〉 servera로 로그인 선택

servera 사용자의 암호를 물어봅니다. "dytc1234"를 입력하고 [로그인]을 누릅니다. 로그인에 성공하여 페도라의 데스크탑 화면이 보입니다.

〈그림 3-2〉 servera 암호 입력

8) 목록이라고 하지만, 지금은 사용자가 servera밖에 없습니다.^^;;;

ServerA의 실행창영역 중에서 <그림 3-3>에서 굵은 선의 네모 안의 영역이 페도라의 데스크탑입니다. 바로 위와 아래에 있는 메뉴 또는 아이콘들은 VirtualBox의 가상머신(ServerA)관련 메뉴 및 아이콘입니다.

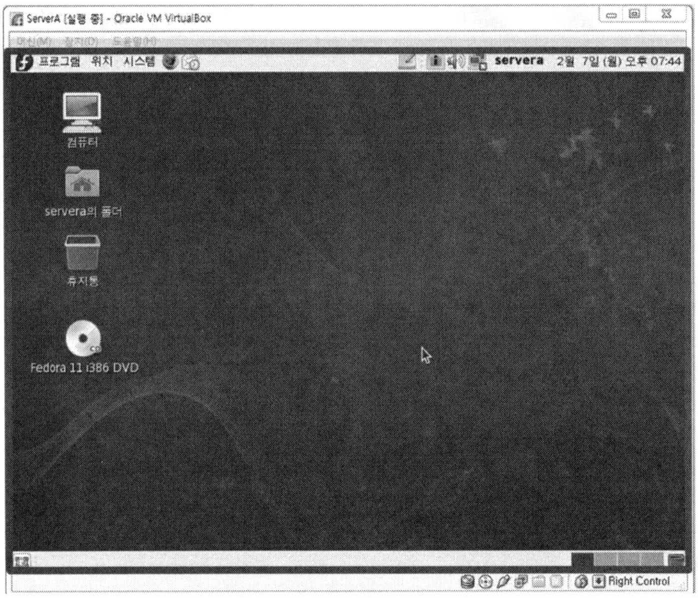

〈그림 3-3〉 ServerA실행창 중 페도라 데스크탑 영역

페도라 화면에서 상단과 하단에 존재하는 바를 패널(panel)이라고 부릅니다. 패널은 Windows의 작업 표시줄(taskbar)과 유사한 것으로 메뉴나 아이콘 등을 배치할 수 있습니다. <그림 3-4>는 상단패널입니다. 이 패널에 배치되어 있는 것들을 왼쪽부터 간단하게 설명하겠습니다.

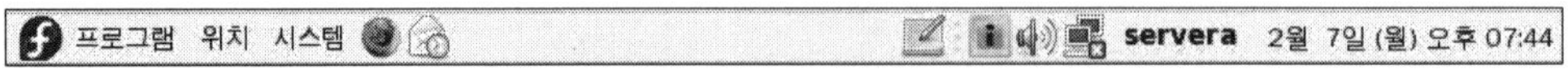

〈그림 3-4〉 페도라 데스크탑의 상단패널

- '**프로그램**'을 누르면 유용한 여러 프로그램들을 선택해서 실행할 수 있는 메뉴가 펼쳐집니다.
- '**위치**'는 중요 디렉터리를 한번에 열어볼 수 있도록 해 줍니다.
- '**시스템**'은 시스템관리에 사용되는 프로그램들 및 화면잠그기, 로그아웃, 끄기 등의 메뉴가 있습니다.
- 여우가 지구를 휘감아 안고 있는 아이콘은 인터넷브라우저인 'Firefox'입니다.

- 편지봉투에 시계가 함께 있는 아이콘은 '에볼루션'이라는 프로그램으로 메일, 주소록 및 캘린더 기능을 제공합니다.
- 노란종이와 연필은 '톰보이쪽지'로서 간단한 메모를 저장해 놓는 프로그램입니다.
- 느낌표가 있는 아이콘은 'IBus'라고 하는 다국어 문자입력 도구입니다.
- 스피커 모양은 볼륨입니다.
- 컴퓨터 두 대가 겹쳐져 있는 아이콘은 페도라의 네트워크를 관리하는 'NetworkManager'라는 프로그램입니다. 현재는 빨간바탕에 하얀색은 X자가 있는데 이는 네트워크가 연결되지 않았다는 것을 의미합니다.
- 그 다음에 사용자의 아이디가 보입니다.
- 마지막으로 날짜와 시간을 보여줍니다.

다음은 하단패널입니다. 상대적으로 매우 간단합니다.

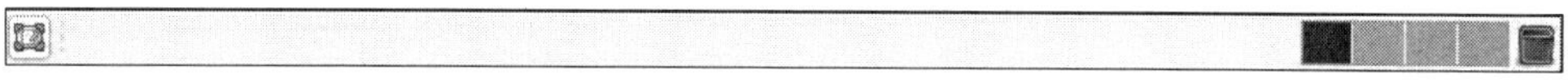

〈그림 3-5〉 페도라 데스크탑의 하단패널

- 맨 왼쪽의 아이콘은 '바탕화면'입니다. 화면에 다른 실행창들이 떠 있을 때 이 아이콘을 누르면 창들을 모두 감추고 바탕화면을 보여줍니다.
- 4개의 네모가 있습니다. 이들은 '작업공간'들입니다. 선택된 작업공간은 칠이 되어 있습니다.
- 마지막에 있는 것은 '휴지통'입니다.

이 교재의 실습에서는 하단패널을 사용할 일이 거의 없으므로 앞으로는 '상단패널'을 그냥 '패널'이라고 부르고 하단패널을 지칭해야할 때는 '하단패널'이라고 명시하겠습니다.

ServerA의 네트워크 연결 설정

우선 Firefox를 실행해 봅니다. 패널의 Firefox 아이콘을 누르면 되겠지요? 결과가 어떻습니까? '오프라인 모드'라며 '웹에 연결할 수 없다'고 나옵니다. 패널의 NetworkManager 아이콘에 있던 X표가 기억나지요? 네트워크에 아직 연결되어 있지 않은 것입니다. 패널에 있는 NetworkManager 아이콘을 클릭합니다. <그림 3-6>과 같이 네트워크 연결 목록이 나옵니다. 'System eth0'와 'System eth1'이 나오는데 둘 다 앞에 있는 동그라미가 비어 있습니다. 이것은 선택되어 있지 않다는 것을 의미합니다. 따라서 네트워크가 연결되지 않았던 것입니다.

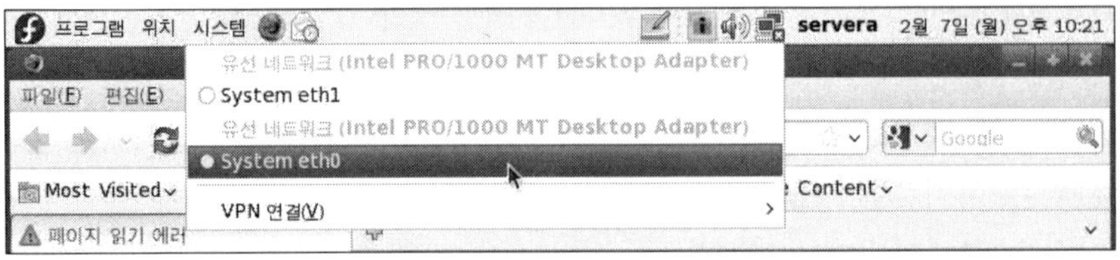

〈그림 3-6〉 Network Manager를 클릭

그런데 왜 네트워크 연결이 'System eth0'와 'System eth1'으로 두 개일까요? 그것은 우리가 가상머신을 만들면서 네트워크 인터페이스 즉, 랜카드를 2개 만들어 주었기 때문입니다. NAT를 위한 '어댑터 1'과 호스트 전용 네트워크를 위한 '어댑터 2'를 만들었습니다. 차례대로일 것이니 'System eth0'이 '어댑터 1'이고 'System eth1'이 '어댑터 2'를 말하는 것입니다. 리눅스에서는 이더넷카드를 'eth*x*'라고 명명합니다. 여기에서 *x*는 숫자로 랜카드가 시스템에 장착되는 순서대로 0부터 붙여 나갑니다. 자, 그렇다면 인터넷이 되게 하기 위해서는 어떤 연결을 선택하여 활성화해야 할까요? 네, 그렇습니다. 'eth0'입니다. 'eth1'은 호스트 시스템 또는 다른 가상머신과의 통신을 위한 내부 LAN에 해당하는 것이라고 했습니다. 이제 'System eth0'를 클릭합니다. NetworkManager 아이콘이 두 개의 구슬과 그 사이를 회전하는 기운의 모습이 되더니 연결이 되었다는 메시지가 나오면서 X표가 사라집니다. Firefox의 [새로 고침]버튼을 클릭하거나 <보기>→<새로 고침>을 실행해 봅니다. 이제 Firefox에 페도라 홈페이지가 연결되어 보입니다. 이제 Firefox 창을 닫습니다.

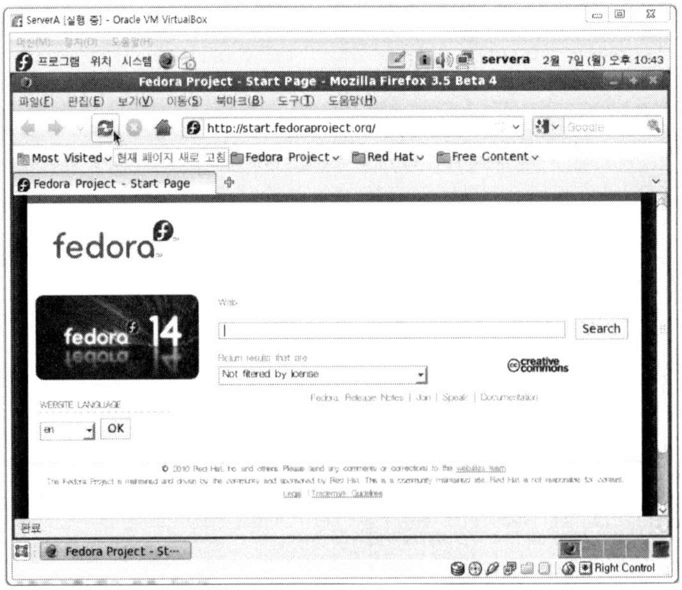

〈그림 3-7〉 인터넷이 연결된 후의 Firefox 창

이제 Windows의 명령프롬프트와 유사한 프로그램인 '터미널'을 실행합니다. <프로그램>→<시스템도구>→<터미널>을 선택하면 됩니다. [servera@ServerA ~]$ 라고 씌여진 다음에 검정 네모가 있습니다. 이 부분을 프롬프트(prompt)라고 합니다. prompt란 어떤 일을 (금방) 하게 하는 것을 의미합니다. 따라서 터미널의 프롬프트는 사용자에게 명령을 내리라고 말하고 있는 것이라고 생각하게 됩니다. 이제 터미널에서 다음과 같이 명령을 입력합니다.

```
[servera@ServerA ~]$ ifconfig Enter↵
```

〈그림 2-8〉터미널에서 ifconfig 명령 입력

그 결과 좀 복잡하게 보이는 텍스트들이 출력되어 올라갑니다. 양이 조금 많아 위로 지나가 버리니 터미널의 오른쪽에 있는 스크롤바를 이용하여 지나가버린 부분을 끌어 내립니다. 출력은 <그림 3-9>와 유사할 것입니다.

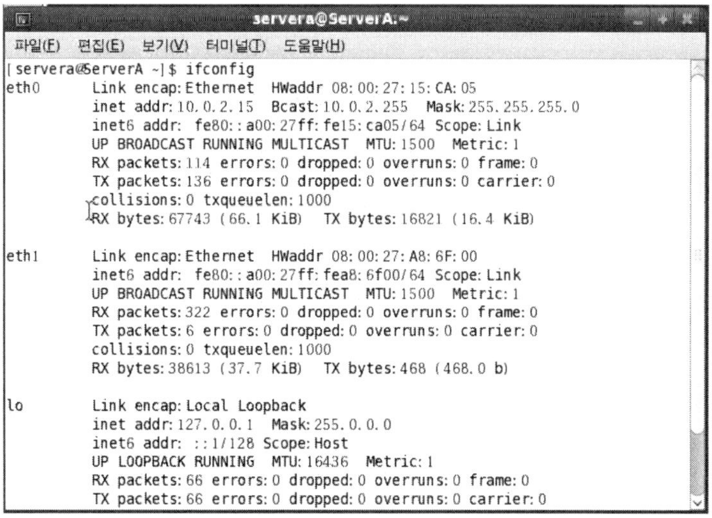

〈그림 3-9〉 ifconfig 명령의 결과

ifconfig란 Windows의 ipconfig와 유사한 명령으로 각 네트워크 인터페이스의 정보들을 보여 줍니다. 결과를 보면, eth0는 IP주소('inet addr'로 표기되어 있습니다)가 10.0.2.15로 할당받은 것을 볼 수 있습니다. 하지만 eth1의 경우는 'inet addr'이 없는 것을 알 수 있습니다. 따라서 eth1을 통한 통신은 아직 되질 않습니다.

다시 ServerA의 NetworkManager 아이콘을 클릭합니다. 같이 네트워크 연결 목록에서 이제는 'System eth1'을 선택해 줍니다. 다시 NetworkManager 아이콘이 네트워크가 연결되는 모양으로 바뀌었다가 '연결이 되었다'는 메시지가 나옵니다. 터미널에서 ifconfig명령을 입력하면 출력에서 eth0에 할당된 IP주소를 확인할 수 있습니다. <그림 2-10>에 보면 192.168.56.101이 할당되어 있습니다.

```
eth1      Link encap:Ethernet  HWaddr 08:00:27:A8:6F:00
          inet addr:192.168.56.101  Bcast:192.168.56.255  Mask:255.255.255.0
          inet6 addr: fe80::a00:27ff:fea8:6f00/64 Scope:Link
          UP BROADCAST RUNNING MULTICAST  MTU:1500  Metric:1
          RX packets:345 errors:0 dropped:0 overruns:0 frame:0
          TX packets:22 errors:0 dropped:0 overruns:0 carrier:0
          collisions:0 txqueuelen:1000
          RX bytes:43140 (42.1 KiB)  TX bytes:4697 (4.5 KiB)
```

〈그림 3-10〉 네트워크 연결 후의 eth1

이제 연결을 시험해 보도록 하겠습니다. 호스트 시스템(Windows XP 또는 Windows 7일 것입니다)의 명령프롬프트를 실행합니다. ServerA로 ping을 해 봅니다. ping은 ICMP(Internet Control Message Protocol)의 에코요청(echo request)패킷을 만들어 보내는 명령입니다. 원래 이 패킷을 받은 컴퓨터는 이에 대한 답으로 에코응답(echo response) 패킷을 보내줍니다.[9] 따라서 ping이 성공한다는 것은 상대방과의 네트워크를 통한 연결은 큰 문제가 없다는 것을 알 수 있습니다. 연결이 잘 되는 것을 확인할 수 있습니다.

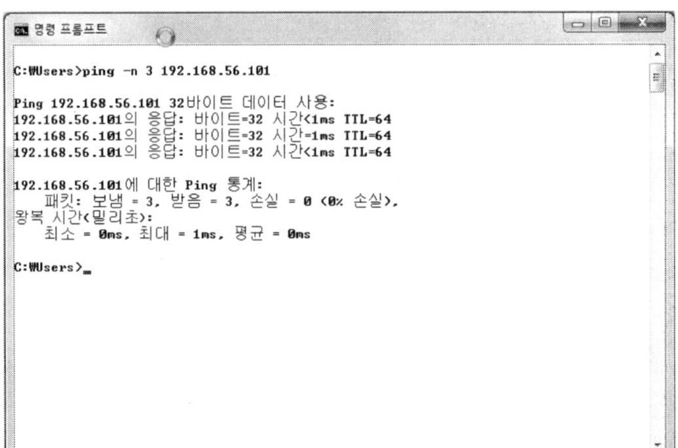

〈그림 3-11〉 호스트시스템에서 ServerA로 ping

9) 요즘은 보안상의 이유로 에코요청에 대한 응답을 하지 않게 설정한 서버도 많습니다.

3.2 VirtualBox의 Guest Additions

ServerA에 Guest Additions 설치

ServerA 페도라에서 <시스템>→<기본설정>→<디스플레이>를 선택합니다.

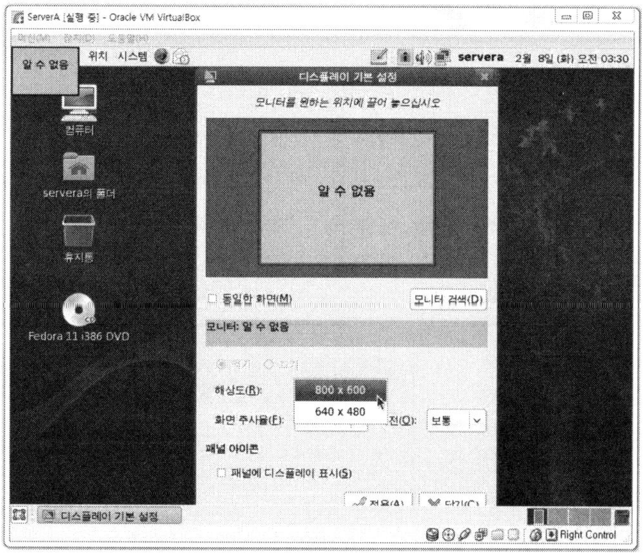

〈그림 3-12〉 디스플레이 기본 설정 창

현재 화면해상도는 800X600이며 그 이상으로는 크게 할 수 없음을 확인합니다. '디스플레이 기본설정'창을 닫습니다. VirtualBox의 Guest Additions를 설치하면 화면해상도를 더 크게 할 수 있습니다. 또한 공유폴더 및 공유클립보드를 사용해서 호스트시스템과 게스트시스템 사이에 데이터를 공유할 수도 있습니다. Guest Additions는 VirtualBox에서 만든 가상머신만을 위한 것입니다. 가상머신 없이 PC에 직접 리눅스를 설치하는 경우는 설치할 필요가 없습니다. VMware의 경우라면 VirtualBox의 Guest Additions와 유사하게 VMware Tools라고 하는 소프트웨어가 있습니다.

'터미널'을 실행합니다. '터미널'은 매우 자주 사용해야 하는 프로그램인데 매번 <프로그램>→<시스템도구>→<터미널>을 선택하여 실행하니 좀 번거롭습니다. 패널에 아이콘을 만들어 놓고 필요할 때 눌러 실행하면 좋을 것입니다. <프로그램>→<시스템도구>→<터미널>의 위에 마우스 포인터를 올려놓고 오른쪽 버튼을 누릅니다. <이 실행 아이콘을 패널에 추가>를 선택합니다. 이제 패널의 '에볼루션' 아이콘의 오른쪽에 모니터 모양의 '터미널' 아이콘이 추가되었습니다. 이것을 눌러서 '터미널'을 실행합니다. 현재 바탕화면에는 'Fedora 11 i386 DVD'가 보입니다. 이것은 지금 ServerA의 CD/DVD 드라이브에 'Fedora 11 i386 DVD'가 들어있다는 의미이지요. 디스크를 드라이브로부터 꺼내겠습니다. '터미널'에서 "eject"라고 입력합니다.

```
[servera@ServerA ~]$ eject Enter↵
```

〈그림 3-13〉 터미널에서 eject 명령 입력

바탕화면의 디스크 아이콘이 사라졌습니다. 대형서버의 경우에는 CD/DVD 드라이브에 eject 버튼이 없는 경우가 많습니다. 디스크를 빼고 싶은 경우는 이와 같이 하면 문제가 없습니다. 이제 가상머신메뉴의 **<장치>→<게스트 확장 설치>**를 선택합니다.

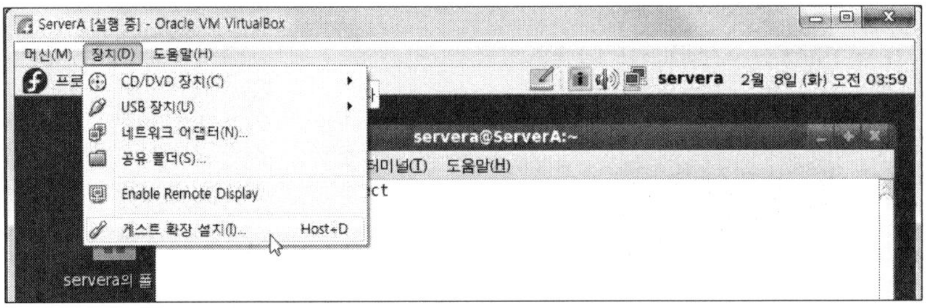

〈그림 3-14〉 게스트 확장 설치를 선택

바탕화면에 VBOXADDITIONS_3.2.12_68302[10)]의 디스크 아이콘이 생기면서 자동실행 하겠냐고 물어옵니다. [취소]를 선택합니다.

〈그림 3-15〉 자동실행취소

'터미널'에서 "cd /media/VBOXADDITIONS_3.2.12_68302/"라고 입력합니다. 이것을 다음과 같은 요령으로 하면 편합니다. '터미널'에서 "cd /media/V"까지만 입력한 후 (Tab)키를 누르면 나머지 부분이 완성됩니다. 이제 Enter↵ 를 누르면 됩니다.

10) 파일이름의 숫자값은 버전에 따라 달라질 수 있습니다.

```
[servera@ServerA ~]$ cd /media/VBOXADDITIONS_3.2.12_68302/ Enter↵
```

〈그림 3-16〉 /media/VBOXADDITIONS 3.2.12 68302/로 이동

프롬프트가 [servera@ServerA VBOXADDITIONS_3.2.12_68302]$로 바뀌었습니다. '터미널'에서 "ls"를 입력합니다.

```
[servera@ServerA VBOXADDITIONS_3.2.12_68302]$ ls Enter↵
```

〈그림 3-17〉 /media/VBOXADDITIONS 3.2.12 68302/의 파일목록 보기

VBOXADDITIONS_3.2.12_68302 디스크에 있는 파일들의 목록이 펼쳐집니다. 다양한 시스템을 위한 Guest Additions 설치파일들이 들어 있습니다. 우리가 설치해야 할 파일은 무엇일까요? 예, 'VBoxLinuxAdditionds-x86.run'입니다. 이 파일은 '**쉘 스크립트**'라고 하는 종류의 파일로 실행방법은 "sh 쉘스크립트파일이름"과 같이 하는 것입니다. 먼저 파일의 종류를 확인해 보겠습니다.

```
[servera@ServerA VBOXADDITIONS_3.2.12_68302]$ file VBoxLinuxAdditions-x86.run Enter↵
```

〈그림 3-18〉 VBoxLinuxAdditions-x86.run의 파일 종류 확인

결과를 보니 'POSIX shell script text executable'이라고 나옵니다. 이제 실행시켜 봅니다.

```
[servera@ServerA VBOXADDITIONS_3.2.12_68302]$ sh ./VBoxLinuxAdditions-x86.run Enter↵
```

〈그림 3-19〉 VBoxLinuxAdditions-x86.run의 실행

'VBoxLinuxAdditions-x86.run'앞에 './'를 추가한 것은 현재의 디렉터리 밑에 있는 'VBoxLinuxAdditions-x86.run'라고 지정해 주기 위함입니다. 현디렉터리(.)에 존재하는 파일이라도 실행시에는 이렇게 위치를 지정해 주는 것이 좋습니다. 아니면 PATH에 설정되어 있는 다른 경로에 존재하는 같은 파일이 실행될 수도 있는 위험성이 있습니다. 또한 './'를 추가하지 않으면 아예 실행이 되지 않는 경우도 발생합니다.

자, 실행이 잘 되었나요? 결과가 영어로 나와서 아마 해석에 어려움을 겪는 사람도 있을 것입니다. 결과는 다음과 같을 것입니다.

```
[servera@ServerA VBOXADDITIONS_3.2.12_68302]$ sh ./VBoxLinuxAdditions-x86.run
Verifying archive integrity... All good.
Uncompressing VirtualBox 3.2.12 Guest Additions for Linux........
This program must be run with administrator privileges.  Aborting
[servera@ServerA VBOXADDITIONS_3.2.12_68302]$ █
```

〈그림 3-20〉 Guest Additions 설치 실패

실행결과의 첫 줄의 뒷부분을 보니 'All good'이랍니다. 잘 되나 봅니다. 그런데 3번째 줄 끝을 보니 'Aborting'이라고 되어 있습니다. 사전을 찾아보면 abort란 '낙태시키다, 중간에 그만두다'라는 의미입니다. 설치가 중간에 중단되었다는 것입니다. 그 이유가 바로 앞에 나와 있습니다. 'This program must be run with administrator privileges' 그러니까 관리자, 즉 수퍼유저인 루트 권한으로 실행해야 한다는 것입니다.

지금 우리는 servera 사용자로 로그인한 상태입니다. 프롬프트의 @앞에 현재 사용자의 id가 나와 있습니다. 또한 '터미널'에서 "whoami"를 입력하면 현재 사용자 id를 알려줍니다.

```
[servera@ServerA VBOXADDITIONS_3.2.12_68302]$ whoami
servera
[servera@ServerA VBOXADDITIONS_3.2.12_68302]$ █
```

〈그림 3-21〉 whoami 명령으로 사용자 확인

servera는 일반 사용자로서 루트 권한이 없습니다. root로 로그인하여 실행하는 방법이 있지만 하나의 명령만을 실행하기 위해 관리자로 로그인을 변경하는 것은 보안의 관점에서 그리 좋은 방법이 아닙니다. 하나의 명령 실행을 위해서라면 "su -c <u>명령문장</u>"을 사용합니다. 다음과 같이 실행합니다.

```
[servera@ServerA VBOXADDITIONS_3.2.12_68302]$ su -c 'sh ./VBoxLinuxAdditions-x86.run'
Enter↵
```

〈그림 3-22〉 VBoxLinuxAdditions-x86.run의 실행

명령문장이 공백(space)을 포함할 수 있으므로 ' '로 묶는 것에 유의하기 바랍니다. '암호:'라고 나오면 root의 패스워드를 입력합니다. 설치에 시간이 좀 걸릴 것입니다. 결과가 <그림 3-23>과 같이 나오면 성공한 것입니다.

```
[servera@ServerA VBOXADDITIONS_3.2.12_68302]$ su -c 'sh ./VBoxLinuxAdditions-x86
.run'
암호:
Verifying archive integrity... All good.
Uncompressing VirtualBox 3.2.12 Guest Additions for Linux.........
VirtualBox Guest Additions installer
tar: Record size = 8 blocks
Uninstalling old VirtualBox DKMS kernel modules            [  OK  ]
Building the VirtualBox Guest Additions kernel modules
Building the main Guest Additions module                   [  OK  ]
Building the shared folder support module                  [  OK  ]
Doing non-kernel setup of the Guest Additions              [  OK  ]
Starting the VirtualBox Guest Additions                    [  OK  ]
Installing the Window System drivers
Installing X.Org Server 1.6 modules                        [  OK  ]
Setting up the Window System to use the Guest Additions    [  OK  ]
You may need to restart the hal service and the Window System (or just restart
the guest system) to enable the Guest Additions.

Installing graphics libraries and desktop services componen[  OK  ]
[servera@ServerA VBOXADDITIONS_3.2.12_68302]$ █
```

〈그림 3-23〉 Geust Additions 설치 성공

이세 '터미널'에서 "reboot"을 입력하여 재부팅합니나.

```
[servera@ServerA VBOXADDITIONS_3.2.12_68302]$ reboot [Enter↵]
```

〈그림 3-24〉 reboot명령으로 ServerA를 재부팅

ServerA가 재부팅하여 로그인 화면이 나오면 servera 사용자로 로그인 합니다.

- 화면이 전보다 더 커진 것을 확인합니다. ServerA의 실행창 크기를 마우스로 조정해 봅니다. 이에 따라 패도라 바탕화면의 크기가 조정됩니다. 실행프로그램의 창이 떠 있을 경우에 ServerA의 창을 줄이며 모든 실행프로그램의 창이 화면안에 있도록 창들의 배치를 다시 해 주는 것을 확인할 수 있습니다. 참 편리한 기능입니다. 이렇게 해 주지 않으면 상하와 좌우 방향의 슬라이드바를 이용해야 하므로 불편합니다.

- 클립보드가 호스트시스템과 공유되는지 확인해 봅니다. 먼저 <프로그램>→<보조 프로그램>→<텍스트 편집기>를 실행합니다. gedit라는 이름의 문서편집기가 실행됩니다. 아무 글이나 적어 넣습니다. 한영 전환키는 [Ctrl]+[Space Bar] 를 이용합니다. [Ctrl]+[Space Bar] 를 눌러도 한글이 입력되지 않는다면 IBus라는 다국어 입력기가 활성화되지 않았기 때문일 가능성이 가장 큽니다. <시스템>→<기본 설정>→<입력 방식>을 실행합니다. <그림 3-25>와 같은 '입력 방식 설정 도구'가 실행되면 위쪽에 있는 '입력 방식 기능 활성화' 항목이 체크되어

있지 않을 것입니다. 이를 체크해 줍니다. 잠시 적용되도록 기다렸다가 [닫기]를 누릅니다.

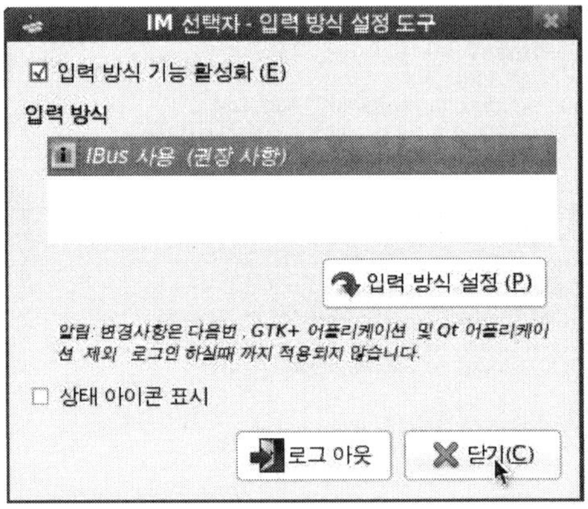

〈그림 3-25〉 입력방식 IBus 활성화

이제 한영전환이 가능해졌을 것입니다. gedit에서 적당한 문장을 작성한 뒤 마우스를 드래그하여 그 문장을 반전시킵니다. 해당문장을 복사 Ctrl+C 합니다. 호스트(우리의 경우는 Windows) 시스템의 메모장을 실행하여 붙여넣기 Ctrl+V 를 실행합니다. 복사가 제대로 이루어졌는지 확인합니다. 이제 반대로 호스트 시스템의 메모장에서 문장을 작성하여 그것을 ServerA의 gedit에 복사해 넣기 바랍니다.

- 다음은 호스트와 게스트간의 폴더공유를 확인해 보겠습니다. 이는 호스트와 게스트가 파일을 주고 받을 필요가 있을 때 편리합니다. 먼저 게스트인 ServerA에서 공유용으로 사용할 디렉터리를 만들어 줍니다. 그렇게 하기 위해 '**터미널**'을 실행합니다. mkdir 명령으로 디렉터리를 만듭니다. 그리고 ls 명령으로 shared 디렉터리를 확인해 봅니다. <그림 3-26>과 같이 되었으면 성공입니다.

```
[servera@ServerA ~]$ mkdir shared Enter↵
[servera@ServerA ~]$ ls Enter↵
shared 공개 다운로드 문서 바탕화면 비디오 사진 음악 템플릿
```

〈그림 2-26〉 공유용 shared 디렉터리 생성

호스트에도 공유폴더를 만들어 줍니다. 여기서는 C:₩shared로 만들었습니다. 호스트와 게

스트의 공유폴더 이름이 같을 필요는 없습니다. 가상머신메뉴의 <장치>→<공유 폴더>를 선택합니다. 생성된 '공유폴더'창에서 오른쪽의 녹색 폴더아이콘을 누릅니다.

〈그림 3-27〉 〈장치〉→〈공유 폴더〉 선택

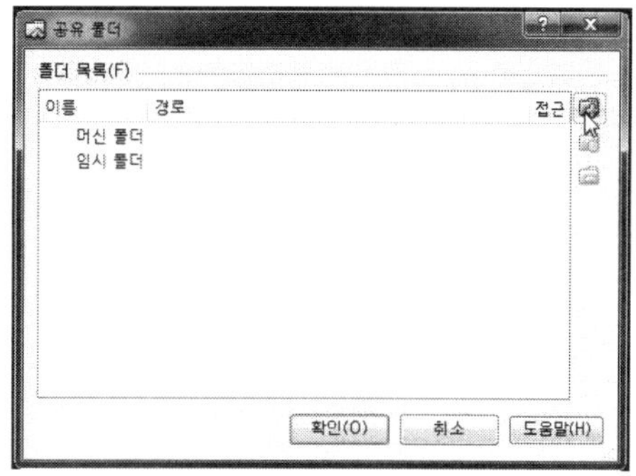

〈그림 3-28〉 공유폴더추가하기버튼

'공유추가'창에서 '폴더 경로' 오른쪽의 역삼각형 버튼을 눌러 <기타>를 선택합니다. '폴더 찾아보기'창이 생깁니다. 호스트시스템에 만들어 놓은 공유용 폴더를 선택하고 [확인]을 누릅니다. '공유 추가'창에서 '폴더 이름'을 기억하면서 [확인]을 누릅니다.

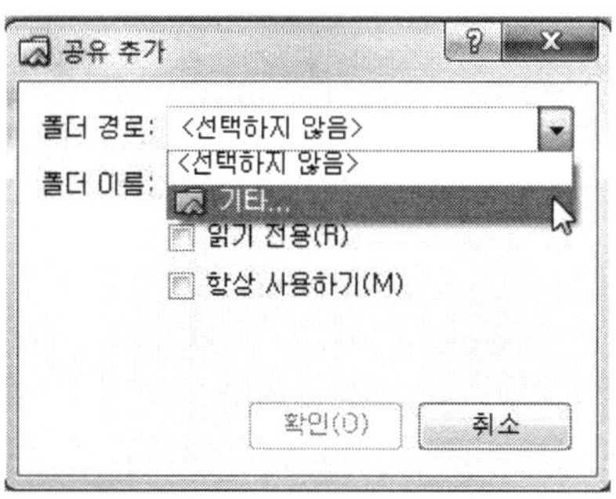

〈그림 3-29〉 폴더경로 기타 선택

〈그림 3-30〉 호스트 공유폴더 선택

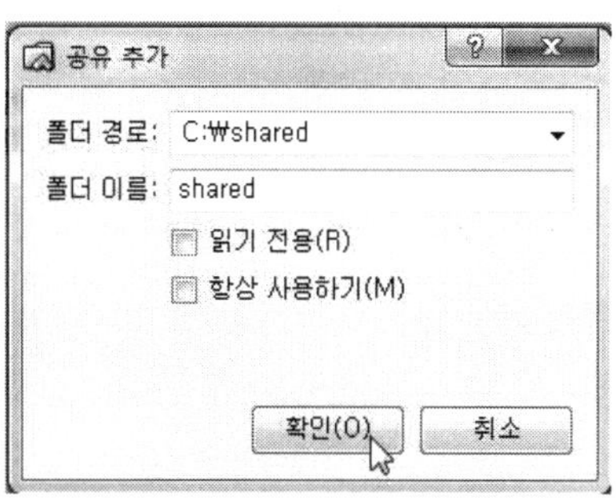

〈그림 3-31〉 공유추가 확인

'공유 폴더'창에서 최종적으로 [확인]을 누릅니다. 이로서 가상머신메뉴에서 해 줄 일을 끝났고 이제는 페도라에서 해야 하는 **마운트**라는 과정만 남았습니다.

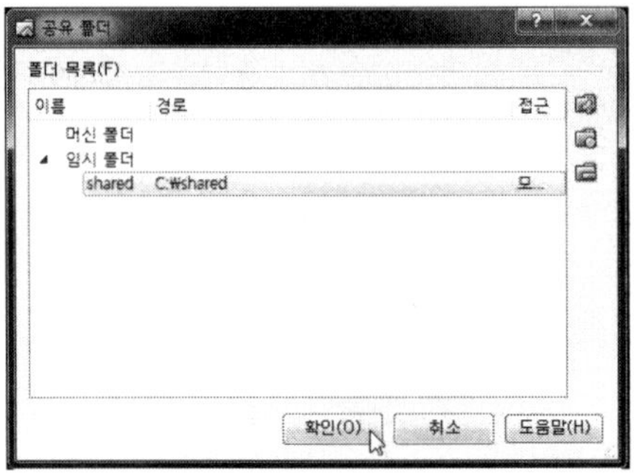

〈그림 3-32〉 공유 폴더 최종 확인

마운트란 리눅스에서 자원(resource)을 파일시스템의 특정 위치(디렉터리)에 연결시키는 작업을 말합니다. 그렇게 하여 그 자원에 접근해 사용할 수 있게 하는 것입니다. 즉, SATA방식의 하드디스트 sda의 파티션인 sda1을 '/'에 마운트하면 사용자는 '/'에 가서 파일 또는 디렉터리를 읽고 써서 컴퓨터의 자원인 sda1을 사용할 수 있는 것입니다. Guest Additions를 설치했을 때 그 디스크의 내용을 읽고 그 안의 설치 스크립트를 실행하기 위해 /media/VBOXADDITIONS_3.2.12_68302 디렉터리에 갔던 것을 기억하지요? 이 디렉터리를 읽으면 바로 설치 디스크를 읽게 되는 것이었습니다. 페도라가 자동으로 설치 디스크를 /media/VBOXADDITIONS_3.2.12_68302 디렉터리로 마운트하였기에 가능한 일이었습니다.

서론이 길었습니다. 이제 ServerA의 페도라에서 호스트 시스템의 shared 공유폴더라는 자원을 이용하려면 그 자원을 페도라의 어느 디렉터리로든지 마운트해 주어야 합니다. 우리는 이 마운트를 위해서 이미 /home/servera/shared라는 디렉터리를 만들어 놓았습니다. 이제 마운트를 하겠습니다. 마운트는 mount 명령으로 실행하며 역시 루트권한이 필요합니다. mount 명령의 사용형식은 mount -t <파일유형> <마운트할 자원명> <마운트할 위치>입니다. 우리가 마운트할 자원은 shared라는 이름이며, 이를 /home/servera/shared라는 위치에 마운트합니다. 이때 파일유형은 vboxsf입니다. 바로 VirtualBox Shared Folder 형식입니다.

```
[servera@ServerA ~]$ su -c 'mount -t vboxsf shared ./shared' Enter↵
```

〈그림 3-33〉 공유폴더의 마운트

루트 암호를 입력하면 마운트가 이루어집니다. 공유기능이 제대로 지원되는지 확인해 보겠습니다. "공유폴더 테스트"라는 텍스트를 내용으로 하는 shared.txt라는 파일을 만들어 호스트시스템의 C:\shared 폴더에 저장합니다<그림 3-34>. 저장시 인코딩방식을 UTF-8로 설정해야 리눅스에서 한글을 무리없이 읽을 수 있습니다.

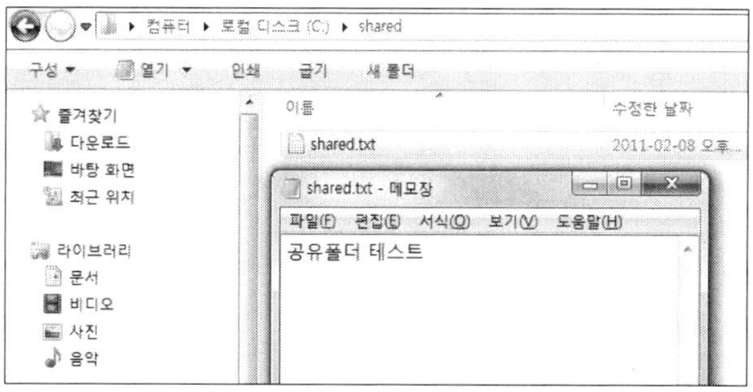

〈그림 3-34〉 공유폴더 테스트 - 호스트쪽

ServerA에서는 다음과 같이 실행하여 폴더-디렉터리의 공유를 확인합니다.

〈그림 3-35〉 공유폴더 테스트 - 게스트쪽

호스트에서 작성한 파일이 게스트에서도 바로 접근이 가능한 것이 확인되었습니다. shared.txt의 '공유폴더 테스트'라는 문구의 뒤에 줄바꿈 문자가 없어서 프롬프트가 그 문구의 뒤에 이어져 나온 것이 보입니다.

3.3 부가 사항

네트워크 설정에 대한 첨언

이제 가상머신에서 페도라를 사용하는데 매우 쾌적한 환경이 되었습니다. 그런데 NetworkManager 아이콘에 또 다시 X표가 나타나 있습니다. 이전에 틀림없이 eth0와 eth1을 모두 연결시켜 주었는데 어떻게 된 일일까요? 이는 시스템이 시작할 때면 항상 NetworkManager가 네트워크 환경을 초기값으로 설정해 놓기 때문입니다. 페도라의 NetworkManager는 시스템이 여러 개의 네트워크 연결을 가지고 있는데 그 때마다 원하는 네트워크 연결을 선택해서 사용하라는 철학을 가지고 있는 것 같습니다. 하지만 우리는 매번 연결을 눌러줘야 한다는 것이 불편합니다. 그렇다면 다음과 같이 설정합니다. 패널의 NetworkManager 아이콘에 마우스를 위치하고 오른쪽 버튼을 누른 후 나오는 메뉴에서 '연결 편집...'을 선택합니다.

〈그림 3-36〉 연결 편집 선택

'네트워크 연결'창이 생성되면 연결된 랜카드의 목록이 보입니다. 'System eth0'를 선택하고 [Edit]를 누릅니다.

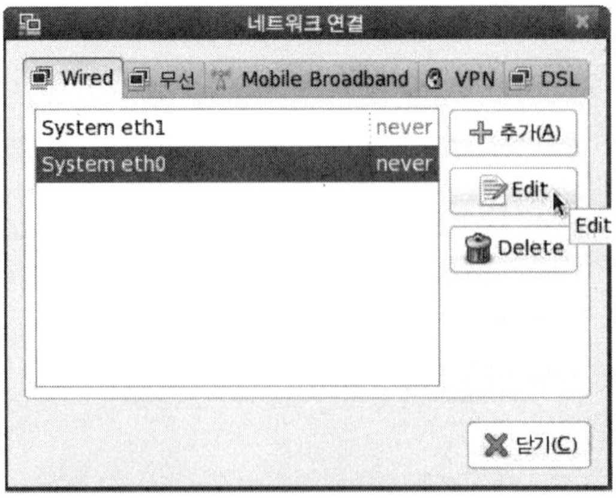

〈그림 3-37〉 네트워크 연결 편집

'Editing System eth0'창이 생깁니다. '연결 이름' 항목의 바로 아래에 '자동으로 연결'이라는 항목이 체크되어 있지 않은 상태로 있습니다. 이것을 체크해 줍니다. [Apply]를 누릅니다. 같은 작업을 System eth1에 대해서도 해 줍니다. 이제 시스템을 리부팅해도 항상 네트워크가 연결된 상태로 시작합니다.

〈그림 3-38〉 자동으로 연결 설정 체크

시스템 종료하기

이제 ServerA를 종료해야 합니다. 페도라도 Windows시스템과 마찬가지로 그냥 가상머신을 종료하면 안 됩니다. 오히려 Windows 시스템들보다 더 까다로워서 제대로 종료하지 않으면 다음에는 부팅이 안 되기가 쉽습니다. 다음과 같은 몇 가지 종료방법이 있습니다.

① <시스템>→<끄기>→[끄기]를 선택합니다.

② 터미널에서 "halt"를 입력합니다.

③ 터미널에서 "init 0"를 입력합니다.

④ 터미널에서 "poweroff"를 입력합니다.

⑤ 터미널에서 "shuttdown -h now"를 입력합니다.

마지막 "shuttdown -h now"은 루트권한이 있어야 실행할 수 있습니다. 반드시 종료시에는 이 명령들 중 하나를 실행하여 시스템이 안전하게 종료되도록 해야 합니다.

ClientA와 ClientB에 Guest Additions 설치

ClientA와 ClientB에 Guest Additions를 설치하는 것도 ServerA의 경우와 같은 방법으로 진행하면 됩니다. 그런데 ClientA와 ClientB에서 Guest Additions 설치 쉘 스크립트를 실행하면 중간에 한 부분에서 '실패'가 발생할 것입니다. 이는 ClientA와 ClientB에는 페도라에 프로그램 개발용의 패키지들을 설치하지 않았기 때문에 ClientA와 ClientB에는 커널 소스가 없어서 발생하는 것입니다. 이 때문에 1024x768의 화면해상도는 제공되지만 가상머신이 창크기를 조정하면 화면크기가 자동으로 조정되는 기능이나 화면공유클립보드 그리고 공유폴더기능은 제공되지 못합니다. 아쉽기는 하지만 실습에 큰 영향을 주는 것은 아니므로 그냥 넘어가도록 합니다.

제4장 일반 사용자로 페도라 사용하기

이 장에서 다루는 내용

○ Gnome 터미널
○ 가상터미널
○ 파일 다루기
○ vi 에디터
○ gedit 에디터

이 장의 목표

이 장을 마치고 나면 다음의 능력들을 갖게 될 것입니다

- Gnome 터미널을 활용할 수 있습니다.
- 가상 터미널의 개념을 이해하고 이를 활용할 수 있습니다.
- 리눅스 파일의 종류를 설명할 수 있습니다.
- 디렉터리의 이동/목록보기가 가능해 집니다.
- 파일 복사/이동/이름바꾸기를 할 수 있습니다.
- 파일 및 디렉터리의 권한을 적절히 설정할 수 있습니다.
- 시스템에서 원하는 파일을 찾을 수 있습니다.
- 여러 개의 파일 묶어서 압축하고 이를 다시 풀어 넣을 수 있습니다.
- 리다이렉션과 필터를 적절히 사용할 수 있습니다.
- vi 에디터를 사용할 수 있습니다.
- gedit 에디터를 사용할 수 있습니다.

4.1 터미널(terminal)

이미 앞에서 몇 번이나 사용한 것입니다만, Windows의 명령프롬프트처럼 생긴 창을 터미널이라고 합니다. 원래 terminal이란 단어는 기차의 '종착역'이나 버스의 '종점'이란 의미입니다. 우리도 '시외버스 터미널'이라든지 '고속버스 터미널'이란 단어를 쓰지요? 그런데 왜 이 창의 이름이 왜 터미널(terminal)일까요?

지금 우리가 책상에 놓고 사용하는 PC는 네트워킹과 전원만 아니라면, 사용하기 위해 다른 것과 연결을 할 필요가 없습니다. 컴퓨팅이 가능하기 위한 모든 자원들 - CPU, 메모리, 운영체제, 응용소프트웨어, 하드디스크, 모니터, 키보드 - 을 다 가지고 있기 때문입니다. 그러나 이런 PC의 선조인 첫 IBM PC가 대중 앞에 등장한 것은 1981년입니다. 그 전에는 일반 사람들에게 컴퓨터란 먼 세상 이야기였고 대학, 회사나 연구소에서는 메인프레임이라고도 불리는 대형컴퓨터를 사용하고 있었습니다. 메인프레임은 <그림 4-1>과 같은 형태로 사용하는 것이 일반적이었습니다.

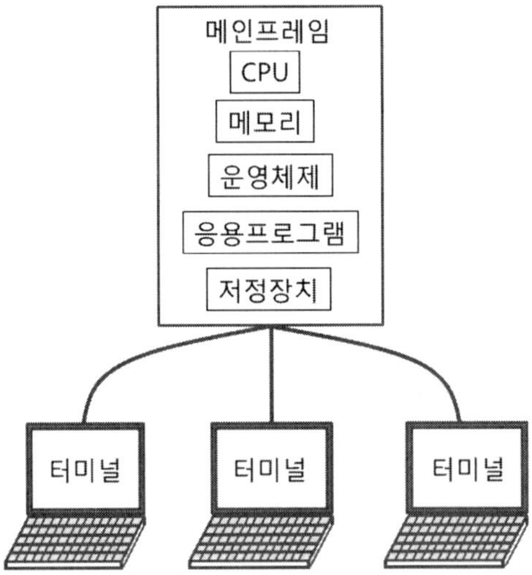

〈그림 4-1〉 메인프레임과 터미널

사용자의 책상에 있는 터미널은 거의 모니터와 키보드만 있다고 봐도 큰 무리는 없습니다. 키보드로 입력하면 메인프레임이 입력을 받아서 일을 처리하며 그 결과를 터미널의 모니터로 보여줍니다. 메인프레임의 출력(혹은 컴퓨팅 서비스)의 종착역이니까 터미널이라는 이름이 붙었겠지요. 그런데 이 당시만 해도 그래픽환경은 전혀 없었고 모든 것이 텍스트 인터페이스였습니다. 오늘날 페도라의 터미널이라는 프로그램이 예전 터미널의 화면에 보이는 모습을 그대로 프로그램화 한 것입니다. 지금까지 우리가 사용해 왔던 페도라의 터미널은 GNOME 터미널이라고 합니다. 이외에도 리눅스 자체에서 제공하는 가상터미널이 있습니다. 가상터미널은 그래픽 환경을 제공하는 터미널외에 예전과 같은 텍스트 환경의 터미널을 모니터의 전화면(full screen)으로 제공하는 5개가 더 제공되어 총 6개의 가상터미널이 있습니다. 가상터미널은 차후에 추가로 설명하도록 합니다.

ServerA를 시작하고 servera사용자로 로그인합니다.

GNOME 터미널

패널에 만들어 놓은 터미널 아이콘을 클릭하여 GNOME 터미널을 실행합니다. <그림 4-2>에 상단 일부의 모습을 보인 것과 같은 터미널이 생성됩니다.

〈그림 4-2〉 GNOME 터미널의 상단부분

GNOME 터미널 프롬프트

여기에서 [servera@ServerA ~]$ 라는 부분을 프롬프트라고 부른다고 했습니다. 지금 설정된 프롬프트가 알려주는 정보는 <그림 4-3>과 같습니다.

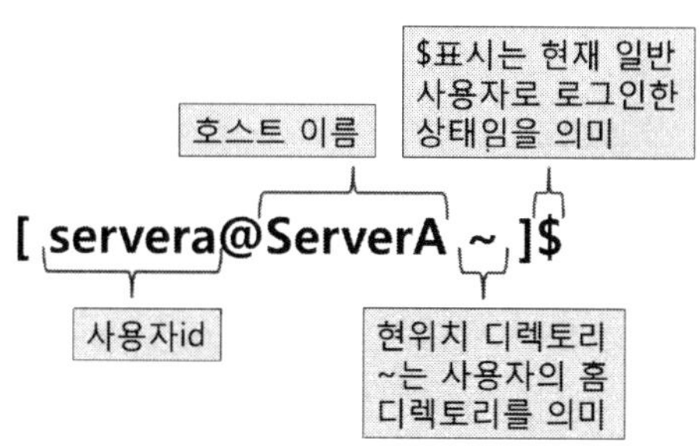

〈그림 4-3〉 프롬프트의 의미

터미널 여러 개 사용하기

때로는 터미널이 여러 개 필요할 때가 있습니다. 이미 열려있는 터미널이 선택되어 있는 상태에서 Ctrl+Shift+N을 누릅니다. 새 터미널이 생겼지요? 그런데 이런 식으로 터미널을 열면 창이 여러 개가 생겨 데스크탑이 혼잡해지는 단점이 있습니다. 그래서 때로는 여러 개의 터미널을 한 창에 만들면 좋습니다. 이번에는 터미널에서 Ctrl+Shift+T를 누릅니다. 탭이 생기면서 한 창에서 여러 개의 터미널을 사용할 수 있습니다. 그런데 이렇게 되면 어느 터미널에서 무슨 작업을 하고 있었는지 혼동됩니다. 그래서 작업을 알아볼 수 있도록 터미널의 제목을 설정해 주는 것도 좋습니다. 터미널의 메뉴에서 **<터미널>→<제목 설정>**을 선택합니다. 적절한 제목을 입력합니다. 다른 터미널에도 해 줍니다. 결과 <그림 4-4>와 같이 나타나며 선택되어진 터미널의 제목이 창의 제목줄(타이틀바)에 나타납니다.

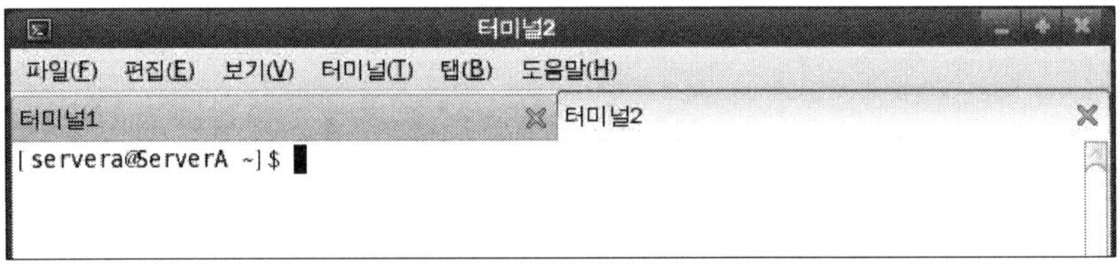

〈그림 4-4〉 탭을 이용한 여러 개의 터미널 생성

탭을 사용하면 편리해 지는 것이 한 가지 더 있는데 그것은 터미널간의 이동입니다. 다른 프로그램 창간의 이동도 Alt+Tab을 이용하여 쉽게 할 수 있지만 다른 프로그램창들이 많이 떠 있을 때는 터미널간의 이동이 좀 불편합니다. 탭을 사용해 만들면 Ctrl+Page Down과 Ctrl+Page Up으로 탭간 이동을 쉽게 할 수 있으며 탭이 많을 경우는 Alt+1등과 같이 Alt키와 탭의 번호에 해당하는 숫자 키의 조합으로 한 번에 이동이 가능합니다.

터미널에서 클립보드 복사 활용

윈도우에서도 명령프롬프트에서 클립보드 복사을 이용하려면 Ctrl+C와 Ctrl+V를 사용해서는 안되었던 것을 기억하지요? 페도라에서도, gedit같은 GUI가 갖추어진 문서편집기 등에서는 Ctrl+C와 Ctrl+V를 사용하면 되지만 터미널에서는 다릅니다. 이제 '터미널1'에서 '터미널2'로 복사를 해 보겠습니다. 우선 '터미널1'에서 "echo $PATH"라고 입력합니다. 리눅스는 대문자와 소문자를 구별하므로 입력할 때 주의하시기 바랍니다. 이제 입력했던 'echo $PATH'를 마우스로 드래그하여 반전시킨 후 Ctrl+Shift+C를 누릅니다. '터미널2'로 가서 Ctrl+Shift+V를 누릅니다. "echo $PATH"가 입력이 되었지요? Enter↵를 눌러 명령을 실행하면 같은 결과를 얻을 수 있습니다.

가상 터미널

페도라 데스크탑에서 Ctrl+Alt+F2를 눌러봅니다. 그래픽 데스크탑 환경이 사라지고 ServerB를 설치하고 보았던 텍스트모드의 터미널이 나타납니다. 이것이 2번째 가상터미널입니다. 아까 데스크탑이 바로 첫 번째 가상터미널이었지요. 페도라는 가상터미널이 6개가 제공되는데 첫 번째 가상터미널에서만 그래픽 데스크탑 환경을 제공하고 나머지 2번부터 6번까지는 텍스트모드로 제공합니다. 각각의 가상터미널은 독립적으로 동작하기 때문에 다른 사용자로 로그인하여 페도라를 사용할 수 있습니다. 데스크탑에서 다른 가상터미널로 가려면 가상터미널 번호에 따라 Ctrl+Alt+F2~F6를 누르면 됩니다. 일단 텍스트모드의 가상터미널이 되면 그때는 Ctrl을 빼고 Alt+F1~F6을 이용하면 가상터미널간 전환이 됩니다. 그러므로 두 번째 가상터미널에서 다시 데스크탑으로 돌아가려면 Alt+F1을 누르면 됩니다.

4.2 디렉터리와 파일

디렉터리 Directory

디렉터리는 파일들이 소속될 수 있는 특수한 파일입니다. 디렉터리도 파일의 한 종류이기 때문에 디렉토리에는 또 다른 디렉터리들이 소속되어 있을 수 있습니다. 이렇게 어떤 디렉터리에 속할 때 그 디렉터리의 '아래에 있다' 또는 '하위에 있다'라고 말합니다. 이런 디렉터리의 상하위 구조는 나무와 같은 모양을 닮아서 이를 트리구조(tree structure)라고 부릅니다. 트리구조는 그 시작이 되는 근원이 존재하는데 디렉터리 구조의 시작은 '/' 디렉터리(루트 디렉터리)입니다. GNOME 터미널을 실행하면 사용자의 홈 디렉터리에 있게 됩니다. 일반사용자의 홈 디렉터리는 '/' 디렉터리 아래의 'home' 디렉터리 아래에 존재하며 그 이름은 그 사용자의 아이디와 같습니다. 따라서 servera 사용자의 홈디렉터리는 '/home/servera'가 됩니다. '/'는 루트 디렉터리를 나타내는 데 쓰이지만 어떤 디렉터리의 '아래'를 나타내는 데도 쓰입니다. 이대로라면 루트 디렉터리의 아래는 '//'로 표기해야 하지만 이 경우는 그냥 '/'로 하나만 사용합니다. 그러므로 '/home/servera'는 표기대로 읽으면 루트 디렉터리 아래의 home 디렉터리 아래의 servera가 됩니다. 그런데 여기에서는 servera가 디렉터리인 것입니다. 표기상으로는 '/home/servera'가 루트 디렉터리 아래의 home 디렉터리 아래의 servera라는 파일이 될 수도 있습니다. servera가 디렉터리라는 것을 명시하려면 '/home/servera/'라고 써 주면 됩니다. 현 사용자의 홈 디렉터리는 '~'로 대신 표기하기도 합니다. '~'뒤에 사용자의 아이디를 써주면 그 사용자의 홈 디렉터리를 지시하게 됩니다. 즉, servera가 로그인하여 '~'를 사용하면 그것은 '/home/servera'를 의미하는 것이고 (만약 user1이라는 사용자가 이미 있다면) user1이 로그인하여 '~'를 사용하면 그것은 '/home/user1'을 의미하는 것이 됩니다. 그런데 user1이 로그인하여 servera 사용자의 홈 디렉터리를 지시하고 싶으면 '~servera'이라고 써주면 됩니다.

현재 디렉터리 알아보기 pwd

터미널에서 프롬프트가 현재 위치하는 디렉터리를 알고 싶으면 "pwd"라는 명령을 이용합니다. pwd는 print working directory의 줄임말입니다. GNOME터미널의 프롬프트는 기본적으로 현 디렉터리 이름을 보여주지만 루트로부터의 위치(경로)를 전부 알려주지는 않습니다. servera로 로그인하여 터미널에서 pwd를 입력하면 <그림 4-5>와 같이 출력됩니다.

```
[servera@ServerA ~]$ pwd Enter↵
/home/servera
[servera@ServerA ~]$
```

〈그림 4-5〉 pwd로 현재 위치 알아내기

디렉터리 목록보기 ls

현 디렉터리 아래에 어떤 디렉터리들과 파일들이 있는지, 즉 디렉터리의 목록을 알고 싶으면 "ls"라는 명령을 이용합니다. ls는 list의 줄임말입니다.

```
[servera@ServerA ~]$ ls  Enter↵
shared  공개  다운로드  문서  바탕화면  비디오  사진  음악  템플릿
[servera@ServerA ~]$
```

〈그림 4-6〉 ls로 디렉터리의 목록 보기

ls -l은 디렉터리 내용의 목록을 더 자세히 보여줍니다. -l은 long을 나타내는 옵션입니다.

```
[servera@ServerA ~]$ ls -l Enter↵
합계 36
drwxrwxr-x. 2 servera servera 4096 2011-02-08 13:58 shared
drwxr-xr-x. 2 servera servera 4096 2011-02-07 19:39 공개
drwxr-xr-x. 2 servera servera 4096 2011-02-08 19:44 다운로드
drwxr-xr-x. 2 servera servera 4096 2011-02-07 19:39 문서
drwxr-xr-x. 2 servera servera 4096 2011-02-07 19:39 바탕화면
drwxr-xr-x. 2 servera servera 4096 2011-02-07 19:39 비디오
drwxr-xr-x. 2 servera servera 4096 2011-02-07 19:39 사진
drwxr-xr-x. 2 servera servera 4096 2011-02-07 19:39 음악
drwxr-xr-x. 2 servera servera 4096 2011-02-07 19:39 템플릿
[servera@ServerA ~]$
```

〈그림 4-7〉 ls -l로 디렉터리의 상세목록 보기

〈그림 4-8〉 ls -l 출력의 의미

출력의 첫 글자는 파일의 종류를 말해줍니다. 'd'이면 디렉터리, '-'이면 일반파일, 'l'이면 심볼릭 링크파일을 의미합니다. 허가권(또는 사용권한)이란 파일에 대해 읽고 쓰고 실행시키는 권한을 정의한 것인데 이에 대해서는 후에 별도로 설명합니다. 다음은 링크 수인데 이 파일의 이름이 몇 개인가라고 이해하면 됩니다. 아주 정확하지는 않아도 현재로서는 이해하기에 좋습니다. 디렉터리들은 이 값이 최소한 2이고 파일들은 이 값이 최소한 1입니다. 디렉터리들은 명시적인 이름외에 '.'이라고 현재 디렉터리를 의미하는 이름을 추가로 가지고 있기 때문입니다. 그 다음은 이 파일의 소유자 아이디가 있습니다. 그리고 이 파일을 소유한 그룹의 아이디가 나옵니다. 소유그룹이 반드시 소유자의 그룹일 필요는 없습니다. 다음에 나오는 값은 파일크기입니다. 단위는 바이트(Byte)입니다. 날짜와 시간은 마지막으로 변경된 일시를 의미합니다. 마지막으로 파일의 이름이 나옵니다.

'ls -a'는 숨김 파일들까지 보여줍니다. 이름 앞에 '.'을 붙이면 숨김 파일이 됩니다.

```
[servera@ServerA ~]$ ls -a Enter↵
.               .esd_auth         .nautilus                    .xsession-errors
..              .evolution        .pulse                       .xsession-errors.old
.ICEauthority   .gconf            .pulse-cookie                shared
.adobe          .gconfd           .recently-used.xbel          공개
.bash_history   .gnome2           .tomboy                      다운로드
.bash_logout    .gnome2_private   .tomboy.log                  문서
.bash_profile   .gtk-bookmarks    .vboxclient-clipboard.pid    바탕화면
.bashrc         .gvfs             .vboxclient-display.pid      비디오
.cache          .icedteaplugin    .vboxclient-seamless.pid     사진
.config         .local            .viminfo                     음악
.dbus           .macromedia       .wapi                        템플릿
.dmrc           .mozilla          .xinputrc
[servera@ServerA ~]$
```

〈그림 4-9〉 ls -a로 숨김파일까지 보기

옵션은 여러 개를 한꺼번에 같이 쓸 수 있습니다. "ls -al" 이라고 입력해 보면 두 옵션이 동시에 쓰이는 것을 볼 수 있습니다. 파일의 수가 많아 목록이 한 페이지를 넘어가지만 터미널의 스크롤바나 마우스의 휠을 이용하여 지나간 페이지를 볼 수 있습니다.

디렉터리 만들기 mkdir

디렉터리를 만들고 싶으면 "mkdir"라는 명령을 이용합니다. mkdir은 make directory의 줄임말입니다. mkdir 뒤에 빈칸(space)을 하나 넣고 이어서 만들고자 하는 디렉터리의 이름을 써 주면 그 위치에 디렉터리가 생성됩니다.

```
[servera@ServerA ~]$ ls Enter↵
shared 공개 다운로드 문서 바탕화면 비디오 사진 음악 템플릿
[servera@ServerA ~]$ mkdir testdir Enter↵
[servera@ServerA ~]$ ls Enter↵
shared testdir 공개 다운로드 문서 바탕화면 비디오 사진 음악 템플릿
[servera@ServerA ~]$
```

〈그림 4-10〉 mkdir로 디렉터리 만들기

mkdir의 정확한 용법은 "mkdir 디렉터리경로"입니다.[11] 경로란 어느 디렉터리 또는 파일의 '위치를 포함한' 이름을 의미합니다. 경로에는 절대경로와 상대경로가 있습니다. '/'로 시작하게 되면 절대경로입니다. 예를 들면 '/home/servera'는 절대경로입니다. 명령 실행시 절대경로를 사용하면 명령을 내리는 위치(즉, 현 디렉터리)와 상관없이 항상 같은 디렉터리를 지시합니다. servera 사용자 홈 디렉터리에 testdir2라는 디렉터리를 추가로 만들어 보겠습니다. 이번에는 절대경로를 이용하겠습니다. servera 사용자 홈 디렉터리의 절대경로는 '/home/servera'입니다. 이 아래에 testdir2라는 디렉터리가 될 것이니 이것의 절대경로는 '/home/servera/ testdir2'가 됩니다. 따라서 <그림 4-11>과 같이 하면 될 것입니다.

애초 사용했던 명령 "mkdir testdir"은 상대경로를 이용한 것입니다. 디렉터리 앞에 다른 아무 것도 쓰지 않고 단지 그 디렉터리 이름만 쓴다면 **'지금 위치에 있는'** 디렉터리라는 의미가 됩니다. 마침표 '.'이 현 디렉터리를 의미하기 때문에 이것은 "mkdir ./testdir"로 써도 같습니다. 상대경로는 현 디렉터리가 어디에냐에 따라 지시하는 실제 위치가 달라지게 된다는 것을 명심하기 바랍니다.

---

11) 이 **디렉토리경로**처럼 명령어 뒤에 나열되는 것들을 '**인수**'라고 합니다. 하지만 '–'나 '––'가 앞에 온다면 이들은 인수가 아니라 '**옵션**'이라고 합니다.

```
[servera@ServerA ~]$ ls [Enter↵]
shared 공개 다운로드 문서 바탕화면 비디오 사진 음악 템플릿
[servera@ServerA ~]$ mkdir /home/servera/testdir2 [Enter↵]
[servera@ServerA ~]$ ls [Enter↵]
shared   testdir2 다운로드 바탕화면 사진 템플릿
testdir  공개     문서     비디오   음악
[servera@ServerA ~]$
```

〈그림 4-11〉 절대경로로 디렉터리 만들기

디렉터리 이동하기 cd

다른 디렉터리로 이동하고 싶으면 "cd"라는 명령을 이용합니다. cd는 change directory의 줄임말입니다. 인수로서 가고자 하는 디렉터리의 경로를 써 주면 됩니다. <그림 4-12>에서는 절대경로를 이용하여 '/etc/sysconfig'라는 디렉터리로 이동하였습니다. 이동 후 pwd로 현 디렉터리를 표시하니 바뀌어 있는 것이 확인됩니다. 프롬프트도 변경되었습니다.

```
[servera@ServerA ~]$ pwd [Enter↵]
/home/servera
[servera@ServerA ~]$ cd /etc/sysconfig [Enter↵]
[servera@ServerA sysconfig]$ pwd [Enter↵]
/etc/sysconfig
[servera@ServerA sysconfig]$
```

〈그림 4-12〉 cd로 디렉터리 이동하기

cd만 입력하게 되면 어디에서든지 자신의 홈디렉터리로 돌아옵니다.

```
[servera@ServerA sysconfig]$ cd [Enter↵]
[servera@ServerA ~]$ pwd [Enter↵]
/home/servera
[servera@ServerA ~]$
```

〈그림 4-13〉 홈 디렉터리로 이동하기

현재 디렉터리 아래의 디렉터리('서브 디렉터리'라고 합니다)로 이동하려면 상대경로를 이용하면 됩니다.

```
[servera@ServerA ~]$ cd testdir  Enter↵
[servera@ServerA testdir]$ pwd  Enter↵
/home/servera/testdir
[servera@ServerA testdir]$
```

〈그림 4-14〉 cd로 디렉터리 이동하기

디렉터리 삭제하기 rmdir

디렉터리를 삭제하고 싶으면 "rmdir"라는 명령을 이용합니다. rmdir은 remove directory의 줄임말입니다. rmdir 뒤에 인수로서 삭제하려는 디렉터리의 경로를 써 주면 됩니다. <그림 4-15>는 상대경로를 이용하여 현 디렉터리 아래있는 testdir2 라는 디렉터리를 삭제하는 것입니다.

```
[servera@ServerA ~]$ ls  Enter↵
shared    testdir2  다운로드  바탕화면  사진  템플릿
testdir  공개      문서      비디오    음악
[servera@ServerA ~]$ rmdir testdir2  Enter↵
[servera@ServerA ~]$ ls  Enter↵
shared  testdir  공개  다운로드  문서  바탕화면  비디오  사진  음악  템플릿
[servera@ServerA ~]$
```

〈그림 4-15〉 rmdir로 디렉터리 삭제하기

그런데 rmdir은 해당 디렉터리가 비어있을 경우에만 삭제가 됩니다. 다음과 같이 따라해 보세요.

```
[servera@ServerA ~]$ cd testdir  Enter↵
[servera@ServerA testdir]$ touch ttt.txt  Enter↵
[servera@ServerA testdir]$ ls -l  Enter↵
합계 0
-rw-rw-r--. 1 servera servera 0 2011-02-12 10:44 ttt.txt
[servera@ServerA testdir]$ cd ..  Enter↵
[servera@ServerA ~]$ rmdir /home/servera/testdir  Enter↵
rmdir: failed to remove `testdir': 디렉터리가 비어있지 않음
[servera@ServerA ~]$
```

〈그림 4-16〉 rmdir로 비어있지 않은 디렉터리 삭제 실패

"cd testdir"로 현 디렉터리 아래에 있는 testdir로 이동하여 "touch ttt.txt"명령으로 ttt.txt라는 이름의 파일을 만들어 주었습니다. touch는 인수로 취하는 이름이 아직 존재하지 않으면 그 이름으로 크기가 0인 파일을 만듭니다. 이미 존재하는 파일이라면 그 파일의 변경시각을 현재시간으로 바꾸어 줍니다. "ls -l"을 하여 ttt.txt가 생성되었음을 확인합니다. 그리고 "cd .."으로 상위디렉터리로 이동합니다. '..'는 상위디렉터리를 말합니다. '.'는 현재 디렉터리를 의미했었지요? 이제 "rmdir /home/servera/testdir"을 입력합니다. 상대경로를 쓰는 것이 편하지만 연습삼아 절대경로를 사용해 보는 것입니다. 결과는 실패입니다. 이유는 무엇인가요? '디렉터리가 비어있지 않음'이라고 나옵니다. rmdir로 디렉터리를 삭제하려면 우선 그 디렉터리 아래에 있는 모든 것을 삭제해야 합니다. 비어있지 않은 디렉터리를 삭제하는 것은 파일삭제를 다루면서 다시 살펴 보겠습니다.

파일 삭제하기 rm

파일을 삭제하고 싶으면 "rm"라는 명령을 이용합니다. rm은 remove의 줄임말입니다. rm 뒤에 인수로서 삭제하고자 하는 파일의 경로를 넣어주면 됩니다.

```
[servera@ServerA ~]$ ls [Enter↵]
shared  testdir  공개  다운로드  문서  바탕화면  비디오  사진  음악  템플릿
[servera@ServerA ~]$ ls -al testdir [Enter↵]
합계 8
drwxrwxr-x.  2 servera servera 4096 2011-02-12 12:17 .
drwx------. 30 servera servera 4096 2011-02-12 10:31 ..
-rw-rw-r--.  1 servera servera    0 2011-02-12 12:17 ttt.txt
[servera@ServerA ~]$ rm testdir/ttt.txt [Enter↵]
[servera@ServerA ~]$ rmdir testdir [Enter↵]
[servera@ServerA ~]$ ls [Enter↵]
shared  공개  다운로드  문서  바탕화면  비디오  사진  음악  템플릿
[servera@ServerA ~]$
```

〈그림 4-17〉 rm으로 파일 삭제하고 rmdir로 디렉터리 삭제

"ls -al testdir"로 현 디렉터리 아래의 testdir이라는 디렉터리에 있는 파일들의 목록을 자세히 그리고 숨김 파일까지 보이게 했습니다. 파일이 ttt.txt밖에 없습니다. 디렉터리를 이동할 필요없이 그 자리에서 "rm testdir/ttt.txt"라고 입력하여 testdir이라는 서브 디렉토리

에 있는 ttt.txt를 지웁니다. 이제 testdir에는 파일이나 디렉터리가 없을 것이니 rmdir로 testdir을 삭제합니다. ls를 해보면 testdir이 사라진 것을 확인할 수 있습니다.

"rm *"라고 입력하면 해당 디렉터리에서 숨김 파일을 제외한 모든 파일이 삭제되니 조심해야 합니다. '*'는 임의의 문자열을 의미하기 때문입니다. "rm t*"라고 입력하면 해당 디렉터리에서 t로 시작하는 모든 파일들을 지우게 됩니다. 숨김 파일을 지우려면 파일이름은 모두 써 주거나 적어도 '.'을 앞에 써 주어야 합니다. "rm .*"와 같이 입력하면 숨김 파일을 모두 삭제하게 됩니다.
이제 rm을 이용하여 비어있지 않은 디렉터리를 삭제해 볼 차례입니다.

```
[servera@ServerA ~]$ mkdir testdir  Enter↵
[servera@ServerA ~]$ ls  Enter↵
shared  testdir  공개  다운로드  문서  바탕화면  비디오  사진  음악  템플릿
[servera@ServerA ~]$ touch testdir/ttt.txt  Enter↵
[servera@ServerA ~]$ ls testdir  Enter↵
ttt.txt
[servera@ServerA ~r]$ rm testdir  Enter↵
rm: cannot remove `testdir': 디렉터리입니다
[servera@ServerA ~]$ rm -r testdir  Enter↵
[servera@ServerA ~]$ ls  Enter↵
shared  공개  다운로드  문서  바탕화면  비디오  사진  음악  템플릿
[servera@ServerA ~]$
```

〈그림 4-18〉 rm으로 디렉터리 삭제하기

/home/servera/testdir이라는 디렉터리에 touch명령을 이용하여 ttt.txt라는 파일을 만들어 놓았습니다. "rm testdir"이라고 입력하여 testdir을 지우려해 보니, 디렉터리이기 때문에 지울 수 없다는 메시지가 나옵니다. rm은 파일을 지우는 명령이고 디렉터리를 지우는 명령은 rmdir이라는 것을 다시금 생각하게 됩니다. 그런데, "rm -r testdir"이라고 입력하니 testdir이 삭제되었습니다. 그 안에 ttt.txt라는 파일도 들어 있었는데요! rm 명령어를 -r 옵션과 같이 사용하면 디렉터리안의 모든 내용을 다 지우고 그 디렉터리까지 삭제하게 됩니다. 상당히 편리한 명령이지만 혹시 잠깐 착각하면 중요한 디렉터리를 그 하위 디렉터리까지 포함해서 단번에 날려버릴 수 있으니 조심해야 하는 명령입니다.

파일 복사하기 cp

파일을 복사하고 싶으면 "cp"라는 명령을 이용합니다. cp는 copy의 줄임말입니다. cp 는 2개의 인수가 필요합니다. 첫 번째 인수는 '원본 파일의 경로'이고 두 번째 인수는 '결과 파일의 경로'입니다. 두 번째 인수에서 파일의 이름 없이 결과 파일이 존재할 디렉터리만을 지정하면 cp는 원본 파일과 동일한 이름으로 결과 파일을 만듭니다.

```
[servera@ServerA ~]$ mkdir testdir  Enter↵
[servera@ServerA ~]$ cd testdir  Enter↵
[servera@ServerA testdir]$ cp /etc/resolv.conf .  Enter↵
[servera@ServerA testdir]$ ls  Enter↵
resolv.conf
[servera@ServerA testdir]$ cat /etc/resolv.conf  Enter↵
# Generated by NetworkManager
nameserver 210.220.163.82
nameserver 219.250.36.130
[servera@ServerA testdir]$ cat resolv.conf  Enter↵
# Generated by NetworkManager
nameserver 210.220.163.82
nameserver 219.250.36.130
[servera@ServerA testdir]$
```

〈그림 4-19〉 cp로 파일 복사하기

<그림 4-18>은 '/etc'디렉터리에 있는 'resolv.conf'파일을 이름을 그대로 유지한 채 현재 디렉토리로 복사하는 과정입니다. cat는 짧은 텍스트문서의 내용을 화면에 출력해서 확인하기에 유용한 명령어입니다. 두 파일의 내용이 동일한 것을 확인할 수 있습니다. 원본과 다른 결과 파일 이름을 바란다면 두 번째 인수에서 원하는 파일이름을 지정하면 됩니다.

```
[servera@ServerA testdir]$ cp /etc/resolv.conf ./name_changed.conf  Enter↵
[servera@ServerA testdir]$ cat name_changed.conf  Enter↵
# Generated by NetworkManager
nameserver 210.220.163.82
nameserver 219.250.36.130
[servera@ServerA testdir]$
```

〈그림 4-20〉 cp로 파일 복사하기

파일 이동하기 mv

파일을 이동시키고 싶으면 "mv"라는 명령을 이용합니다. mv는 move의 줄임말입니다. mv도 cp와 마찬가지로 2개의 인수가 필요합니다. 첫 번째 인수는 '원래 파일의 경로'이고 두 번째 인수는 '결과 파일의 경로'입니다. cp와 마찬가지로 두 번째 인수로 파일의 이름을 빼고 쓰기도 하고 이름을 포함하여 완전한 경로로 쓰기도 합니다. 이름을 빼고 파일을 이동할 디렉터리만 써 주면 '순수한 이7동'이 됩니다. 이름을 포함하면 이동하면서 이름을 바꾸어 주게 됩니다.

```
[servera@ServerA testdir]$ mv name_changed.conf .. Enter↵
[servera@ServerA testdir]$ ls .. Enter↵
name_changed.conf  testdir  다운로드  바탕화면  사진  템플릿
shared             공개     문서      비디오    음악
[servera@ServerA testdir]$ ls
resolv.conf
[servera@ServerA testdir]$ mv resolv.conf name_changed2.conf Enter↵
[servera@ServerA testdir]$ ls
name_changed2.conf
[servera@ServerA testdir]$
```

〈그림 4-21〉 cd로 디렉터리 이동하기

"mv resolve2.conf .." 명령으로 resolve2.conf를 상위디렉토리인 /home/servera로 이동시켰습니다. "ls .."라고 입력하여 /home/servera를 ls해 보니 name_changed.conf가 보입니다. 이제 /home/servera/testdir에는 resolv.conf밖에 없습니다. 이 파일의 이름을 바꾸어 보겠습니다. 이름을 바꿀 때도 mv를 사용합니다. "mv resolv.conf name_changed2.conf"라고 입력하면 파일의 이름이 변경됩니다. 현재 디렉터리를 ls하여 name_changed2.conf만 존재함을 확인할 수 있습니다.

mv의 첫 번째 인수로 디렉터리를 지정하면 디렉터리 자체를 이동하게 됩니다. 이때 두 번째 인수의 디렉터리이름이 이미 존재하는 디렉터리라면 첫 번째 인수의 디렉터리를 그 아래로 단순히 이동시킵니다. 그러나 두 번째 인수의 디렉터리 이름이 존재하지 않는 새로운 이름이라면 디렉터리를 이동시키면서 이름을 그 새 이름으로 변경합니다.

cp나 mv를 사용할 때 주의점은 두 명령은 목적지에 같은 이름을 가진 파일이 있을 때 물어보지 않고 덮어쓰는 것이 기본이라는 것입니다. 이를 방지하려면 -i 옵션을 사용하는

것이 좋습니다. root 사용자의 경우는 매우 권한이 막강하여 cp나 mv를 잘 못 사용했을 경우 그 결과가 대단히 심각할 수 있으므로 자동으로 -i 옵션이 동작하도록 설정해 놓았습니다. 그러나 일반 사용자는 그렇게 설정되어 있지 않습니다. 개인별로 설정이 가능합니다만 -i 옵션이 동작한다고 하더라도 목적지에 같은 이름의 파일이 있는지 항상 확인하는 것이 좋습니다.

4.3 파일 및 디렉터리의 사용권한

ls를 사용하면서 그 상세출력에 대해 알아볼 때 파일 및 디렉터리의 사용권한(또는 허가권)을 출력해 주는 것을 잠깐 봤지요. 그 내용을 지금 알아보겠습니다. 아마도 리눅스를 사용하면서 보안과 관련해서는 가장 중요하고 기초적인 지식이 아닐까 생각합니다. <그림 4-7>과 <그림 4-8>을 보면 ls 상세출력에서의 사용권한 표시는 총 9개의 문자로 이루어져있습니다. 이 문자들은 <그림 4-22>에서와 같이 3개씩 묶음지어 나누어 봐야 합니다.

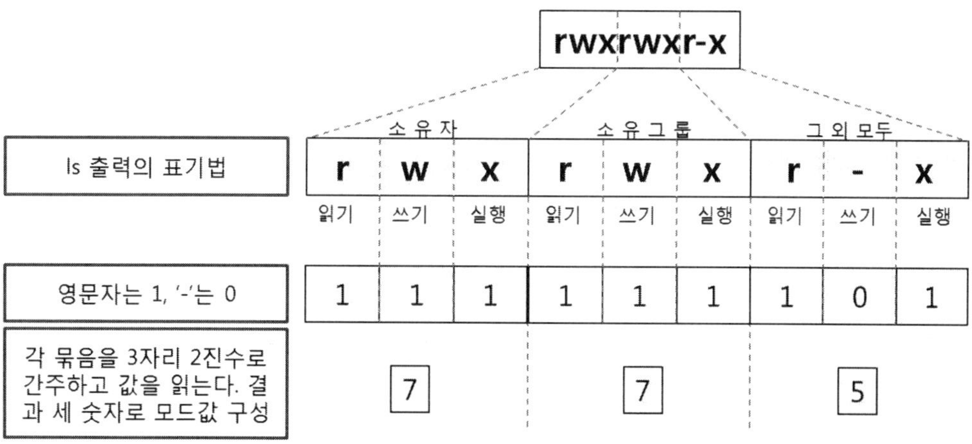

〈그림 4-22〉 파일과 디렉터리의 사용권한 표기

앞에서부터 3문자씩 3개의 묶음으로 나뉘는데 첫 묶음이 소유자에 대한 항목이고 두 번째 묶음이 소유그룹을 위한 것, 그리고 세 번째가 그 외 모든 사용자를 위한 권한을 말해주고 있습니다. 각 묶음의 3문자는 차례대로 읽기, 쓰기 그리고 실행에 대한 권한을 의미합니다. 이 위치에 있는 문자가 영문자이면 그 대응하는 기능이 허가된 것이고 '-'가 있으면 그 대응하는 기능이 허가되지 않은 것입니다. <그림 4-22>의 예를 보면 이 파일의 사용권한이 'rwxrwxr-x'로 주어질 때 소유자에 대한 묶음은 첫 세 문자 즉, 'rwx'이므로 소유자에게는 읽기, 쓰기, 실행의 권한이 다 있는 것입니다. 즉, 이 파일의 소유자는 이 파일을 읽을 수 있으며 파일을 변경할 수 있으며 파일을 실행할 수 있습니다. 이 파일의 소유그룹에게는 다음 3개의 문자 즉, 'rwx'가 주어져 있습니다. 소유그룹도 역시 이 파일에 대해 읽기, 쓰기, 실행의 권한이 다 주어지고 있습니다. 나머지 3개의 문자는 이 파일의 소유자도 아니고 소유그룹도 아닌 다른 모든 사용자를 대상으로 하는 것입니다. 'r-x'입니다. 이 파일을 읽을 수 있고 실행할 수도 있으나 파일을 변경하지는 못하는 것입니다.

그러면, 파일의 사용권한은 어떻게 변경할 수 있을까요? 그것은 chmod명령을 통해서 가능합니다. chmod는 "chmod 모드값 파일이름"의 형식으로 사용합니다. 여기에서 모드값은 <그림 4-22>에 나와 있는 바와 같이 만듭니다. 세 문자로 된 하나의 묶음을 세 자리로 된 이진수로 생각합니다. 그리고 'r', 'w', 또는 'x'의 영문자가 있다면 그 자리의 값은 1로 하고 '-'가 있는 자리의 값은 0으로 합니다. 그러면 세 자리의 이진수가 완성이 되지요. <그림 4-22>의 소유자의 사용권한을 나타내는 묶음의 경우는 'rwx'이므로 '111'이 될 것입니다. 이것의 값은 '7'입니다. 이것을 소유그룹을 위한 묶음에도 적용을 하면 역시 'rwx'이므로 '111'이 되어 값은 또 '7'이 됩니다. 마지막으로 그 외 모든 사용자의 사용권한을 정의하는 묶음은 'r-x'이므로 '101'이 되어 값은 '5'가 됩니다. 모드값은 이 세 값을 나열해서 얻어집니다. 그러므로 이 경우 모드값은 '775'가 됩니다. 만약 "chmod 775 ttt.txt"라는 명령을 입력하면 ttt.txt 파일의 사용권한이 'rwxrwxr-x'로 설정되어질 것입니다. 다음과 같이 실행하여 확인해 보도록 합니다.

```
[servera@ServerA testdir]$ ls -l [Enter↵]
합계 4
-rw-r--r--. 1 servera servera 82 2011-02-12 21:51 name_changed2.conf
[servera@ServerA testdir]$ chmod 775 name_changed2.conf [Enter↵]
[servera@ServerA testdir]$ ls -l [Enter↵]
합계 4
-rwxrwxr-x. 1 servera servera 82 2011-02-12 21:51 name_changed2.conf
[servera@ServerA testdir]$
```

〈그림 4-23〉 chmod의 실습

원래 name_changed2.conf의 사용권한은 'rw-r--r--'였습니다. 이것은 소유자 servera는 읽을 수 있고 변경할 수 있으며 servera 사용자가 아니지만 servera그룹에 속한 사용자는 읽을 수만 있고 그 외 다른 모든 사용자도 읽을 수만 있다는 것입니다. 그런데 "chmod 775 name_changed2.conf"를 실행하자 사용권한이 'rwxrwxr-x'로 바뀌었습니다. 이제 소유자인 servera에게는 읽기, 쓰기, 실행의 권한이 다 있으며 그 외 servera 그룹에 속한 사용자에게도 읽기, 쓰기, 실행의 권한이 다 있고 그 외 다른 모든 사용자들에게는 읽고 실행시키는 권한만이 주어집니다. 이제 다시 원래의 사용권한인 'rw-r--r--'으로 되돌리려면 어떻게 해야 할까요? 'rw-'는 '110'이므로 '6', 'r--'는 '100'이므로 '4', 마지막도 'r--'으로 '4'이므로 모드값은 '644'가 됩니다. 따라서 "chmod 644 name_changed2.conf"라고 하면 사용권한이 원래 값으로 돌아가게 됩니다.

지금까지는 파일을 중심으로 사용권한에 대해 알아보았습니다. 파일의 경우 rwx의 의미는 다음과 같았습니다.

문자	의미
r	파일의 내용을 읽을 수 있습니다.
w	파일의 내용을 변경할 수 있습니다.
x	파일을 실행할 수 있습니다.

〈표 4-1〉 파일에 대한 사용권한의 의미

그렇다면 디렉터리에 대한 사용권한의 의미는 무엇일까요? 디렉터리에 대한 사용권한의 의미는 파일의 경우와는 다르겠지요. 이를 정리한 것이 <표 4-2>입니다.

문자	의미
r	그 디렉터리의 목록을 볼 수 있습니다.
w	새 파일의 생성, 파일의 삭제, 파일이름의 변경이 가능합니다.
x	그 디렉터리로 갈 수 있습니다.

〈표 4-2〉 디렉터리에 대한 사용권한의 의미

4.4 파일관련 기타작업

검색 find

find를 이용해서 원하는 조건에 맞는 파일을 검색할 수 있습니다. find는 파일이름, 파일의 생성시간, 파일의 최근사용시간 등 수많은 조건으로 파일을 검색할 수 있으며 검색범위까지 정할 수 있는 상당히 성능이 좋은 도구입니다. "find 찾는디렉터리 검색조건옵션 검색조건"의 형식으로 사용합니다. 찾는디렉터리는 지정하면 그 디렉터리 이하의 모든 디렉터리를 검색합니다. 또 검색조건옵션에는 무슨 종류의 조건으로 찾을지를 지정하는 것입니다. 예를 들면 이름으로 찾는다면 -name, 특정 사용자의 소유인 것을 찾으려면 -user, 그 파일을 사용한 시간을 기준으로 찾으려면 -atime, 파일의 크기로 찾으려면 -size 등을 지정해 주면 됩니다. 마지막 인수는 검색조건입니다. 실제로 원하는 값을 넣어야 하는데 검색조건 옵션에 어떤 것을 지정했느냐에 따라 검색조건이 달라질 것입니다. 가장 중요하고 많이 사용하는 것이 이름으로 찾는 것이니 그 예를 보이겠습니다.

예를 들어 네트워크 인터페이스 eth0의 설정파일인 ifcfg-eth0가 어디에 있는지 생각이 안 난다고 가정해 봅니다. 일단 설정파일이므로 /etc 아래 어딘가에 있는 것 같은데 /etc에 가 보니 파일과 디렉터리가 너무 많아 찾기가 힘듭니다. 이때는 다음과 같이 찾아보면 됩니다.

```
[servera@ServerA ~]$ find /etc -name ifcfg*  Enter↵
find: `/etc/audit': 허가 거부
find: `/etc/ntp/crypto': 허가 거부
/etc/sysconfig/network-scripts/ifcfg-eth0
/etc/sysconfig/network-scripts/ifcfg-lo
/etc/sysconfig/network-scripts/ifcfg-eth1
find: `/etc/selinux/targeted/modules/tmp': 허가 거부
find: `/etc/selinux/targeted/modules/active': 허가 거부
find: `/etc/pki/CA': 허가 거부
find: `/etc/audisp': 허가 거부
find: `/etc/lvm/archive': 허가 거부
find: `/etc/lvm/cache': 허가 거부
find: `/etc/lvm/backup': 허가 거부
find: `/etc/cups/ssl': 허가 거부
[servera@ServerA ~]$
```

〈그림 4-24〉 find로 파일찾기 2

"find /etc -name ifcfg-eth0"는 /etc이하의 디렉터리에서 이름이(-name) ifcfg-eth0인 파일을 찾으라는 의미입니다. 실행하니 일반 사용자에게 읽기를 허락하지 않는 디렉터리들은 '허가 거부'되어 에러 메시지를 내고 있습니다. 그렇지만 결과의 세 번째 줄에 '/etc/sysconfig/network-scripts/ifcfg-eth0'라고 원하는 결과가 나와 있습니다. 결과 중에서 이 세 번째 줄만이 정상메시지이고 다른 줄은 모두 에러메시지입니다. 에러메시지는 이렇게 너무 많이 나오게 되면 정상메시지를 찾기 어려워져서 문제가 됩니다. 차후에 에러메시지를 처리하는 방법을 알아보겠습니다. 혹시 이름의 일부만 알고 있다면 '*'와 같은 와일드카드를 사용해도 됩니다. "find /etc -name ifcfg*"라고 실행하면 다음과 같은 결과가 나옵니다.

```
[servera@ServerA ~]$ find /etc -name ifcfg-eth0 Enter↵
find: `/etc/audit': 허가 거부
find: `/etc/ntp/crypto': 허가 거부
/etc/sysconfig/network-scripts/ifcfg-eth0
find: `/etc/selinux/targeted/modules/tmp': 허가 거부
find: `/etc/selinux/targeted/modules/active': 허가 거부
find: `/etc/pki/CA': 허가 거부
find: `/etc/audisp': 허가 거부
find: `/etc/lvm/archive': 허가 거부
find: `/etc/lvm/cache': 허가 거부
find: `/etc/lvm/backup': 허가 거부
find: `/etc/cups/ssl': 허가 거부
[servera@ServerA ~]$
```

〈그림 4-25〉 find로 파일찾기 1

리다이렉션 〉, 〉〉, 2〉 그리고 〈

리다이렉션이란 방향을 (다른 데로) 돌리는 것입니다. 가장 흔하게 사용하는 것이 화면으로 출력되게 되어 있는 메시지를 다른 곳(특히 파일)로 돌리는 것입니다. ls 명령을 실행하면 그 디렉터리안에 있는 파일들의 이름을 화면으로 출력해 줍니다. 그런데 때로는 어떤 디렉터리에 들어 있는 모든 파일들을 목록을 갖고 싶은 경우가 있습니다. 이럴 때 리다이렉션을 이용하면 간단하게 이 목록을 얻을 수 있습니다.

리다이렉션은 '>'를 이용합니다. 그냥 "ls"라고 실행하면 그 실행결과는 화면에 출력되지만 "ls > list.txt"라고 실행하면 그 실행결과가 list.txt라는 파일로 저장이 됩니다. '>'는 표준출력을 모니터에서 다른 곳으로 바꾸어주는 리다이렉션입니다. 만약 기존에 존재하는 파일에 덧붙여 기록하기를 원한다면 '>>'를 이용하면 됩니다. 즉, list.txt가 이미 존재하고 여기에 현재 디레터리의 파일목록을 추가하고 싶다면 "ls >> list.txt"라고 실행하면 됩니다. "ls > list.txt"이거나 "ls >> list.txt"이거나 리다이렉션이 되면 실행결과가 화면으로는 출력이 되지 않습니다.

```
[servera@ServerA ~]$ ls  Enter↵
shared  testdir  공개  다운로드  문서  바탕화면  비디오  사진  음악  템플릿
[servera@ServerA ~]$ ls > list.txt  Enter↵
[servera@ServerA ~]$ cat list.txt  Enter↵
list.txt
shared
testdir
공개
다운로드
문서
바탕화면
비디오
사진
음악
템플릿
[servera@ServerA ~]$
```

〈그림 4-26〉 리다이렉션의 실습

그냥 ls를 하면 화면에 디렉터리의 파일목록이 출력되지만 리다이렉션을 시키니 화면으로 출력이 되지 않습니다. 이어 list.txt의 내용을 cat으로 화면에 출력하게 하니 list.txt에 파일목록이 다 들어 있는 것을 확인할 수 있습니다.

그런데 다음과 같은 실습을 해 보기 바랍니다.

```
[servera@ServerA ~]$ cd ...  Enter↵
bash: cd: ...: 그런 파일이나 디렉터리가 없습니다
[servera@ServerA ~]$ cd ... > message.txt  Enter↵
bash: cd: ...: 그런 파일이나 디렉터리가 없습니다
[servera@ServerA ~]$ cat message.txt
[servera@ServerA ~]$
```

〈그림 4-27〉 에러메시지의 리다이렉션 실패

'...'이라는 디렉터리는 리눅스에 존재하지 않으므로 "cd ..."를 실행했을 때 에러메시지가 나오는 것은 당연합니다. 그런데 여기서의 문제는 그것이 아니라, 리다이렉션을 "cd ... >

message.txt"와 같이 했음에도 화면에 계속 메시지가 출력된다는 것입니다. 뿐만 아니라 message.txt에는 아무 내용도 저장되지 않았습니다. 리다이렉션이 제대로 되지 않은 것입니다. 왜 이런 일이 생긴 것일까요? 그 이유는 메시지가 에러메시지였다는 것입니다. 리눅스에서는 표준출력메시지와 에러메시지가 서로 다른 통로를 이용해 출력됩니다. '>'는 표준출력 메시지만을 리다이렉션하기 때문에 에러메시지는 전혀 영향을 받지 않습니다. 에러메시지를 리다이렉션하려면 에러메시지 출력을 리다이렉션하는 '2>'를 이용해야 합니다. 위 실습을 다시 한 번 진해하도록 합니다. 이번에는 '2>'를 이용합니다.

```
[servera@ServerA ~]$ cd ... 2> message.txt  Enter↵
[servera@ServerA ~]$ cat message.txt
bash: cd: ...: 그런 파일이나 디렉터리가 없습니다
[servera@ServerA ~]$
```

〈그림 4-28〉 에러메시지의 리다이렉션 성공

이를 이용하면 앞에서 find 실행시 상당수 나왔던 에러메시지를 안보이게 할 수 있습니다.

```
[servera@ServerA ~]$ find /etc -name ifcfg-eth0 2> error_message.txt  Enter↵
/etc/sysconfig/network-scripts/ifcfg-eth0
[servera@ServerA ~]$ cat error_message.txt  Enter↵
find: '/etc/audit': 허가 거부
find: '/etc/ntp/crypto': 허가 거부
find: '/etc/selinux/targeted/modules/tmp': 허가 거부
find: '/etc/selinux/targeted/modules/active': 허가 거부
find: '/etc/pki/CA': 허가 거부
find: '/etc/audisp': 허가 거부
find: '/etc/lvm/archive': 허가 거부
find: '/etc/lvm/cache': 허가 거부
find: '/etc/lvm/backup': 허가 거부
find: '/etc/cups/ssl': 허가 거부
[servera@ServerA ~]$
```

〈그림 4-29〉 find로 파일찾기 1

에러메시지는 모두 error_meassage.txt에 저장되어 혹시라도 문제가 생기면 다시 찾아 볼 수 있도록 되었고, 화면에서는 정상 출력만 보게 되어 보다 신속하고 정확하게 결과를 알 수 있게 되었습니다.

'>'와 반대방향의 리다이렉션도 있습니다. '<'는 입력에 대해 리다이렉션을 합니다. 프로그램 중에서는 표준입력, 즉 키보드에서 입력을 받아 처리를 하는 것들이 있습니다. 예를 들면 앞에서 파일을 화면으로 간단히 출력하는 cat라는 프로그램은 아무 인수 없이 실행하면 표준입력으로부터 입력받은 텍스트를 표준출력으로 내보내게 동작합니다. 시험해 보겠습니다.

```
[servera@ServerA ~]$ cat  Enter↵
This is a test for redirection
This is a test for redirection
한글로도 써 봅니다.
한글로도 써 봅니다.  Ctrl+D
[servera@ServerA ~]$
```

〈그림 4-30〉 인수없이 cat 실행

같은 문장이 두 번씩 쓰여진 것을 볼 수 있는데 첫 줄은 키보드로 입력한 것을 쉘이라는 터미널의 명령처리 프로그램이 그대로 화면에 반복 출력해서 사용자가 무엇을 입력했는지 보여주는 것으로 키보드 에코(echo)라고 합니다. 두 번째 줄은 cat가 표준입력을 통해 입력된 문장을 표준출력으로 내보낸 결과입니다. 그런데 이것을 다음과 같이 할 수 있습니다.

```
[servera@ServerA ~]$ cat < error_message.txt  Enter↵
find: `/etc/audit': 허가 거부
find: `/etc/ntp/crypto': 허가 거부
find: `/etc/selinux/targeted/modules/tmp': 허가 거부
find: `/etc/selinux/targeted/modules/active': 허가 거부
find: `/etc/pki/CA': 허가 거부
find: `/etc/audisp': 허가 거부
find: `/etc/lvm/archive': 허가 거부
find: `/etc/lvm/cache': 허가 거부
find: `/etc/lvm/backup': 허가 거부
find: `/etc/cups/ssl': 허가 거부
[servera@ServerA ~]$
```

〈그림 4-31〉 인수없이 cat 실행

현재 cat는 인수없이 실행했기 때문에 키보드로부터 입력을 기다리고 있는데 리다이렉션 '<'가 error_message.txt 파일을 읽어서 마치 이 파일의 내용이 키보드로 cat에 입력하는

것처럼 해주는 것입니다. 명령어와 파일이 리다이렉션 기호의 어느 쪽에 있어야 하는지 주의깊게 보시기 바랍니다.

파이프 | 와 필터 grep

앞에서 알아본 리다이렉션은 주로 화면으로 향하는 출력의 방향을 파일로 바꾸거나(즉, 표준출력→파일), 키보드로 입력해야하는 입력을 파일로부터 받는 데(즉, 표준입력←파일) 사용이 됩니다. 그렇다면 어떤 한 프로그램이 화면으로 출력하는 것을 키보드입력을 기다리는 다른 프로그램에 입력으로 넣어 줄 수는 없을까요? 즉, 표준출력을 표준입력으로 바꾸어 주는 것도 있지 않을까요? 네, 있습니다. 그것이 지금 알아보고자 하는 파이프 |입니다. 파이프는 마치 한 프로그램의 출력을 다른 프로그램의 입력에 파이프로 연결해서 흘러 들어가게 하는 것 같아서 붙여진 이름이지요. Shift+\를 눌러 입력하면 됩니다. '\'는 한글키보드에서는 '₩'로 표기되어 있습니다. 그렇다면 파이프의 예제를 보도록 하겠습니다. ls가 표준출력으로 내보내는 결과를 cat의 입력으로 넣어 주겠습니다. 뭐, 그래봤자 ls를 그냥하는 것과 같은 내용을 보이겠지만, 출력 포맷의 차이는 생기게 됩니다.

```
[servera@ServerA ~]$ ls Enter↵
error_message.txt  shared   공개      문서      비디오  음악
list.txt           testdir  다운로드  바탕화면  사진    템플릿
[servera@ServerA ~]$ ls | cat Enter↵
error_message.txt
list.txt
shared
testdir
공개
다운로드
문서
바탕화면
비디오
사진
음악
템플릿
[servera@ServerA ~]$
```

〈그림 4-32〉 파이프 사용 예제

파이프는 필터라는 종류의 프로그램들과 사용하면 아주 유용합니다. 필터란 텍스트를 필요에 맞게 걸러서 보여주는 프로그램을 말합니다. 여기에서는 필터 중에서 일반 사용자들이 가장 많이 사용하는 grep을 알아보도록 하겠습니다. grep은 특정문자열을 포함하는 줄을 출력해 주는 기능을 가지고 있습니다. 일반적인 사용법은 "grep <u>검색문자열</u> <u>대상파일이름</u>"입니다. 이와 같이 하면 대상파일에서 검색문자열이 있는 줄을 모두 출력해 줍니다. 대상파일이름에 와일드카드를 사용하면 여러 개의 파일 중에서 검색하는 것도 가능합니다.

```
[servera@ServerA ~]$ ls > list.txt   Enter↵
[servera@ServerA ~]$ grep shar list.txt   Enter↵
shared
[servera@ServerA ~]$ grep -n shar list.txt   Enter↵
3:shared
[servera@ServerA ~]$ grep shar *   Enter↵
list.txt:shared
[servera@ServerA ~]$ grep -n shar *   Enter↵
list.txt:3:shared
```

〈그림 4-33〉 grep 사용 예제

먼저 현 디렉터리의 파일명 목록을 list.txt라는 이름으로 저장합니다. "grep shar list.txt"는 list.txt라는 파일 안에서 'shar'가 포함된 줄을 찾아서 출력합니다. "grep -n shar list.txt"는 list.txt라는 파일 안에서 'shar'가 포함된 줄을 찾아서 그 줄번호와 함께 출력합니다. "grep shar *"는 디렉터리 안에 있는 모든 파일에 대해서 'shar'가 포함된 줄을 찾아서 출력하는데 파일이름과 함께 출력합니다. "grep -n shar *"는 줄번호도 추가로 함께 출력합니다.

그런데 grep은 표준입력을 받아서 처리할 수도 있습니다.

```
[servera@ServerA ~]$ grep s   Enter↵
gtest
gtest
kkkkkk
sst
sst  Ctrl+D
[servera@ServerA ~]$
```

〈그림 4-34〉 표준입력으로 grep 사용

대상파일을 지정하는 인수 없이 grep을 실행하면 키보드입력을 기다리게 됩니다. 키보드에서 텍스트문장을 입력하면 그 문장에 해당 검색어가 존재하는 경우만 grep이 그 문장을 화면으로 출력해 줍니다. 따라서 검색어가 존재하는 문장은 키보드 에코와 grep의 출력에 의해 출력되므로 두 번씩 출력되고 그렇지 않으면 키보드 에코만 한 번씩 출력되어 있는 것을 볼 수 있습니다. 이렇게 표준입력을 받을 수 있으므로 파이프를 사용하여 입력받는 것이 가능해 집니다. 다음의 예제는 파일의 내용 중에서 특정 문구가 들어있는 문장만 출력하는 것입니다.

```
[servera@ServerA ~]$ cat error_message.txt   Enter↵
find: `/etc/audit': 허가 거부
find: `/etc/ntp/crypto': 허가 거부
find: `/etc/selinux/targeted/modules/tmp': 허가 거부
find: `/etc/selinux/targeted/modules/active': 허가 거부
find: `/etc/pki/CA': 허가 거부
find: `/etc/audisp': 허가 거부
find: `/etc/lvm/archive': 허가 거부
find: `/etc/lvm/cache': 허가 거부
find: `/etc/lvm/backup': 허가 거부
find: `/etc/cups/ssl': 허가 거부
[servera@ServerA ~]$ cat error_message.txt | grep -n lvm   Enter↵
7:find: `/etc/lvm/archive': 허가 거부
8:find: `/etc/lvm/cache': 허가 거부
9:find: `/etc/lvm/backup': 허가 거부
[servera@ServerA ~]$
```

〈그림 4-35〉 파이프를 이용하여 grep 사용

묶음과 압축 tar, gzip, bzip2

tar

옛날 컴퓨터는 하드디스크가 아니라 자기테이프를 보조저장장치로 사용했습니다. 이곳에 데이터들을 효율적으로 백업해 놓기 위해서 tar라는 도구가 등장을 하게 되었습니다. tar는 여러 개의 파일들을 그 디렉터리 구조까지 포함하여 하나의 파일로 묶어주는 명령입니다. 이렇게 하여 백업을 하고, 나중에 필요할 때 다시 풀어주면 파일들이 각자 원래 있었던 디렉터리에 다시 복구되어 집니다. tar를 실습하기 위해서 우선 '/home/servera/testdir'에서 <그림 4-36>과 같이 디렉터리와 파일들을 만들어 줍니다.

```
[servera@ServerA testdir]$ ls  Enter↵
name_changed2.conf
[servera@ServerA testdir]$ mkdir temp1  Enter↵
[servera@ServerA testdir]$ mkdir temp2  Enter↵
[servera@ServerA testdir]$ ls  Enter↵
name_changed2.conf  temp1  temp2
[servera@ServerA temp1]$ touch temp1/file1.txt  Enter↵
[servera@ServerA testdir]$ touch temp2/file2.txt  Enter↵
[servera@ServerA testdir]$ ls temp1  Enter↵
file1.txt
[servera@ServerA testdir]$ ls temp2  Enter↵
file2.txt
[servera@ServerA testdir]$
```

〈그림 4-36〉 tar 실습을 위한 testdir 디렉터리 구조

```
[servera@ServerA testdir]$ cd ..  Enter↵
[servera@ServerA ~]$ tar cvf testdir.tar testdir  Enter↵
testdir/
testdir/temp1/
testdir/temp1/file1.txt
testdir/temp2/
testdir/temp2/file2.txt
testdir/name_changed2.conf
[servera@ServerA ~]$ ls  Enter↵
error_message.txt  shared   testdir.tar  다운로드  바탕화면  사진  템플릿
list.txt                    testdir      공개      문서      비디오  음악
[servera@ServerA ~]$ rm -r testdir  Enter↵
[servera@ServerA ~]$ cd testdir  Enter↵
bash: cd: testdir: 그런 파일이나 디렉터리가 없습니다
[servera@ServerA ~]$ tar xf testdir.tar  Enter↵
[servera@ServerA ~]$ cd testdir  Enter↵
[servera@ServerA testdir]$ ls  Enter↵
name_changed2.conf  temp1  temp2
[servera@ServerA testdir]$
```

〈그림 4-37〉 tar 실습을 위한 testdir 디렉터리 구조

tar는 옵션지정시 '-'를 붙이지 않아도 됩니다. "tar cvf testdir.tar testdir"라고 입력하면 'testdir'의 내용으로 'testdir.tar'라는 이름으로 백업파일을 만듭니다. 두 인수의 위치를 잘 봐두시기 바랍니다. 여기서는 옵션으로 'cvf'를 썼습니다. 'c'는 백업파일을 생성하라(create)는 의미입니다. 'v'는 verbose의 약자로 하는 작업을 상세히 말해달라는 것입니다. 덕분에 작업중에 백업하는 파일들의 리스트가 출력이 된 것입니다. 'f'는 백업파일이름을 지정하겠다는 것입니다. 'f'라는 옵션을 썼기 때문에 파일을 지정할 수 있게 되었고 그래서 그 바로 다음에 백업파일이름을 쓰게 되었던 것입니다. 백업파일이름을 지정하지 않으면 tar의 결과를 표준출력으로 내보냅니다. "tar c testdir"이라고 한 번 시도해 보시기 바랍니다. "tar cvf testdir.tar testdir"를 실행한 결과 'testdir.tar'파일이 만들어졌습니다. 이제 "rm -r testdir"로 testdir 디렉터리를 삭제합니다. 이제 testdir로 이동하려고 시도하면 '그런 파일이나 디렉터리가 없습니다'라는 에러메시지만 나옵니다. "tar xf testdir.tar"라고 실행합니다. 'x'는 tar파일을 묶음해제하여 파일과 디렉터리들을 원래대로 복구하라는 옵션입니다. 물론 'f'옵션으로 tar파일명을 지정해 줍니다. 실행이 끝나면 이제 testdir 디렉터리로 이동하고 그 내용을 확인해 봅니다. 복구가 잘 되었습니다.

gzip과 bzip2

Windows의 Winzip이나 Winrar와 같은 파일압축 프로그램이 리눅스에도 있습니다. 그 중 gzip은 압축할 때는 "gzip <u>원본파일이름</u>"의 형태로 사용합니다. 이렇게 하면 기존의 파일이름에 '.gz'확장자를 추가하여 압축파일의 이름을 만듭니다. 압축을 풀 때는 "gzip -d <u>압축파일이름</u>"의 형태로 사용합니다.

```
[servera@ServerA ~]$ ls -l testdir.tar  Enter↵
-rw-rw-r--. 1 servera servera 10240 2011-02-13 13:11 testdir.tar
[servera@ServerA ~]$ gzip testdir.tar  Enter↵
[servera@ServerA ~]$ ls -l testdir.tar  Enter↵
ls: cannot access testdir.tar: 그런 파일이나 디렉터리가 없습니다
[servera@ServerA ~]$ ls -l testdir.tar.gz  Enter↵
-rw-rw-r--. 1 servera servera 310 2011-02-13 13:11 testdir.tar.gz
[servera@ServerA ~]$ gzip -d testdir.tar.gz  Enter↵
[servera@ServerA ~]$ ls -l testdir.tar  Enter↵
-rw-rw-r--. 1 servera servera 10240 2011-02-13 13:11 testdir.tar
[servera@ServerA ~]$
```

〈그림 4-38〉 gzip을 사용한 압축

testdir.tar를 gzip으로 압축해 보았습니다. 압축을 하면 원본파일은 없어지고 압축된 결과만 남게 되는 것에 유의하십시오. 압축결과 testdir.tar는 testdir.tar.gz이라는 파일이 되었고 파일의 크기는 10240B에서 310B로 상당히 감소했습니다. 원본이 필요해서 "gzip -d testdir.tar.gz"으로 복구하였습니다. 만약 원본을 남기면서 압축하고 싶다면 '-c'옵션을 사용합니다. 그런데 이 옵션은 출력을 표준출력으로 내 보냅니다. 따라서 압축파일을 얻으려면 리다이렉션을 이용해 파일로 저장해야 합니다.

```
[servera@ServerA ~]$ gzip -c testdir.tar > testdir.tar.gz  Enter↵
[servera@ServerA ~]$ ls -l testdir.tar
-rw-rw-r--. 1 servera servera 10240 2011-02-13 13:11 testdir.tar  Enter↵
[servera@ServerA ~]$ ls -l testdir.tar.gz
-rw-rw-r--. 1 servera servera 310 2011-02-13 14:47 testdir.tar.gz  Enter↵
[servera@ServerA ~]$
```

〈그림 4-39〉 gzip 압축시 원본파일 남기기

gzip과 함께 유명한 것이 bzip2입니다. gzip과 마찬가지로 "bzip2 <u>원본파일이름</u>"의 형태로 사용합니다. 이렇게 하면 기존의 파일이름에 '.bz2'확장자를 추가하여 압축파일의 이름을 만듭니다. 압축을 풀 때는 "bzip2 -d <u>압축파일이름</u>"의 형태로 사용합니다.

```
[servera@ServerA ~]$ ls -l testdir.tar  Enter↵
-rw-rw-r--. 1 servera servera 10240 2011-02-13 13:11 testdir.tar
[servera@ServerA ~]$ bzip2 testdir.tar  Enter↵
[servera@ServerA ~]$ ls -l testdir.tar  Enter↵
ls: cannot access testdir.tar: 그런 파일이나 디렉터리가 없습니다
[servera@ServerA ~]$ ls -l testdir.tar.bz2  Enter↵
-rw-rw-r--. 1 servera servera 311 2011-02-13 13:11 testdir.tar.bz2
[servera@ServerA ~]$ bzip2 -d testdir.tar.bz2  Enter↵
[servera@ServerA ~]$ ls -l testdir.tar  Enter↵
-rw-rw-r--. 1 servera servera 10240 2011-02-13 13:11 testdir.tar
[servera@ServerA ~]$
```

〈그림 4-40〉 bzip2를 사용한 압축

역시 bzip2도 파일을 압축하면서 원본은 없애버립니다. testdir.tar의 크기가 10240B인데 testdir.tar.bz2의 크기는 311B입니다. 역시 상당히 압축이 되었습니다. 이렇게 tar로 백업된 파일을 압축을 하면 파일크기 측면에서 상당한 이득을 보게 됩니다.

따라서 항상 tar와 압축을 함께 쓰게 됩니다. 이렇다보니 보다 편리한 방법을 만들어 놓았습니다. tar를 하면서 압축을 동시에 하는 것입니다. gzip을 이용해 압축을 하고 싶으면 tar를 할 때 옵션에 z를 추가하고, bzip2를 통해 압축을 하고 싶으면 tar시 옵션에 j를 추가하는 것입니다. 복구시에도 tar.gz파일을 풀어 넣을 때라면 옵션에 z를 추가하고 tar.bz2파일이라면 옵션에 j를 추가하면 됩니다.

```
[servera@ServerA ~]$ tar xf testdir.tar  Enter↵
[servera@ServerA ~]$ rm testdir.tar  Enter↵
[servera@ServerA ~]$ tar cfz testdir.tar.gz testdir  Enter↵
[servera@ServerA ~]$ ls -l testdir.tar.gz  Enter↵
-rw-rw-r--. 1 servera servera 298 2011-02-13 14:58 testdir.tar.gz
[servera@ServerA ~]$ rm -r testdir  Enter↵
[servera@ServerA ~]$ cd testdir  Enter↵
bash: cd: testdir: 그런 파일이나 디렉터리가 없습니다
[servera@ServerA ~]$ tar xfz testdir.tar.gz  Enter↵
[servera@ServerA ~]$ cd testdir  Enter↵
[servera@ServerA testdir]$ ls  Enter↵
name_changed2.conf  temp1  temp2
[servera@ServerA testdir]$
```

〈그림 4-41〉 tar와 gzip압축을 한 번에

tar와 압축을 한 번에 했더니 압축파일의 크기가 조금 더 줄어들었습니다. bzip2를 이용하면 <그림 4-42>와 같습니다.

```
[servera@ServerA ~]$ tar cfj testdir.tar.bz2 testdir  Enter↵
[servera@ServerA ~]$ ls -l testdir.tar.bz2  Enter↵
-rw-rw-r--. 1 servera servera 311 2011-02-13 15:06 testdir.tar.bz2
[servera@ServerA ~]$ rm -r testdir  Enter↵
[servera@ServerA ~]$ cd testdir  Enter↵
bash: cd: testdir: 그런 파일이나 디렉터리가 없습니다
[servera@ServerA ~]$ tar xfj testdir.tar.bz2  Enter↵
[servera@ServerA ~]$ cd testdir  Enter↵
[servera@ServerA testdir]$ ls  Enter↵
name_changed2.conf  temp1  temp2
[servera@ServerA testdir]$
```

〈그림 4-42〉 tar와 bzip2압축을 한 번에

4.5 텍스트 파일 보기

리눅스도 이제는 사용자에게 상당히 친절해져서 우분투나 페도라와 같은 배포판은 굳이 터미널을 쓰지 않더라도 사용하기에 큰 무리가 없게 되었습니다. 하지만 수퍼유저로서 서버시스템을 관리하다보면 아무래도 터미널 작업들을 많이 하게 됩니다. 또한 각종 참고자료와 안내자료들을 많이 보게 되는데 대개 이들은 텍스트파일로 주어집니다. 텍스트파일들은 단순하므로 터미널에서 직접 보는 것이 가장 간편합니다. 이 절에서는 텍스트파일의 내용을 볼 수 있는 몇 가지 방법을 알아볼 것입니다.

cat

앞에서도 잠깐 사용해 봤지만 비교적 짧은 텍스트파일을 보기에는 가장 편리한 명령입니다. 보고자하는 파일이름을 인수로 하여 실행합니다.

head

파일이 좀 경우 cat를 쓰게 되면 앞의 내용이 페이지를 훌쩍 넘어가 버리고 맙니다. 스크롤해서 봐도 되지만 불편하고 때로는 스크롤버퍼의 범위를 넘어가 읽을 수 없는 경우도 생깁니다. 텍스트파일의 맨 앞부터 몇 줄까지만 보고 싶다면 head를 쓰는 것이 좋습니다. 보고자하는 파일이름을 인수로 하여 실행하면 기본적으로 앞에서부터 10줄을 보여줍니다. -n 뒤에 원하는 줄만큼의 숫자를 넣는 옵션을 주면 그 수 만큼의 줄을 보여줍니다. 실행해서 결과를 확인해 보기 바랍니다. 먼저 clear명령으로 화면을 정리하고 하세요.

```
[servera@ServerA ~]$ head /etc/smartd.conf  Enter↵
```

〈그림 4-43〉 head로 앞에서 10줄 보기

```
[servera@ServerA ~]$ head -n20 /etc/smartd.conf  Enter↵
```

〈그림 4-44〉 head로 앞에서 20줄 보기

tail

head와는 대조적으로 텍스트파일을 뒤에서 몇 줄을 보고 싶다면 이 명령을 사용합니다. 마찬가지로 옵션없이 실행하는 맨 뒤 10줄을 보여줍니다. -n옵션으로 보고 싶은 줄 개수를 설정할 수 있습니다.

```
[servera@ServerA ~]$ tail /etc/smartd.conf  Enter↵
```

〈그림 4-45〉 tail로 뒤에서 10줄 보기

```
[servera@ServerA ~]$ tail -n20 /etc/smartd.conf  Enter↵
```

〈그림 4-46〉 tail로 뒤에서 20줄 보기

more

텍스트파일을 화면에서 앞뒤로 이동하면서 볼 수 있는 명령입니다. 파일이름을 인수로 하여 실행시킨 후 다음페이지로 가려면 Space Bar를 누르고, 앞페이지로 가려면 B를 누르며 종료하려면 Q를 누르면 됩니다. Enter↵를 누르면 1줄씩 올라갑니다. 그러나 more보다는 이를 더욱 개선한 명령인 less를 사용하는 것이 좋습니다.

```
[servera@ServerA ~]$ more /etc/smartd.conf  Enter↵
```

〈그림 4-47〉 more로 텍스트파일 보기

less

less는 more에 더하여 기능을 더욱 확장시킨 명령입니다. 한 줄씩 위 아래로 움직이려면 ↑와 ↓키를 사용하면 되고 한 페이지씩 움직이려면 Page Up와 Page Down를 사용하면 되기 때문에 편리합니다. 역시 종료하려면 Q를 누르면 됩니다.

```
[servera@ServerA ~]$ less /etc/smartd.conf  Enter↵
```

〈그림 4-48〉 less로 텍스트파일 보기

4.6 텍스트 파일 편집기

서버 관리자에게는 텍스트파일을 보는 것도 중요하지만 텍스트파일을 편집하는 것도 상당히 중요합니다. X윈도우를 기반으로 한 GUI(Graphic User interface)가 제공되면서 다양한 데스크탑 소프트웨어들이 나오고 리눅스 사용환경은 Windows와 거의 어깨를 나란히 할 만큼 편해졌습니다. 이전에는 vi, emacs, pico 등 텍스트모드에서 동작하는 에디터들이 반드시 필요했지만 요즘은 데스크탑과 함께 GUI를 갖춘 문서편집기들이 제공되고 있습니다. 페도라에 기본으로 설치되는 GNOME 데스크탑에는 gedit라는 GUI 문서편집기가 있습니다. 하지만 데스크탑 환경이 제공되지 않는 서버라면 텍스트모드에서 밖에 사용이 불가하므로 vi에디터의 사용은 필수적인 것이 됩니다. 또한 X윈도우 시스템이 제공되어도 간단한 텍스트문서 편집은 vi를 사용하는 것이 쉽고 편리한 경우가 많이 있습니다. 두 종류의 팬집기가 다 장단점이 있으므로 우리는 gedit와 vi를 모두 사용하도록 하겠습니다.

gedit

gedit는 VirtualBox Additions의 클립보드 공유기능을 시험할 때 잠깐 써 보았습니다. 데스크탑에서 <프로그램>→<보조 프로그램>→<텍스트 편집기>를 선택하면 실행됩니다. 또는 터미널에서 "gedit"라고 입력해도 실행됩니다. 하지만 터미널에서 명령어로 실행한 경우에는 그 터미널을 종료하면 띄워놓은 gedit도 같이 종료한다는 것을 유념하시기 바랍니다. <그림 4-49>에 gedit의 실행창이 있습니다. Windows 시스템의 여느 문서편집기와 크게 다르지 않은 인터페이스이기 때문에 별도의 사용설명이 없어도 사용에 큰 무리가 없을 것입니다.

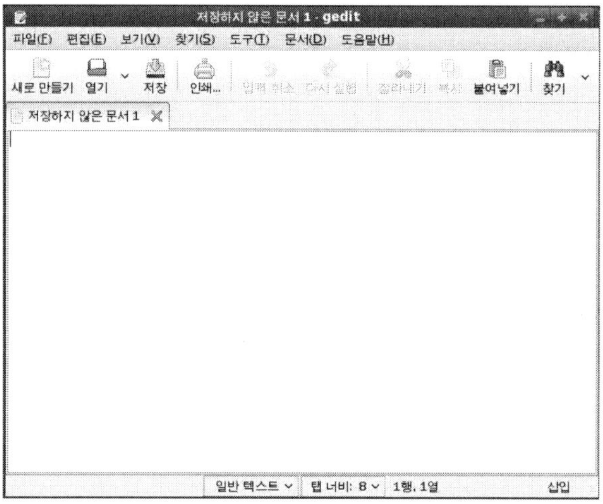

〈그림 4-49〉 gedit 실행창

vi

터미널 창에서 사용하는 vi는 텍스트위주의 편집기이기 때문에 많은 사람들이 어려워합니다. 확실히 처음 친해지기에는 참 까다로운 편집기입니다. 그러나 익숙해진 사용자들은 vi가 가장 좋아하는 편집기 중 하나라고 하며 특히 텍스트문서 편집에는 다른 어떤 편집기보다 신속히 작업을 할 수 있어서 좋다고 합니다. 처음에는 조금 힘들겠지만 반복하여 사용함으로써 익숙해지는 것이 필요합니다. vi는 기능이 정말 풍부한 편집기이기 때문에 이 책에서 충분히 다루는 것은 불가능합니다. 여기서는 서버구축 실습을 위해 최소한으로 알아야 할 내용만을 알아보도록 하겠습니다. vi를 더 공부하고 싶은 사람은 우선 터미널에서 vimtutor을 실행하여 따라해 보시기 바랍니다. 약 20~30분에 걸친 좋은 입문용 교육과정이 될 것입니다.

vi를 처음 실행한 많은 사람들이 불평하는 것이 프로그램이 실행된 후에 아무 반응을 보이지 않는다는 것입니다. 자판을 두르려도 아무 동작을 하지 않다가 어쩌다 보면 입력이 되다가해서 종잡을 수 없다고 합니다. 이는 vi의 동작모드에 대한 이해가 부족하기 때문에 생기는 일입니다. vi는 다음 <그림 4- 50>과 같이 동작합니다.

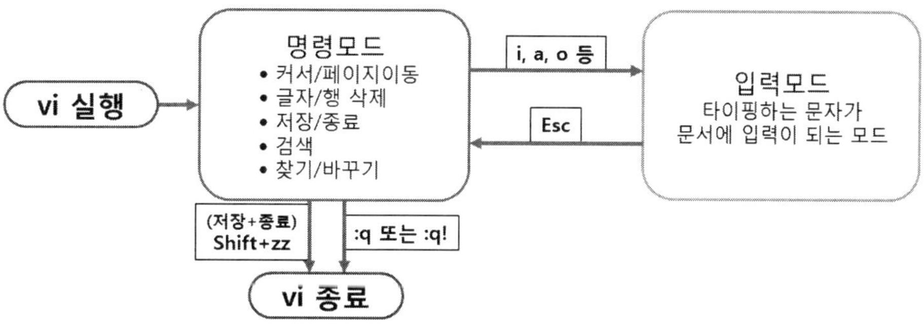

〈그림 4-50〉 vi의 동작모드

터미널에서 vi를 입력하여 편집기를 시작하면 vi는 명령모드에 있게 됩니다. 명령모드에서는 커서이동이나 글자나 행을 삭제하는 등의 작업을 할 수는 있지만 문서에 글자가 입력되지는 않습니다. 글을 입력하려면 명령모드에서 우선 i, a, o등의 키를 눌러 입력모드로 가라는 명령을 내려야 합니다. 그러면 입력모드로 바뀌어 타이핑을 하는대로 문서에 글자가 입력이 됩니다. 명령모드에서 입력모드로 가는 명령은 다음 <표 4-3>과 같습니다.

명령키	동작
a	현재 커서의 바로 다음 위치에서 문서입력을 시작합니다.
i	현재 커서 위치에서 문서입력을 시작합니다.
o	현재 커서 위치의 다음 줄에 새 행이 삽입되면서 그 행에서 문서입력을 시작합니다.

〈표 4-3〉 입력모드로 가는 명령들

입력모드에서 원하는 문장을 입력해 넣고 나면 이를 저장해야 하겠습니다. 일단 Esc를 눌러 명령모드로 갑니다. 명령모드에서 Shift+;, 즉 ':'을 입력하면 화면 맨 하단에 ':'와 커서가 나타납니다. 그곳에 "w 저장파일이름"을 입력하고 Enter↵를 누르면 지정한 저장파일이름으로 저장이 됩니다. 앞으로 이렇게 입력하는 것을 ":w 저장파일이름"을 입력하라고 표기할 것입니다. 종료를 하고 싶으면 명령모드에서 ":q"를 입력하면 vi는 종료됩니다. 그런데 이렇게 해도 종료가 되질 않고 '마지막으로 고친 뒤 저장되지 않았습니다'라는 경고 메시지가 나올 수도 있습니다. 이럴 때는 Enter↵를 누른 뒤 저장부터 하고 종료를 해야 합니다. 혹시 저장하지 않은 채로 종료하고자 할 때는 ":q!"를 입력하면 됩니다. 파일이름이 이미 지정되어 있고 저장과 종료를 동시에 하고 싶으면 ":wq"를 입력하면 됩니다. 명령모드에서 "Shift+z"를 연속해서 두 번 입력해도 ":wq"와 동일하게 저장한 후 종료를 하게 됩니다.

vi를 사용하다보면 문서의 행마다 번호가 나타나 있으면 좋겠다고 생각되는 때가 종종 있습니다. 행번호를 나타나게 하려면 ":set number"를 입력합니다. 어떤 번호의 행으로 이동하고 싶을 경우가 있을 것입니다. 이때는 ":행번호"를 입력합니다. 물론 행번호에는 정말 가기로 원하는 행의 번호를 넣어야 하겠지요. 예를 들어 124번 행으로 가고 싶으면 ":124"를 입력합니다.

명령모드에서 "/문자열"을 입력하면 문자열과 같은 부분을 모두 찾아 반전시킵니다. 즉, "/동양"을 입력하면 동양이라고 씌여진 부분은 모두 반전됩니다. 그리고 키보드 'n'을 누를 때마다 다음 동양을 찾아갑니다. 이전 동양을 찾아가려면 'Shift+n'을 누르면 됩니다.

이외에도 굉장히 많은 명령들이 있지만, 이 정도만 알고 있어도 약간 불편한대로 vi를 이용한 편집은 할 수 있을 것입니다. vi에 대한 나머지 상세한 참고는 리눅스나 페도라 자체를 다룬 서적들을 참고하시기 바랍니다.

4.7 명령 자동완성과 명령 히스토리

이 절에서는 리눅스 사용자에게 상당히 유용한 두 기능을 소개합니다. 명령 자동완성과 명령 히스토리입니다. 특히 서버 관리자에게는 특성상 터미널에서 명령어를 주로 사용하게 되는데 이때 명령어를 손쉽게 입력할 수 있도록 해 주는 기능들입니다.

명령 자동완성

이것은 터미널에서 명령을 입력할 때 명령어나 파일 혹은 디렉터리 이름을 전부 타이핑하는 것이 아니라 앞의 일부분만 입력하고 ⭾키를 누르면 명령해석기인 쉘이 나머지 부분을 완성해주는 기능입니다. 특히 길고 복잡한 파일이름을 입력해야 하는 경우에 유용합니다. 예를 들어 /home/servera에 만들어 놓은 error_message.txt 파일의 사용권한을 보고 싶을 경우 "ls -l error_message.txt"라고 입력해야 하는데 이 때 "ls -l e"+⭾을 하면 자동으로 "ls -l error_message.txt"를 만들어 줍니다. 참 좋은 기능이 아닐 수 없습니다. 이것은 편리하기도 하지만 타이핑실수로 인한 에러를 방지해 주기 때문에 사용하기를 권장하는 기능입니다. 그런데 "ls -l e"+[Tab]을 실행해도 자동으로 "ls -l error_message.txt"를 만들어 주지 못하는 경우가 생길 수 있습니다. 그 이유는 그 디렉터리 안에 'e'로 시작하는 다른 파일이나 디렉터리가 있기 때문일 것입니다. 예를 들면, effect.txt라는 파일이 있을 수도 있습니다. 쉘의 입장에서는 사용자가 error_message.txt를 원하는지 effect.txt를 원하는지 구별할 수 없으므로 자동완성을 시켜주지 못하겠지요. 이럴 때는 원하는 파일을 다른 파일과 구분할 수 있을 정도만 입력하고 [Tab]을 눌러주면 됩니다. 즉, "ls -l er"+[Tab]을 해주면 자동완성이 됩니다. 만약 error_protection.txt란 파일도 같은 디렉터리에 있는 상황이라면, "ls -l er"+[Tab]을 해주면 쉘은 "ls -l error_"까지를 자동완성해 줍니다. 이때는 m을 추가하여 "ls -l error_m"으로 해 준 뒤 [Tab]을 해주면 자동완성이 됩니다. 만약 [Tab]을 눌렀는데 앞부분이 중복되는 파일이 존재하여 자동완성이 안될 경우에는 [Tab]을 한 번 더 눌러주면 앞부분이 중복되는 파일들의 이름을 모두 보여줍니다. 이 목록을 보면서 어느 문자까지 타이핑을 하고 [Tab]을 누를 것인지 결정하면 좋을 것입니다.

명령 히스토리

터미널을 띄워 작업을 하다보면 조금 전에 사용했던 명령을 다시 입력해야 할 경우가 종종 발생합니다. 또는 그와 유사한 명령을 이용해야 할 경우는 더욱 많습니다. 이럴 때 전에 실행한 명령을 다시 가져올 수 있다면 좋겠지요? 터미널에서 화살표 상하 이동키 [↑]와 [↓]를 이용하면 지난 명령을 다시 불러올 수 있습니다. 지난 명령을 불러와서 화살표 좌우 이동키 [←]와 [→]로 커서를 이동시킨 후 일부분을 수정할 수도 있습니다. 아주 편리한 기능입니다. 또 <그림 4-51>과 같이 "history <u>명령개수</u>"로 지난 명령을 원하는 수만큼 불러 오고 "!<u>명령번호</u>"로 그 중 원하는 것을 실행할 수도 있습니다.

```
[servera@ServerA ~]$ history 3  [Enter↵]
  597  ls -l
  598  cd testdir
  599  history 5
[servera@ServerA ~]$ !598  [Enter↵]
cd testdir
[servera@ServerA testdir]$
```

〈그림 4-51〉 history로 지난 명령 실행

제5장 수퍼유저로 페도라 관하기

이 장에서 다루는 내용

○ 패키지 관리하기
○ 사용자 관리하기
○ 파일시스템 관리하기
○ 프로세스 관리하기
○ 네트워크 관리하기
○ 서버관리의 기초지식

이 장의 목표

이 장을 마치고 나면 다음의 능력들을 갖게 될 것입니다.

· 일반 사용자에서 root 계정으로 로그인할 수 있습니다.
· rpm과 yum 명령을 통해 소프트웨어 패키지들을 설치/삭제/업데이트 할 수 있습니다.
· 사용자 계정을 생성하고 패스워드를 설정할 수 있습니다.
· 사용자가 속한 그룹을 변경할 수 있습니다.
· 파일의 소유권을 변경할 수 있습니다.
· 파일시스템이 무엇인지 설명할 수 있습니다.
· 하드디스크의 파티션 목록을 볼 수 있습니다.
· 시스템에 마운트된 파일시스템 목록을 볼 수 있습니다.
· mount 및 umount 명령을 사용해 파일시스템의 마운트와 언마운트를 할 수 있습니다.
· 현재 실행중인 프로세스의 목록을 볼 수 있습니다.
· 실행중인 프로세스 중 필요하지 않은 것을 강제종료 할 수 있습니다.
· 네트워크 서비스를 시작/중지 할 수 있습니다.
· 특정 네트워크 인터페이스를 활성화/비활성화 할 수 있습니다.
· 특정 네트워크 인터페이스의 정보를 볼 수 있습니다.
· 특정 네트워크 인터페이스의 정보를 설정할 수 있습니다.
· 데몬유형과 xinetd유형의 서버프로그램을 설명할 수 있습니다.
· 데몬을 시작/중지 할 수 있습니다.
· 데몬을 자동실행하도록 설정할 수 있습니다.

5.1 수퍼유저로 로그인

ServerA를 시작하면 페도라의 사용자목록이 있는 로그인화면이 나옵니다. 하지만 그곳에는 servera 사용자만 있지 root 사용자는 없습니다. 목록에 없으면 로그인을 어떻게 할까요? 계정이 목록 중에 보이지 않는다면 목록의 '기타'를 누릅니다. 그러면 '사용자 이름' 즉, id를 직접 입력할 수 있게 됩니다. 여기에 "root"를 입력합니다. [로그인]을 누릅니다. 암호를 입력합니다. [로그인]을 누릅니다. 그런데 정확하게 암호를 입력했지만 '사용자를 인증할 수 없습니다.'라는 메시지와 함께 로그인에 실패합니다. 왜 그럴까요? 그것은 PAM(Pluggable Authentication Module)이라는 보안 프로그램이 보안상 root의 로그인을 금지했기 때문입니다.

여기에서 두 개의 질문이 떠오릅니다. 첫째는, root가 로그인을 못하면 시스템관리는 어떻게 하라는 것인까요? 둘째는, 텍스트 모드에서 동작하는 ServerB에서는 root로 로그인을 할 수 있는데 왜 X윈도우의 GUI환경에서는 안된다는 것인가요?

답변은 이렇습니다. 첫째는, 일단 일반 사용자로 로그인하여 터미널에서 루트사용자로 로그인한 후 시스템관리 관련작업을 합니다. 둘째는, ServerB에서 로그인하는 것은 첫째 질문에 대한 답에서와 마찬가지로 터미널에서 로그인 하는 것이므로 괜찮습니다. 왜 괜찮냐고요? 터미널에서 root가 로그인하는 것이 괜찮다고 하기 보다는 GUI환경으로 root가 로그인하는 것이 너무 위험하기 때문에 root는 텍스트 환경이 터미널에서만 로그인을 허락한다고 하는 것이 맞겠습니다. 수퍼유저는 막강한 권한을 가지고 있습니다. 그래서 작업을 할 때 항상 정신을 차리고 자신이 지금 하려고 하는 일이 무엇인지 명확하게 인식한 상태에서 일을 해야 합니다. 그런데 GUI환경에서는 손쉽게 착각하여 버튼을 잘 못 눌러버릴 위험이 있습니다. 또 root로 데스크탑환경으로 로그인 해 놓은 상태에서 실수로 마우스 버튼이 눌리게 되면 그로 인해 예기치 않은 동작이 실행되어 큰 잘못된 결과가 초래될 수도 있습니다. 반면 텍스트모드에서는 정확하게 명령어를 인수들과 함께 타이핑해 주어야 하니 무의식적은 순간의 실수로 심각한 결과가 생기기는 어렵습니다. 따라서 root계정은 반드시 텍스트모드의 터미널에서 로그인하여 사용하기 바랍니다.

그럼에도 불구하고 root사용자로 GUI환경의 데스크탑을 이용하는 일이 불가능하지는 않습니다. 데스크탑 환경으로의 root의 로그인을 막고 있는 PAM의 설정파일에서 root의 로그인을 막는 부분만 수정하면 되기 때문입니다. 하지만 그렇게 하는 것은 편리하긴 하지만 별로 좋지 않은 방법이라고 생각합니다. 조금 불편하더라도 일반 사용자로 로그인하여 터미널에서 root 사용자로 로그인하는 방법에 익숙해지도록 하는 것이 좋겠습니다.

서론이 길었습니다. 이제 일단 servera 사용자로 로그인하여 터미널을 실행시킵니다. 터미널에서 다음과 같이 입력합니다. 'su' 뒤에 한 칸을 띄고 '-'를 입력합니다.

```
[servera@ServerA ~]$ su -  Enter↵
암호:
[root@ServerA ~]# whoami  Enter↵
root
[root@ServerA ~]# pwd  Enter↵
/root
[root@ServerA ~]#
```

〈그림 5-1〉 root사용자로 로그인하기

바로 다음 줄에 암호를 물어보는데 여기에는 물론 root 계정의 암호를 입력합니다. 암호가 정확히 맞으면 곧 프롬프트가 나오는데 사용자 id를 보면 root로 바뀌어 있는 것을 확인할 수 있습니다. "whoami"를 입력하여 현 상태의 계정 id를 출력하면 당연하지만 'root'라고 나옵니다. 또한 "pwd"를 입력하면 '/root'라고 나옵니다. root사용자의 홈디렉터리가 '/root'라고 했지요? 또 한 가지 차이는 프롬프트의 마지막 문자입니다. 일반 사용자로 로그인한 경우는 프롬프트의 마지막 문자가 '$'인데 root사용자로 로그인하면 '#'이 됩니다. 이 문자만 봐도 자신이 현재 일반사용자인지 수퍼유저인지 알 수 있습니다. 프롬프트에 '#'가 있을 경우는 막강한 파워를 가진 상태이므로 항상 신중히 작업에 임해야 하겠습니다.

앞으로 ServerA에서는 항상 이렇게 servera사용자로 데스크탑환경에 로그인한 뒤 터미널에서 root사용자로 로그인하여 작업하도록 합니다. 때로는, 'su'만 입력해도 root사용자로 로그인이 되는데 왜 'su -'로 조금이나마 복잡하게 명령을 입력하냐는 질문을 받습니다. 'su'를 이용해 root로 바꾸면 로그인 id는 분명 root이지만 사용자 환경설정은 root것이 아니라 servera의 것이 그대로 유지됩니다. 예를 들어 시스템 관리자만이 쓸 수 있는 명령들이 따로 있으므로 일반사용자의 PATH와 root의 PATH는 다릅니다. 따라서 'su'를 이용하여 root로 로그인하면 시스템 관리자로서 사용해야 하는 명령들을 실행하기에 상당히 불편해 질 수 있습니다. 때문에 진정한 root사용자의 환경을 가지고 작업하려면 'su -'명령으로 로그인 해야만 합니다.

5.2 소프트웨어 패키지 관리

소프트웨어 패키지 관리란 쉽게 말해 페도라에 소프트웨어를 설치, 업데이트, 제거하는 관리업무를 말하는 것입니다. 소프트웨어 설치라는 것은 매우 복잡하고 어려운 과정이었습니다. 과거에는 대개 소프트웨어를 배포자로부터 소스(source)상태로 다운로드하여 그 환경 설정을 내 컴퓨터 하드웨어와 운영체제의 상황에 맞추어 변경하고 컴파일을 하는 작업부터 시작하여 설치하는 작업을 직접 해야만 했습니다. 그 과정 중에 라이브러리가 맞지 않는 문제 등이 발생하면 그 라이브러리를 구하러 찾고 설치하는 작업을 해야만 했습니다. 하지만 이제는 리눅스도 Windows시스템처럼 소프트웨어를 설치하는 작업이 매우 쉬워졌습니다. 과거에 소스상태로 배포되던 것이 이제는 대부분 패키지라는 형태로 배포가 되어 설치명령을 이용해 손쉽게 설치하게 된 것입니다.

Fedora의 경우는 레드햇사에서 만든 RPM이라는 패키지 형식을 이용합니다. RPM이란 원래 RedHat Package Manager를 의미하는 것이었지만 지금은 RPM Package Manager의 줄임말이라고 말하고 있습니다. RPM 패키지를 관리하는 명령은 rpm과 yum의 두 가지입니다.[12] rpm은 주로 자신의 하드디스크나 CD/DVD에 있는 rpm패키지를 설치하고자 할 때 사용합니다. 특정 패키지가 설치되어 있는지 확인할 때도 사용합니다. 또한 이미 설치된 패키지를 제거하는데 사용할 수도 있습니다. yum은 온라인 저장소(repository)[13]에서 패키지를 다운로드하여 설치합니다. yum이 rpm에 비해서 몇 가지 우수한 점이 있는데 그것은 다음과 같습니다. 첫째, 의존성 문제가 있는 패키지도 알아서 문제를 해결하여 설치해 줍니다. A라는 소프트웨어가 실행될 때 B라는 소프트웨어를 이용한다면, A를 설치하기 위해서는 B가 먼저 설치되어 있어야 합니다. 이때 A는 B에 의존한다고 말합니다. 그리고 이와 같은 관계를 의존성(dependency)라고 합니다. 이때 B가 설치되어 있지 않다면 rpm은 의존성 문제 때문에 B를 설치할 수 없다고 말하며 종료합니다. 하지만 yum은 B를 찾아서 먼저 설치하고 A를 설치해 줍니다. 둘째, 온라인 저장소에서 패키지를 다운받아 설치하기 때문에 대개는 가장 최신버전의 패키지를 설치하게 됩니다. 보통 rpm의 경우는 CD/DVD에 있는 패키지를 설치하게 되는데 yum은 그 버전의 페도라 출시 이후에 업데이트된 패키지를 설치할 가능성이 매우 큽니다. 하지만 패키지의 설치여부를 알아본다든지 이미 가지고 있는 패키지를 설치한다든지 하는 경우는 rpm을 사용하는 것이 편리합니다. 그럼 먼저 rpm 패키지 파일의 명명법부터 알아보고 rpm과 yum 명령어를 보도록 하겠습니다.

---

12) rpm은 '알피엠'이라고 읽고, yum은 '염'이라고 읽습니다.
13) repository란 지식이나 정보를 모아놓고 공유하게 만들어 놓은 저장소를 의미합니다. 여기에서는 RPM 패키지들을 모아놓은 저장소를 말하는 것입니다.

rpm 패키지 파일 명명법

앞 장에서 알아본 문서편집기 중 GUI를 갖는 gedit라는 편집기가 있었습니다. 페도라 11의 설치 DVD에 포함된 gedit의 rpm 패키지 파일의 이름은 gedit-2.26.1-1.fc11.i586.rpm입니다. 꽤 복잡하지요? 이 이름의 의미를 알아보겠습니다. <그림 5-2>을 이용하여 그 이름에 대한 설명을 살펴보겠습니다.

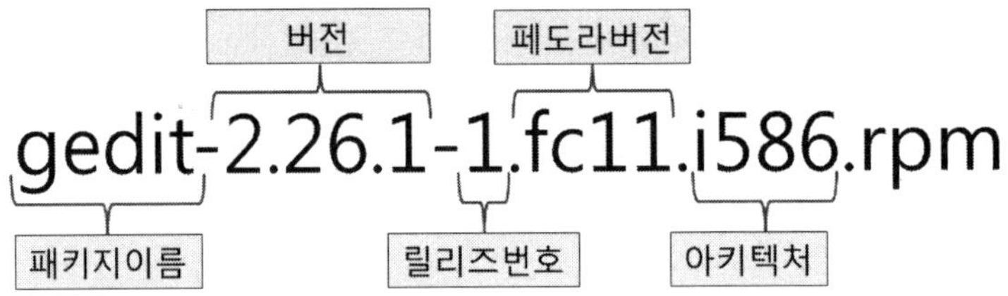

〈그림 5-2〉 rpm 패키지 **파일이름**의 예

제일 먼저 나오는 것이 패키지이름입니다. '**패키지 이름**'과 '**패키지 파일이름**'은 꼭 구별해서 말할 수 있어야 합니다. <그림 5-2>의 패키지 파일의 **패키지 이름**은 'gedit'입니다. 'gedit-2.26.1-1.fc11.i586.rpm' 전체는 **패키지 파일이름**이라고 합니다. 이 둘을 혼동해서는 안 됩니다. 예를 들어, gedit RPM 패키지 중에는 gedit-2.15.9-1.fc6.x86_64.rpm라는 패키지 파일도 있습니다. gedit-2.15.9-1.fc6.x86_64.rpm의 패키지 이름도 역시 gedit입니다.

다음은 버전입니다. 버전은 대개 '.'으로 구분된 3개의 숫자로 되어 있습니다. 앞에서부터 주버전, 부버전 그리고 패치버전입니다. 예에서는 주버전이 2, 부버전이 26, 그리고 패치버전이 1이 됩니다. 숫자가 높을수록 최신의 버전이라는 것은 당연하겠죠.

버전 다음에 '-'를 지나서 나오는 숫자가 릴리즈번호입니다. 이것은 같은 버전 안에서 문제점을 개선할 때 마다 붙여져 나오는 것입니다.

그 다음은 페도라버전입니다. 예에서는 페도라 11에 맞게 만들어진 것이라고 말하고 있는 것입니다. 자신의 페도라와 맞는 페도라버전의 rpm을 설치하기를 권장합니다.

아키텍처는 어떤 cpu를 가지고 있는 시스템에 설치해야 하는가를 말해주는 것입니다. 'i586'은 펜티엄 이상의 Intel 및 AMD cpu를 사용하는 시스템에 설치할 수 있다는 것입니다. 'i386'은 386 이상의 Intel 및 AMD cpu를, 'i686'은 펜티엄 프로 이상의 Intel 및 AMD cpu를 말합니다. 또한 'x86_64'는 64비트를 지원하는 Intel 및 AMD cpu를 갖는 시스템에 64비트 버전의 리눅스를 설치했을 경우에 설치해야 합니다. 또 'noarch'라는 것은 cpu의 종류에 관계없이 설치할 수 있다는 의미입니다.

rpm으로 패키지 설치하기

rpm은 rpm패키지를 관리하는 명령인데 이름이 rpm패키지를 의미하기도 하지요. 패키지를 설치하고자 할 때는 install을 의미하는 i를 옵션으로 갖는 "rpm -i <u>패키지파일이름</u>"으로 실행합니다. 인수가 패키지 이름이 아니라 패키지**파일** 이름이라는 것에 유의하시기 바랍니다. gedit-2.26.1-1.fc11.i586.rpm 패키지를 설치하려면 다음과 같이 하면 됩니다.

```
[root@ServerA ~]# rpm -i gedit-2.26.1-1.fc11.i586.rpm  Enter↵
```

〈그림 5-3〉 rpm으로 패키지 설치하기

이 명령이 성공하기 위해서는 gedit-2.26.1-1.fc11.i586.rpm 패키지가 미리 '/root'에 준비되어 있어야 한다는 것은 다 아시지요?

만약 이미 gedit이 설치되어 있고 현재 설치된 것보다 높은 버전의 rpm을 구해서 설치하려고 한다면 업그레이드하게 되는 것이므로 upgrade의 u를 따와서 -U라고 옵션을 줍니다. 하지만 이때는 U가 대문자임에 유의하기 바랍니다. 현재 시스템에 gedit이 2.26.1보다 낮은 버전이 설치되어 있는 경우 gedit-2.26.1-1.fc11.i586.rpm을 설치하려면 <그림 5-4>와 같이 합니다.

```
[root@ServerA ~]# rpm -U gedit-2.26.1-1.fc11.i586.rpm  Enter↵
```

〈그림 5-4〉 rpm으로 패키지 업데이트하기

그런데 <그림 5-4>와 같이 명령을 내렸는데 그전에 gedit가 설치되지 않은 상태였다면 어떻게 될까요? 네, 아무 문제 없습니다. 그런 경우라면 마치 -i옵션을 준 것처럼 잘 설치해 줍니다. 그러니까 항상 -U옵션을 사용하더라도 문제가 없겠습니다.

설치과정 중의 진행에 관련된 메시지가 보고 싶다면 '-v'옵션을 추가하면 됩니다. v는 verbose라는 단어를 의미하는데 이는 '말이 많은'이라는 뜻입니다. 또 설치진행정도에 따라 해시(hash, '#') 표시를 찍어줄 수도 있는데 이렇게 하면 설치에 시간이 많이 걸리는 경우

혹시라도 시스템이 정지하지 않았나하는 불안한 생각을 하지 않아도 되어서 좋습니다. 해시표시를 하라는 옵션은 '-h'입니다. 여러 옵션을 같이 사용할 때는 '-'뒤에 연속해서 써주면 됩니다.

따라서 패키지 설치시에는 "rpm -ivh gedit-2.26.1-1.fc11.i586.rpm" 또는 "rpm -Uvh gedit-2.26.1-1.fc11.i586.rpm"라고 사용하면 좋을 것입니다.

rpm으로 패키지 제거하기

설치된 패키지를 제거하고 싶으면 erase의 e를 옵션으로 하여 "실행하면 됩니다. "rpm -e 패키지이름"으로 실행합니다. 인수가 패키지파일 이름이 아니라 그냥 패키지이름이라는 것에 유의하시기 바랍니다. 만약 설치된 gedit 패키지를 제거하고 싶다면 <그림 5-5>와 같이 입력하면 됩니다.

```
[root@ServerA ~]# rpm -e gedit  Enter↵
```

〈그림 5-5〉 rpm으로 패키지 제거하기

그렇다면 설치 시에는 패키지파일 이름을 사용하고 제거 시에는 패키지이름을 사용한다는 것인데 왜 그럴까요? 설치할 경우에는 패키지이름만 지정할 경우 설치에 혼란이 올 수 있습니다. 만약 디렉터리에 gedit-2.26.3-1.fc11.i586.rpm과 gedit-2.26.1-1.fc11.i586.rpm이 모두 있을 경우에 "rpm -ivh gedit"이라고 명령을 내리면 rpm은 두 개 중에서 어떤 것을 설치해야 할까요? 사용자가 버전이 낮은 것을 일부러 설치하는 경우도 있을 것이니 말입니다. 컴퓨터에게는 모호한 일을 시켜서는 안됩니다. 따라서 설치할 때는 파일이름을 모두 명시해야 하는 것이 당연합니다. 한편, 제거 시에는 이미 설치된 gedit는 굳이 버전등의 상세내용을 명시하지 않아도 설치되어 있는 바로 그것을 제거할 것입니다. 따라서 패키지이름만 사용해도 아무런 문제가 되질 않는 것입니다. 그렇겠죠?

rpm으로 패키지의 설치여부 알아보기

설치하려고 하는 패키지가 설치되어 있는지 알고 싶은 경우가 빈번히 발생합니다. 이때는 물어본다는 의미의 query의 q를 옵션으로 하고 패키지이름을 인수로 해서 실행하면 됩니다. 즉, "rpm -q 패키지이름"으로 실행합니다. 역시 인수가 패키지파일 이름이 아니라 그냥 패키지이름이라는 것에 유의하시기 바랍니다. 이미 설치되어 있는 것에 대해 무엇인가 한다면 파일이름을 다 써 줄 필요가 없다는 거 아시지요?

```
[root@ServerA ~]# rpm -q gedit  Enter↵
gedit-2.26.1-1.fc11.i586
[servera@ServerA ~]$ rpm -q bind  Enter↵
bind 패키지가 설치되어 있지 않습니다
[servera@ServerA ~]$
```

〈그림 5-6〉 rpm으로 패키지 설치여부 알아보기

그런데 때로는 패키지의 이름을 확실하게 알지 못하는 경우가 있습니다. 예를 들면 gedit라는 패키지이름 중에 edit만 생각난다고 가정해 봅니다. 그래서 edit만을 이용해서 물어보면 잘못된 답이 돌아오게 됩니다.

```
[root@ServerA ~]# rpm -q edit  Enter↵
edit 패키지가 설치되어 있지 않습니다
[servera@ServerA ~]$
```

〈그림 5-7〉 rpm으로 패키지 설치여부 알아보기

패키지이름의 일부만 생각나는 경우는 어떻게 그 패키지가 설치되어 있는지 물어볼 수 있을까요? 일단 모든 패키지에 대해 물어보는 옵션인 -qa를 이용해서 rpm을 실행해 봅니다. 이때 인수는 필요하지 않습니다. 즉, "rpm -qa"라고 실행합니다. 출력이 엄청나지요? 이것은 설치되어 있는 모든 패키지의 목록을 표준출력으로 내보냅니다. 자 이제 어떻게 할까요? 앞에서 배운 grep을 이용합니다. grep은 특정한 문자열이 있는 문장만을 보여주는 필터지요. "rpm -qa"의 출력을 grep의 입력으로 넣어주면 됩니다. 물론 이때 "grep edit"라고 필터링할 문자열을 인수로 넣어주어야 하겠지요. 한 명령의 출력을 다른 명령의 입력으로 넣어주는 것은 무엇입니까? 네, 파이프입니다. 그러니까 "rpm -qa | grep edit"라고 명령을 내리면 될 것입니다.

```
[servera@ServerA ~]$ rpm -qa | grep edit  Enter↵
gedit-2.26.1-1.fc11.i586
libedit-2.11-3.20080712cvs.fc11.i586
[servera@ServerA ~]$
```

〈그림 5-8〉 패키지이름의 일부만 알 경우 설치여부 알아보기

yum으로 패키지 설치하기

우선 rpm으로 패키지를 설치하는 실습을 하나 더 해 보겠습니다. CD/DVD 드라이브에 'Fedora 11 i386 DVD' 이미지를 연결시키기 바랍니다. 만약 현재 바탕화면에 DVD디스크 모양의 아이콘이 있는데 그 아이콘의 이름이 'Fedora 11 i386 DVD'가 아니라면 우선 터미널에서 "eject"명령을 입력하여 바탕화면의 DVD아이콘을 없애 줍니다. 그리고 페도라의 하단패널의 휴지통아이콘의 아래, 즉 ServerA창의 오른쪽 아래 부분을 보면 하드디스크, DVD디스크, USB, 네트워크의 아이콘이 차례로 놓여있는 것이 보일 것입니다. 그 중 DVD 디스크 위에 마우스를 위치하고 오른쪽 버튼을 눌러 메뉴를 나오게 합니다. 거기에서 'Fedora-11-i386-DVD.iso'를 선택합니다.

〈그림 5-9〉 페도라설치DVD선택

바탕화면에 DVD모양의 아이콘이 생기면서 그 아래 'Fedora 11 i386 DVD'라고 쓰여 있으면 성공입니다. 페도라 설치 DVD가 성공적으로 마운트된 것입니다. 페도라에서는 자동 마운트의 경우에 외부 데이터매체는 '/media' 아래에 그 매체의 타이틀로 마운트가 됩니다. 따라서 페도라 설치 DVD는 '/media/Fedora 11 i386 DVD'라는 디렉터리에 마운트가 되었을 것입니다. 페도라 설치 DVD에서 패키지들은 Packages라는 디렉터리에 모여 있습니다. 이제 페도라 설치 DVD에서 패키지 중에서 mysql-server-5.1.32-1.fc11.i586.rpm이라는 패키지를 rpm을 이용해 설치해 봅니다.

```
[root@ServerA ~]# cd cd /media/Fedora\ 11\ i386\ DVD/Packages/  Enter↵
[root@ServerA Packages]# rpm -i mysql-server-5.1.32-1.fc11.i586.rpm  Enter↵
오류: Failed dependencies:
        mysql = 5.1.32-1.fc11 is needed by mysql-server-5.1.32-1.fc11.i586
        perl(DBI) is needed by mysql-server-5.1.32-1.fc11.i586
        perl-DBD-MySQL is needed by mysql-server-5.1.32-1.fc11.i586
        perl-DBI is needed by mysql-server-5.1.32-1.fc11.i586
[root@ServerA Packages]#
```

〈그림 5-10〉 rpm의 의존성 문제

실행을 하니 오류가 나며 설치가 실패합니다. 오류의 이유는 바로 의존성이 해결되지 않았다는 것입니다(Failed dependencies). mysql-server-5.1.32-1.fc11.i586.rpm은 5.1.32-1.fc11버전의 mysql패키지와 perl(DBI), perl-DBD-MySQL, perl-DBI 패키지들을 필요로 하는데 그 패키지들이 설치되어 있지 않아 설치할 수 없다는 것입니다.이 문제를 해결하기 위해서는 해당 mysql패키지와 perl(DBI), perl-DBD-MySQL, perl-DBI 패키지들을 먼저 설치하고 mysql-server-5.1.32-1.fc11.i586.rpm을 설치해야 합니다. 불편합니다. 게다가 만약, 다른 패키지를 먼저 설치할 때 또 이런 의존성 문제가 나오면 정말 불편하겠지요. 그리고 무엇보다도 rpm은 rpm파일이 미리 준비되어 있어야 하는데 페도라설치 DVD에 들어있지 않은 패키지가 필요하다면 또 어떻게 할까요? 불편한 문제가 많지요? 이런 문제를 해결하면서 등장한 것이 yum입니다. yum은 온라인 저장소를 사용하므로 인터넷만 된다면 rpm파일을 미리 준비할 필요가 없습니다. 또 필요한 모든 패키지를 자동으로 설치하여 의존성문제를 해결한 것입니다.

```
[root@ServerA ~]# yum install mysql-server  [Enter↵]
Loaded plugins: refresh-packagekit
Setting up Install Process
Resolving Dependencies

  // 중략: 이 부분에는 의존성을 해결하는 과정이 있습니다...

================================================================================
 Package              Arch        Version               Repository         Size
================================================================================
Installing:
 mysql-server         i586        5.1.47-1.fc11         updates            11 M
Installing for dependencies:
 mysql                i586        5.1.47-1.fc11         updates            1.1 M
 perl-DBD-MySQL       i586        4.010-1.fc11          fedora             171 k
 perl-DBI             i586        1.607-2.fc11          fedora             782 k
Updating for dependencies:
 mysql-libs           i586        5.1.47-1.fc11         updates            2.1 M
Transaction Summary
================================================================================
Install      4 Package(s)
Update       1 Package(s)
Remove       0 Package(s)

Total download size: 15 M
Is this ok [y/N]:
```

〈그림 5-11〉 의존성 문제를 해결한 yum을 통한 설치

"yum install 패키지이름"의 형식으로 설치 명령을 내리니 스스로 의존성문제를 모두 해결하고 4개의 패키지를 설치하고 1개의 패키지는 업데이트하겠다고 합니다. <그림 5-11>의 마지막 줄에서 y를 입력하면 설치가 진행될 것입니다. 여기서는 지금 설치할 이유는 없기 때문에 N를 입력해서 일단 설치는 빠져 나옵니다. 설치 명령의 인수로서 rpm과는 달리 패키지이름을 사용하는 것에 유의하기 바랍니다. yum은 항상 현 페도라 버전에 맞는 최신 버전으로 설치를 하기 때문에 패키지이름 외의 정보는 필요로 하지 않습니다. 중간에 물어보는 것이 귀찮다면 "yum -y install 패키지이름"의 형식으로 입력하면 설치완료까지 그대로 진행합니다.

yum으로 패키지 제거하기

패키지를 제거할 때는 "yum remove 패키지이름"의 형식으로 입력합니다.

yum으로 로컬 rpm 패키지 설치하기

yum은 항상 최신 버전을 설치한다고 하였습니다. 그런데 때로는 저장해 놓은 특별한 버전의 패키지를 설치하고 싶을 경우가 있습니다. 그런데 이를 rpm으로 설치하려고 하니 의존성 문제가 나와 일이 귀찮아지면 어떻게 할까요? 이런 경우를 위해 yum이 로컬에 저장된 rpm을 설치하는 옵션도 가지고 있습니다. 앞의 예제에서 mysql-server 5.1.32 버전을 설치하려고 했는데 yum은 자동으로 최신인 5.1.47 버전의 mysql-server를 설치했습니다. 하지만 사용자가 5.1.32 버전을 꼭 설치하고 싶다면 localinstall 옵션을 이용하면 됩니다. "yum localinstall mysql-server-5.1.32-1.fc11.i586.rpm" 그런데 반드시 디렉터리에 해당 rpm 파일이 준비되어 있어야 합니다. 의존성 때문에 필요한 패키지들은 yum이 온라인 저장소에서 가지고 옵니다.

5.3 사용자 관리

사용자 추가하기

사용자를 추가하는 것은 서버관리자로서는 아주 필수적인 작업 중의 하나입니다. 새 사용자를 추가하기 위해서는 터미널에서 "useradd 새사용자id"를 입력합니다. "adduser 새사용자id"라고 해도 같은 결과를 보여주지만 adduser보다 useradd를 사용하는 것이 좋습니다. 그 이유는 다음과 같이 알아봅니다.

```
[root@ServerA ~]# which adduser  Enter↵
/usr/sbin/adduser
[root@ServerA ~]# ls -l /usr/sbin/adduser  Enter↵
lrwxrwxrwx. 1 root root 7 2011-02-07 00:51 /usr/sbin/adduser -> useradd
[root@ServerA ~]#
```

〈그림 5-12〉 adduser와 useradd

adduser를 ls -l로 보니 '/usr/sbin/adduser -> useradd'라고 되어 있습니다. 이것은 심볼릭 또는 소프트 링크라고 하는 것인데 실제 adduser는 실행파일이 아니고 useradd가 연결되어 있는 링크이기 때문에 adduser를 호출하면 useradd가 호출되어 일을 처리하게 되는 것입니다. 그러므로 useradd가 '진짜'지요. 또한 사용자를 지우는 명령에는 userdel만 있고 deluser는 없습니다. 그러므로 앞으로는 useradd와 userdel을 기억하시기 바랍니다.

user1이라는 사용자를 만들어봅니다. <그림 5-13>과 같이 입력하면 됩니다.

```
[root@ServerA ~]# useradd user1  Enter↵
```

〈그림 5-13〉 user1 사용자 생성

그리고 터미널을 한 개 추가로 엽니다. 이 터미널은 servera 사용자로 로그인되어 있어야 합니다. 일반 사용자에서 root로 로그인할 때 터미널에서 "su -"라고 입력했습니다. 그런데 "su - 사용자id"라고 입력하면 지정한 사용자로 로그인하게 됩니다. servera 사용자의 터미널에서 user1으로 로그인해 봅니다.

```
[servera@ServerA ~]$ su - user1  Enter↵
암호:  Enter↵
su: incorrect password
[servera@ServerA ~]$
```

〈그림 5-14〉 user1 암호설정전 로그인시도

아직 암호를 만들지 않았기 때문에 암호를 묻는 단계에서 그냥 Enter↵ 를 입력하였습니다. 결과는 암호가 올바르지 않다는 것입니다. 계정생성이 잘 안된 것일까요?

```
[root@ServerA Packages]# su - user1  Enter↵
[user1@ServerA ~]$ whoami  Enter↵
user1
[user1@ServerA ~]$
```

〈그림 5-15〉 root에서 user1으로 로그인

root로부터는 암호입력도 없이 로그인이 잘됩니다. 어떻게 된 것일까요? 사용자를 생성하고 나서 암호를 만들지 않으면 로그인시 암호로 입력한 값과 비교할 원본이 존재하지 않아 로그인을 할 수 없게 됩니다. 하지만 root는 원래 암호입력없이 다른 사용자로 로그인할 수 있기 때문에 암호를 설정하지 않은 사용자 계정으로도 로그인이 가능한 것입니다. 그럼 이제 user1 사용자의 암호를 설정하도록 하겠습니다. 암호는 servera 사용자와 마찬가지로 "dytc1234"로 하겠습니다.

```
[root@ServerA Packages]# passwd user1 Enter↵
user1 사용자의 비밀 번호 변경 중
새 암호: (암호입력후) Enter↵
새 암호 재입력: (암호입력후) Enter↵
passwd: 모든 인증 토큰이 성공적으로 업데이트 되었습니다.
[root@ServerA ~]#
```

〈그림 5-16〉 user1 사용자의 암호 생성

이렇게 하여 시스템 관리자가 user1 사용자의 암호를 설정해주면 user1 사용자는 첫 로그인에 암호를 다시 자기만 아는 다른 것으로 바꿔야 합니다. 어떤 시스템 관리자는 이것을 강제로 하도록 설정해 놓기도 합니다. 하지만 우리는 편의상의 이유로 변경 없이 그대로 쓰도록 하겠습니다. 다시 servera의 터미널에서 user1으로 로그인합니다.

```
[servera@ServerA ~]$ su - user1 Enter↵
암호: (암호입력후) Enter↵
[user1@ServerA ~]$ pwd Enter↵
/home/user1
[user1@ServerA ~]$ whoami Enter↵
user1
[user1@ServerA ~]$
```

〈그림 5-17〉 user1 암호 생성 후 로그인

사용자 그룹 관리하기

user1 사용자는 어떤 그룹에 속해 있는지 궁금합니다. groups 명령으로 특정 사용자가 속한 그룹을 알아볼 수 있습니다.

```
[servera@ServerA ~]$ groups user1 Enter↵
user1 : user1
[user1@ServerA ~]$ groups root Enter↵
root : root bin daemon sys adm disk wheel
[user1@ServerA ~]$
```

〈그림 5-18〉 user1 암호 생성 후 로그인

servera 사용자의 그룹은 무엇일까요? 확인해 보시기 바랍니다. 네, servera지요. servera나 user1이나 그냥 일반 사용자이니 이들을 일반 사용자들이라는 의미의 gusers라는 그룹으로 묶으면 좋겠습니다. 먼저 gusers라는 그룹을 생성합니다.

```
[root@ServerA ~]# groupadd gusers Enter↵
```

〈그림 5-19〉 gusers 그룹 생성

그리고 user1 사용자의 그룹을 gusers로 바꾸어 줍니다. "id 사용자id"를 사용하면 groups 명령보다 상세한 정보를 볼 수 있습니다.

```
[root@ServerA ~]# usermod -g gusers user1 Enter↵
[root@ServerA ~]# id user1 Enter↵
uid=501(user1) gid=502(gusers) groups=502(gusers)
```

〈그림 5-20〉 user1의 그룹을 gusers로 변경

필요 없게 된 user1그룹은 삭제합니다.

```
[root@ServerA ~]# groupdel user1 Enter↵
```

〈그림 5-21〉 user1 그룹 삭제

같은 방법으로 servera 사용자의 그룹도 gusers로 변경하고 servera 그룹은 삭제하기 바랍니다. 현재 gusers 그룹의 gid는 502입니다. 이를 500으로 바꾸어 주고 싶습니다.

```
[root@ServerA ~]# groupmod -g 500 gusers Enter↵
[root@ServerA ~]# id user1 Enter↵
uid=501(user1) gid=500(gusers) groups=500(gusers)
```

〈그림 5-22〉 gusers 그룹의 gid 변경

파일 소유권 변경하기

파일에는 소유권이 있다는 것을 사용권한을 공부하면서 알았습니다. 소유자와 소유그룹이 지정되어 있어서 그 외 다른 사용자들과는 그 파일에 대한 사용권한이 다르게 지정될 수 있다는 것을 우리는 이미 알고 있습니다. 그렇다면 파일의 소유권을 바꿀 수도 있을까요? 지금부터 해 보도록 합니다. 먼저 servera 사용자로 로그인하여 vi를 이용해 ownership.txt파일을 만들어 주겠습니다. 내용은 아무 문장이나 한 줄 정도 입력하세요. 만든 뒤 "ls -a ownership.txt"를 해 봅니다.

```
[servera@ServerA ~]$ vi ownership.txt  Enter↵
[servera@ServerA ~]$ ls -l ownership.txt  Enter↵
-rw-rw-r--. 1 servera gusers 43 2011-02-15 09:26 ownership.txt
```

〈그림 5-23〉 ownership.txt 파일 생성

이제 user1 사용자로 로그인하여 ownership.txt를 cat나 less 등을 이용해 읽어 봅니다. 이 작업도 스스로 해 보기 바랍니다. 그 결과는 어떠한가요?

```
cat: /home/servera/ownership.txt: 허가 거부
```

〈그림 5-24〉 user1 사용자의 ownership.txt 읽기 에러

허가거부가 된 이유를 생각해 봅시다. ownership.txt는 사용권한이 gusers 그룹에 대해 읽고 쓸 수 있도록 되어 있는데 왜 user1이 읽을 수 없는 것일까요? 그것은 그 파일이 있는 디렉터리의 사용권한 때문입니다. '/home/servera'의 사용권한을 보시기 바랍니다.

```
[servera@ServerA ~]$ cd ..  Enter↵
[servera@ServerA home]$ ls -l  Enter↵
합계 8
drwx------. 30 servera gusers  4096 2011-02-15 09:26 servera
drwx------.  4 user1   gusers  4096 2011-02-15 11:38 user1
```

〈그림 5-25〉 servera 사용자 홈디렉터리의 사용권한

'/home/servera'디렉터리가 소유자 이외에는 읽지도, 쓰지도, 들어가지도 못하게 되어 있습니다. 그래서 읽기가 허용된 파일도 읽을 수가 없었던 것입니다. 그렇다면 servera사용자의 홈디렉터리에 있는 ownership.txt를 user1 사용자가 읽을 수 있도록 하려면 그 디렉터리에 대해 어떤 사용권한을 gusers 그룹에 주어야 할까요? 많은 사람들이 읽기(r)권한를 주어야 한다고 생각합니다. 하지만 아닙니다. 디렉터리에 대한 읽기권한은 그 디렉터리의

목록을 보는 것을 허가하는 것이지 파일을 보는 것을 허가하는 것이 아닙니다. 파일을 보려면 일단 그 디렉터리 안으로 들어가야 합니다. 따라서 그 디렉터리에 대한 실행권한(x)이 있어야 그 안의 파일을 볼 수 있는 것입니다. 즉, 디렉터리의 사용권한모드를 710으로 바꾸어주면 user1 사용자가 ownership.txt를 읽는 것이 가능해집니다.(그러나 파일 하나 때문에 홈 디렉터리 자체의 사용권한을 바꾸는 것은 너무 좋지 않은 일입니다.)

자, 이제 ownership.txt를 소유자만 읽고 쓸 수 있고 나머지는 아무 것도 할 수 없도록 만듭니다. 무슨 특별한 이유 때문에 이렇게 해야만 한다고 가정하지요. 이 부분은 스스로 해보기 바랍니다. 그런 후 다시 "ls -a ownership.txt"를 합니다.

```
[servera@ServerA ~]$ ls -l ownership.txt  Enter↵
-rw-------. 1 servera gusers 43 2011-02-15 09:26 ownership.txt
```

〈그림 5-26〉 ownership.txt의 사용권한 변경 후 확인

그런데 servera 사용자가 만든 이 파일이 user1에게 필요하여 root에게 파일을 user1의 홈 디렉터리로 옮겨 달라고 부탁을 합니다.

```
[root@ServerA ~]# mv /home/servera/ownership.txt /home/user1  Enter↵
```

〈그림 5-27〉 root에 의한 파일 이동

```
[user1@ServerA ~]$ ls -l
합계 4
-rw-------. 1 servera gusers 43 2011-02-15 09:26 ownership.txt
```

〈그림 5-28〉 user1의 ownership.txt 파일 확인

하지만 user1 사용자가 파일을 읽으려 해도 읽을 수가 없습니다. 파일의 소유자가 servera 사용자이기 때문입니다. 물론 파일의 사용권한을 660으로 바꾸면 되겠지만 지금은 그것이 답이 아닙니다. 원래 권한 664에서 사용권한을 바꾼 660으로 것은 보안의 이유 때문에 이 파일이 소유자만 읽을 수 있어야 하고 그 소유자가 지금은 user1이었으면 좋겠다는 것입니다. 이런 경우는 root가 파일의 소유권을 servera로부터 user1으로 변경해 주어야 합니다.

```
[root@ServerA ~]# chown user1 /home/user1/ownership.txt  Enter↵
```

〈그림 5-29〉 root에 의한 파일 소유자의 변경

chown은 파일의 소유자 및 소유그룹을 바꾸는 명령어인데 "chown <u>새소유자이름</u> <u>파일이름</u>" 또는 "chown <u>새소유자이름.새소유그룹이름</u> <u>파일이름</u>"과 같은 형태로 사용합니다. 이

명령은 오직 root만 사용할 수 있음을 유념하시기 바랍니다.(그런데 왜 그럴까요?) 파일의 소유자를 변경한 후 user1 사용자는 파일의 소유자를 확인해 봅니다.

```
[user1@ServerA ~]$ ls -l Enter↵
합계 4
-rw-------. 1 user1 gusers 43 2011-02-15 09:26 ownership.txt
```

〈그림 5-30〉 파일 소유자 변경 결과

5.4 장치 마운트(mount)

마운트 mount

마운트는 VirtualBox Additions를 설치하고 공유폴더 기능을 사용해 볼 때 공부했던 개념입니다만, 아직까지 잘 기억하고 있지는 못할 것이므로 다시 한 번 그 뜻을 새기고 가야 하겠습니다. 마운트란 리눅스에서 자원(주변장치 등을 의미합니다)을 파일시스템의 특정 위치(디렉터리)에 연결시키는 작업을 말합니다. 마운트한 후에 그 자원을 사용하고 싶으면 마운트된 디렉터리로 가서 파일을 읽거나 쓰면 되는 것입니다.

마운트는 mount 명령을 통해 이루어 집니다. 터미널에서 mount라고만 입력해 봅니다.

```
[root@ServerA ~]# mount Enter↵
/dev/sda3 on / type ext4 (rw)
proc on /proc type proc (rw)
sysfs on /sys type sysfs (rw)
devpts on /dev/pts type devpts (rw)
/dev/sda1 on /boot type ext3 (rw)
tmpfs on /dev/shm type tmpfs (rw,rootcontext="system_u:object_r:tmpfs_t:s0")
none on /proc/sys/fs/binfmt_misc type binfmt_misc (rw)
sunrpc on /var/lib/nfs/rpc_pipefs type rpc_pipefs (rw)
gvfs-fuse-daemon on /home/servera/.gvfs type fuse.gvfs-fuse-daemon (rw,nosuid,no
dev,user=servera)
/dev/sr0 on /media/Fedora 11 i386 DVD type iso9660 (ro,nosuid,nodev,uhelper=devk
it,uid=500,gid=500,iocharset=utf8,mode=0400,dmode=0500)
```

〈그림 5-31〉 현재 마운트되어 있는 장치보기

출력이 상당히 복잡하므로 간단하게만 살펴보겠습니다. proc, sysfs 등은 시스템이 사용하는 가상파일시스템 들입니다. 그 외 위 결과에서 우리가 마운트에 대해 쉽게 개념을 잡을 수 있는 장치로는 '/dev/sda3', '/dev/sda1'과 '/dev/sr0'이 있습니다. 세 파일이 모두다 '/dev' 디렉터리에 있는 파일들인데 이 파일들을 장치파일(device file)이라고 부릅니다. 하드웨어와 소프트웨어를 연결해 주는 파일들이라고 생각하면 됩니다. '/dev/sda3'는 SATA 인터페이스의 하드디스크(sd) 중 첫 번째 것(sda)의 3번째 파티션(sda3)이라는 의미이고, '/dev/sda1'은 SATA하드디스크(sd) 중 첫 번째 것(sda)의 첫 번째 파티션(sda1)이라는 의미입니다. 또 '/dev/sr0'는 광학디스크 장치를 의미합니다. 현재 마운트되어 있는 상황을 보면 sr0는 '/media/Fedora 11 i386 DVD'에 마운트되어 있으므로 Fedora 설치 DVD를 읽으려면 '/media/Fedora 11 i386 DVD' 디렉터리를 읽으면 됩니다. 또 sda1은 '/boot'에 마운트되어 있고 sda3는 '/'에 마운트되어 있으며 그 외에는 마운트되어 있는 디스크가 없으므로 '/boot' 디렉터리의 내용은 우리가 사용하는 SATA하드디스크의 첫 번째 파티션에 기록되어 있는 것이고, '/'아래에 존재하는 '/boot'를 제외한 나머지 디렉터리들은 그 SATA하드디스크의 세 번째 파티션에 기록되어 있는 것입니다. 만약 SATA하드디스크를 하나 더 장착한다면 그 디스크의 장치파일의 이름은 sdb가 될 것이고 그 디스크의 첫 번째 파티션의 장치파일 이름은 sdb1이 될 것입니다. IDE하드디스크라면 장착순서가 아니라 IDE포트에서의 장착위치 및 설정에 따라 primary냐 secondary냐, 또 master냐 slave냐로 나뉩니다. primary master라면 hda이고 primary slave라면 hdb가 됩니다. 또 secondary master는 hdc, secondary slave는 hdd의 이름을 갖습니다.

요즘의 리눅스 패키지들은 사용자에게 매우 편리하게 만들어 져서 CD/DVD 디스크나 USB미디어 등을 연결하면 자동으로 마운트가 됩니다. 하지만 혹시 무슨 잘못에 의해 자동 마운트가 잘 되지 않는다든지 또는 자동 마운트 설정이 되어 있지 않은 다른 장치를 마운트해야 한다든지 하는 경우가 생길 수 있으므로 마운트 연습을 해 보도록 하겠습니다.

우선 마운트되어 있는 'Fedora 11 i386 DVD'의 마운트를 해제하도록 하겠습니다. 바탕화면에 있는 'Fedora 11 i386 DVD'의 CD/DVD 아이콘에 마우스를 올리고 오른쪽 버튼을 눌러 메뉴가 나오게 합니다. 메뉴 중에서 '볼륨 마운트해제'를 선택합니다. 이 과정은 현재 바탕화면에 'Fedora 11 i386 DVD'의 CD/DVD 아이콘이 없는 사람은 하지 않고 그냥 진행해도 됩니다.

이제 CD/DVD드라이브를 수동으로 마운트해 보겠습니다. 마운트를 하기 위해서는 장치를 마운트할 디렉터리가 있어야 합니다. 이 디렉터리를 마운트 지점 또는 마운트 포인트라고 합니다. 어떤 디렉터리도 상관없습니다만, 사용자가 쉽게 알아보기 위해 '/media/cdrom'이라고 만들도록 합니다.

```
[root@ServerA ~]# mkdir /media/cdrom  Enter↵
```

〈그림 5-32〉 마운트지점 생성

mount 명령의 사용형식은 "mount -t 파일시스템형식 장치파일이름 마운트지점"입니다. CD/DVD 디스크의 파일시스템형식은 'iso9660'이고, 장치파일이름은 '/dev/sr0'이며 우리가 만든 마운트지점은 '/media/cdrom'입니다.

```
[root@ServerA ~]# mount -t iso9660 /dev/sr0 /media/cdrom  Enter↵
mount: block device /dev/sr0 is write-protected, mounting read-only
```

〈그림 5-33〉 CD/DVD 드라이브의 마운트

결과 메시지가 <그림 5-33>과 같이 나오면 성공입니다. 정말 잘 마운트가 되었는지 직접 확인해 보겠습니다. '/media/cdrom' 디렉터리로 가서 내용을 살펴봅니다. 'Fedora 11 i386 DVD'의 내용이 <그림 5-34>와 같이 보이면 제대로 마운트가 된 것입니다.

```
[root@ServerA ~]# cd /media/cdrom  Enter↵
[root@ServerA cdrom]# ls
EFI                              RPM-GPG-KEY-fedora-i386     images
GPL                              RPM-GPG-KEY-fedora-ia64     isolinux
Packages                         RPM-GPG-KEY-fedora-ppc      media.repo
README-BURNING-ISOS-en_US.txt    RPM-GPG-KEY-fedora-ppc64    repodata
RPM-GPG-KEY-fedora               RPM-GPG-KEY-fedora-x86_64
RPM-GPG-KEY-fedora-11-primary    TRANS.TBL
```

〈그림 5-34〉 마운트된 CD/DVD디스크의 내용확인

이제 터미널 명령으로 마운트를 해제(언마운트라고 합니다)해 보겠습니다. 마운트해제 명령은 'umount'입니다. '**un**mount'가 아니고 '**u**mount'임을 유의하기 바랍니다. 사용형식은 "umount 마운트지점" 또는 "umount 장치파일이름"입니다. 그러므로 지금의 경우에는 "umount /dev/sr0" 또는 "umount /media/cdrom" 중 하나를 실행하면 됩니다.

```
[root@ServerA cdrom]# umount /dev/sr0  Enter↵
```

〈그림 5-35〉 umount 명령 입력

하지만 다음과 같은 메시지와 함께 마운트 해제에 실패합니다.

```
umount: /media/cdrom: device is busy.
        (In some cases useful info about processes that use
         the device is found by lsof(8) or fuser(1))
```

〈그림 5-36〉 umount 실패 메시지

이 메시지의 의미는 '/media/cdrom' 장치가 현재 busy하기(즉, 사용중) 때문에 마운트 해제를 할 수 없다는 것입니다. 아니, 어디에서 사용하고 있는 것일까요? 살펴보니 우리가 위에서 umount 명령을 내린 곳이 바로 '/media/cdrom'이었습니다. 지금 사용하고 있으면서 마운트 해제 명령을 내리니 해제가 안되는 것은 당연합니다. 혹시, '/media/cdrom'가 아닌 다른 곳에서 umount를 했다면 성공했을 것입니다. 그런 사람에게는 이 부분의 내용이 해당사항이 없겠지만 종종 발생하는 일이기에 다루어 보았습니다. 자, 다른 디렉터리로 가서 마운트를 해제하겠습니다.

```
[root@ServerA cdrom]# cd Enter↵
[root@ServerA ~]# umount /dev/sr0 Enter↵
[root@ServerA ~]#
```

〈그림 5-37〉 umount 명령 입력

umount 명령이 성공한 것은 바탕화면의 CD/DVD 아이콘이 사라진 것으로 확인할 수 있습니다.

5.5 프로세스 관리

프로세스 process

많은 사람들이 프로그램과 프로세스를 구별하지 못합니다. 나아가 프로세서와 프로세스를 구별하지 못하는 사람들도 있습니다. 프로세서, 프로세스, 그리고 프로그램을 구별하려면 먼저 컴퓨터의 동작에 대한 개념적 이해가 있어야 합니다. 프로세서는 다 알고 있는 것이겠지만, 컴퓨터의 두뇌와 같은 것을 말하는 것이죠. CPU라고 해서 중앙처리장치라고 번역해 일컫기도 합니다. 우리가 흔히 말하는 '펜티엄'이라고 하는 것도 프로세서의 일종이지요. 프로그램도 익히 알고 있다고 생각하고 있는 것 중의 하나일 것입니다. 일반적으로 얘기한다면 컴퓨터에서 실행해서 무언가 일을 할 수 있는 것입니다. 어렵게 얘기하면 컴퓨터가 실행할 수 있는 명령어와 데이터의 집합체가 프로그램입니다. 사실 프로세서와 프로그램 대해서는 누구나 어느 정도의 지식이 있지만 문제는 프로세스입니다. 프로세스에 대한 개념이 부족하여 프로그램과 프로세스를, 프로세서와 프로세스를 구별하지 못하게 됩니다.

프로그램이 실행된다고 하는 것은 프로세서가 프로그램으로부터 명령어 또는 데이터를 하나씩(혹은 여러 개씩) 가져와 처리하는 일을 반복하는 것입니다. 그런데 프로그램이 실행될 때 프로세서가 이들을 하드디스크로부터 직접 가지고 오면 매우 좋지 않습니다. 왜냐하면 프로세서가 일을 처리하는 속도에 비해서 하드디스크에서 데이터를 읽어오는 속도는 매우 느리기 때문입니다. 프로세서에게 실행하는 명령어들을 빠르게 공급하려면 일단 프로그램이 RAM이라는 메모리에 존재해야 합니다. 하지만 RAM에 프로그램을 저장해 놓을 수는 없습니다. 필요한 프로그램이 한 두 개가 아닌데 이 프로그램들을 다 저장할 용량의 RAM을 마련하는 것은 경제적으로 매우 어렵습니다. 또 결정적인 것은 RAM은 전원을 끄면 저장된 데이터가 사라지게 되니 프로그램의 저장에 역시 적합하지 않습니다. 이런 이유들 때문에 현재 컴퓨터들은 프로그램은 하드디스크에 저장해 놓았다가 필요한 프로그램들만 메모리에 옮겨서 쓰는 방식을 취하고 있습니다. 이렇게 하드디스크의 프로그램을 메모리로 옮기는 행위를 '프로그램의 실행'이라고 부릅니다.[14] 그리고 프로그램이 메모리로 옮겨져서 실행되고 있는 상태에 있을 때 '프로세스'라고 불리는 것입니다.

서버 관리자의 프로세스관리란 현재 실행되고 있는 프로세스가 무엇이 있는지 알아보는 것과 혹시 필요가 없는 프로세스나 문제가 생긴 프로세스가 없는지 조사하여 그런 프로세스에 대해 실행중지 등의 조치를 취하는 것입니다.

프로세스 목록보기 ps

우선 컴퓨터에서 실행중인 프로세스들의 목록을 보는 방법을 알아보겠습니다. 그것은 'ps'명령을 이용하는 것입니다. servera 사용자의 터미널을 실행하여 "ps"라고 입력합니다.

```
[servera@ServerA ~]$ ps  Enter↵
  PID TTY          TIME CMD
2492 pts/1     00:00:00 bash
2614 pts/1     00:00:00 ps
```

〈그림 5-38〉 ps 명령 입력

14) 정확히 말하면 옮기는 것이 아니라 메모리로 복사하는 것입니다.

bash라는 이름의 프로세스를 2492번의 프로세스 아이디(PID)를 가지고 pts/1에서 실행되고 있음을 알 수 있습니다. bash는 페도라 리눅스가 기본적으로 제공하는 쉘이고, pts/1은 바로 '유사터미널 1번'이라는 뜻입니다. 유사터미널이란 데스크탑에서 실행되는, 터미널을 흉내낸 프로그램이 만든 터미널을 말합니다. ps가 실행되면서 프로세스정보를 출력하니 ps도 목록에 나와 있게 됩니다. 출력중의 TIME은 해당 프로세스가 실제로 사용한 CPU시간을 의미합니다. bash이나 ps나 시간을 거의 측정하기 힘들 정도로 빠르게 실행되었네요. 실행 후에는 별로 CPU를 이용한 일이 없어서 지금은 TIME이 0에 머무르고 있습니다.

자 그럼 현재 실행되고 있는 프로세스가 bash 하나밖에 없을까요? ps를 아무 옵션이 없이 실행하면 그 터미널에서 생성된 프로세스만 보여줍니다. servera 사용자가 생성한 프로세스를 모두 보고 싶으면 다음과 같이 합니다.

```
[servera@ServerA ~]$ ps -u servera  Enter↵
  PID TTY          TIME CMD
1807 ?         00:00:00 gnome-keyring-d
1813 ?         00:00:00 gnome-session

  ... 중간 생략 ...

2203 ?         00:00:00 ibus-x11
2204 ?         00:00:00 ibus-engine-han
2223 ?         00:00:08 gnome-screensav
2314 ?         00:00:12 gnome-terminal
2315 ?         00:00:00 gnome-pty-helpe
2316 pts/0     00:00:00 bash
2492 pts/1     00:00:00 bash
2533 pts/2     00:00:00 bash
2660 pts/1     00:00:00 ps
```

〈그림 5-39〉 특정 사용자의 모든 프로세스 보기

출력되는 프로세스가 너무 많아 중간부분은 생략했습니다. pts/0, pts/1, pts/2로 servera 사용자가 유사터미널을 3개 생성시켰음을 알 수 있습니다. TTY(터미널이라는 의미)가 ?인 프로세스는 터미널과는 상관없이 생성된 것들입니다.

프로세스에 대한 보다 자세한 정보를 보고 싶으면 u옵션을 뒤에 추가하면 됩니다.

```
[servera@ServerA ~]$ ps -u servera u  Enter↵
USER     PID  %CPU %MEM  VSZ   RSS  TTY STAT START  TIME COMMAND
servera  1807  0.0  1.0  27916 2748 ?   S    16:09  0:00 /usr/bin/gnome-
servera  1813  0.0  3.0  34160 7576 ?   Ssl  16:09  0:00 gnome-session
servera  1825  0.0  0.2   3328  564 ?   S    16:09  0:00 dbus-launch --s
   ... 하략 ...
```

〈그림 5-40〉 프로세스정보 상세히 보기

여기서 중요한 정보는 %CPU와 %MEM입니다. %CPU는 해당 프로세스가 CPU자원을 차지하고 있는 백분율이고 %MEM는 그 프로세스가 메모리자원을 차지하고 있는 백분율입니다. %CPU나 %MEM값이 이상하게 높으면 서버전체에 좋지 않은 영향을 주게 되므로 해당 프로세스를 종료시키는 것이 좋습니다.

만약 서버에서 실행되는 모든 프로세스를 보고 싶으면 "ps aux"라는 명령을 이용합니다. 이 명령은 <그림 5-40>과 똑같은 형식의 출력을 제공하지만 모든 사용자들에 대해 프로세스를 찾아 보여주므로 실행중인 모든 프로세스를 볼 수 있습니다. 그런데 "ps aux"라고 하면 나열되는 프로세스가 너무 많습니다. 원하는 프로세스의 정보를 알고 싶으면 필터를 사용하면 좋습니다. 물론 ps에 이런 옵션(-C)이 있습니다만 옵션을 다 외우기는 힘들지요. 손쉽게 grep 필터를 이용하여 원하는 프로세스만 볼 수 있습니다.

```
[servera@ServerA ~]$ ps aux | grep crond  Enter↵
root     1523  0.0  0.3  6208  772 ?      Ss  16:09  0:00 crond
servera  2673  0.0  0.3  5500  796 pts/1  S+  20:36  0:00 grep crond
```

〈그림 5-41〉 특정 프로세스 필터링해 보기

때로는 부모프로세스를 보고 싶은 경우가 있습니다. 부모프로세스란 그 프로세스를 생성시킨 프로세스를 말합니다. 예를 들어 터미널에서 gedit를 입력하면 gedit 프로세스는 그 터미널의 bash프로세스가 만들어 주게 됩니다. 이때 bash 프로세스와 gedit 프로세스간에는 부모-자식의 관계가 생기게 됩니다. "ps -f"를 실행합니다.

```
[servera@ServerA ~]$ ps -f  Enter↵
UID      PID   PPID  C STIME TTY     TIME     CMD
servera  2492  2314  0 18:42 pts/1   00:00:00 bash
servera  2687  2492  0 20:45 pts/1   00:00:00 ps -f
```

〈그림 5-42〉 부모프로세스정보 보기

결과의 PPID가 부모프로세스의 ID를 의미합니다. 'ps -f'의 PPID가 2492인데 'bash'의 PID가 2492이므로 'bash' 프로세스가 'ps -f' 프로세스를 생성했다는 것을 알 수 있습니다. 그런데 이런 관계를 더 쉽게 보여주는 명령이 있습니다. pstree입니다. pstree는 프로세스들의 부모-자식 관계를 트리형식으로 보여주는 명령입니다. <그림 5-43>에 pstree의 실행예를 보였습니다.

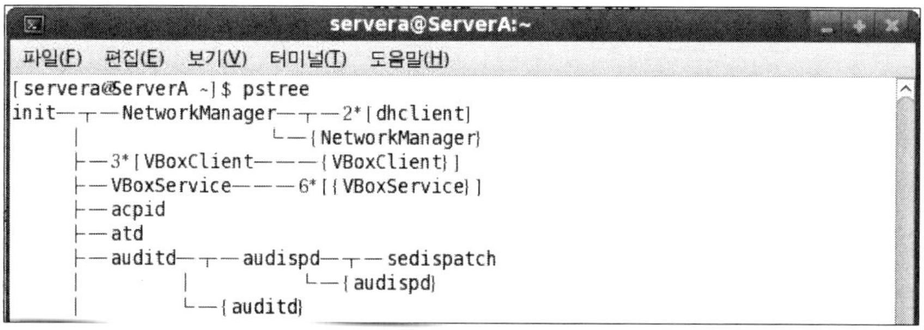

〈그림 5-43〉 pstree의 실행예

백그라운드와 포그라운드 실행

gedit 처럼 GUI를 갖는 프로그램을 터미널에서 실행시키면 GUI창이 생성되고 그 터미널은 사용할 수 없게 됩니다. Enter↵ 를 눌러도 프롬프트는 더 이상 나타나지 않습니다. 그것은 gedit가 포그라운드(foreground, 전경)에서 실행되고 있기 때문에 터미널을 가려서 나타나는 증상입니다. gedit을 백그라운드(backgound, 배경)로 실행시키면 터미널 사용이 가능합니다. 터미널에서 gedit을 실행시키고 그 터미널이 선택된 상태에서 Ctrl+Z를 누릅니다. gedit가 Stop되었다는 메시지가 나옵니다. 메시지 맨 앞 [ ]안의 번호를 기억하세요. 이것이 'job번호'라는 것입니다. 이제 gedit를 사용할 수 없게 되고 터미널을 쓸 수 있게 되었습니다. 하지만 우리가 원한 것은 이게 아니었지요? 터미널에서 "bg 1"이라고 입력합니다. bg는 프로세스를 백그라운드에서 실행되게 하는 명령으로 "bg job번호" 형태로 사용합니다.

```
[servera@ServerA ~]$ gedit  Enter↵
^Z
[1]+  Stopped                 gedit
[servera@ServerA ~]$ bg 1  Enter↵
[1]+ gedit &
```

〈그림 5-44〉 백그라운드로 프로세스 전환하기

한편, gedit 실행시 "gedit &"로 뒤에 &를 붙여 실행하면 처음부터 백그라운드로 실행됩니다.

프로세스 종료시키기 kill -9

ps로 프로세스들의 활동을 보면 종료를 시켜야 하는 프로세스들이 보이기도 합니다. 이때는 'kill -9' 명령을 사용합니다. 사용법은 "kill -9 PID"입니다. <그림 5-45>의 예는 gedit 프로세스를 강제로 종료시키는 것입니다.

```
[servera@ServerA ~]$ ps  Enter↵
  PID TTY          TIME CMD
 2492 pts/1    00:00:00 bash
 2720 pts/1    00:00:00 gedit
 2743 pts/1    00:00:00 ps
[servera@ServerA ~]$ kill -9 2720  Enter↵
```

〈그림 5-45〉 프로세스 강제종료하기

5.6 네트워크 관리

네트워크 인터페이스 정보 보기 ifconfig

ifconfig는 네트워크 인터페이스 카드(NIC)의 정보를 보여주는 명령입니다. 이더넷 NIC의 장치이름은 eth로 시작합니다. 첫 번째 카드는 eth0, 두 번째는 eth1과 같은 방식으로 장치이름이 결정됩니다. eth0에 관한 정보를 보고 싶으면 "ifconfig eth0"라고 입력합니다.

```
[root@ServerA ~]# ifconfig eth0  Enter↵
eth0      Link encap:Ethernet  HWaddr 08:00:27:15:CA:05
          inet addr:10.0.2.15  Bcast:10.0.2.255  Mask:255.255.255.0
          inet6 addr: fe80::a00:27ff:fe15:ca05/64 Scope:Link
          UP BROADCAST RUNNING MULTICAST  MTU:1500  Metric:1
          RX packets:10 errors:0 dropped:0 overruns:0 frame:0
          TX packets:26 errors:0 dropped:0 overruns:0 carrier:0
          collisions:0 txqueuelen:1000
          RX bytes:1504 (1.4 KiB)  TX bytes:4494 (4.3 KiB)
```

〈그림 5-46〉 ifconfig로 네트워크 인터페이스 정보보기

해당 NIC의 MAC주소(하드웨어주소)가 08:00:27:15:CA:05, IP주소가 10.0.2.15, 마스크값이 255.255.255.0임을 알 수 있습니다. 그 외 패킷통계 등이 나와 있습니다.

네트워크 인터페이스 카드 설정 파일 ifcfg-NIC장치이름

첫 번째 NIC의 설정파일 이름은 ifcfg-eth0입니다. 이 파일은 '/etc/sysconfig/ network-scripts'에 있습니다. 파일을 보면 다음과 같습니다.

```
[root@ServerA initscripts-8.95]# cat /etc/sysconfig/network-scripts/ifcfg-eth0 Enter↵
# Networking Interface
DEVICE=eth0
HWADDR=08:00:27:15:CA:05
ONBOOT=yes
TYPE=Ethernet
BOOTPROTO=dhcp
NAME="System eth0"
UUID=5fb06bd0-0bb0-7ffb-45f1-d6edd65f3e03
PEERDNS=yes
PEERROUTES=yes
```

〈그림 5-47〉 네트워크 인터페이스 카드의 설정파일

중요한 몇 가지 항목만 살펴 보겠습니다. 'ONBOOT=yes'는 컴퓨터의 부팅과 함께 이 랜카드를 활성화시키라는 것입니다. 'BOOTPROTO=dhcp'는 dhcp 서비스를 이용하겠다는 것입니다. 만약 DNS를 지정하고 싶으면 "DNS1=DNS서버IP주소" 또는 "DNS2=DNS서버IP주소"를 넣어주면 됩니다. 'PEERDNS=yes'는 DNS 서버IP주소를 설정해 놓는 '/etc/resolv.conf'를 NetworkManager가 생성하겠다는 뜻입니다.
따라서 'PEERDNS=yes'로 되어 있으면 'BOOTPROTO=dhcp'로 설정되어 있거나 "DNS1=DNS서버IP주소" 또는 "DNS2=DNS서버IP주소"가 설정되어 있어야 합니다.

'/etc/resolv.conf'에는 DNS서버의 주소가 기록되어 있어 시스템의 DNS해석기(resolver)는 이 주소를 보고 DNS서버에 접속하여 문의를 하게 됩니다. 원래는 '/etc/resolv.conf'에 나와 있는 주소를 수동으로 변경하여 주면 이용하는 DNS서버를 바꾸게 되는 효과가 있었으나 페도라에서는 NetworkManager가 부팅시마다 혹은 네트워크서비스를 재시동할 때마다 네트워크 인터페이스 카드의 설정파일을 보고 '/etc/resolv.conf'를 다시 만들기 때문에 DNS서버 주소를 영구적으로 변경하려면 네트워크 인터페이스 카드의 설정파일을 변경해야 합니다. 페도라에서도 '/etc/resolv.conf'를 수정했을 경우, 컴퓨터를 부팅하거나 네트워크서비스를 재시동하기 전까지는 수정한 데이터가 유효합니다.

네트워크 서비스의 시작, 중지 그리고 재시동

필요에 따라 ifcfg-eth0 등의 파일을 수정했다면 변경이 유효하게 하기 위해서는 네트워크서비스를 재시동해야 합니다. "service network restart" 명령을 이용합니다.

```
[root@ServerA ~]# service network restart  Enter↵
인터페이스 eth0 (을)를 종료 중:                    [  OK  ]
인터페이스 eth1 (을)를 종료 중:                    [  OK  ]
loopback 인터페이스 종료 중:                       [  OK  ]
loopback 인터페이스 활성화중 입니다:                [  OK  ]
eth0 인터페이스 활성화중 입니다:
eth0에 관한 IP 정보를 얻고 있습니다... 완료.
                                                   [  OK  ]
eth1 인터페이스 활성화중 입니다:
eth1에 관한 IP 정보를 얻고 있습니다... 완료.
                                                   [  OK  ]
```

〈그림 5-48〉 특정 프로세스 필터링해 보기

하지만 이렇게 한 후에도 NetworkManager가 네트워크 연결을 관리하고 있어서 NetworkManager에서 연결을 활성화 하지 않으면 안됩니다. 'service network' 명령은 네트워크서비스의 상태("service network status")를 알아보거나 네트워크서비스를 종료("service network stop")하거나 종료상태에서 시작("service network start")할 때 사용합니다.

한편 NIC별로 활성화 또는 비활성화 시키는 명령도 있습니다. 활성화하려면 "ifup <u>NIC장치이름</u>"을 실행하고 비활성화하려면 "ifdown <u>NIC장치이름</u>"을 실행합니다.

5.7 서버 관리

5장을 끝으로 기본적인 내용은 마감을 하고 다음 장 부터는 각 서버의 실제구축에 들어갈 것입니다. 이 절에서는 앞으로 다룰 서버들에 공통적으로 적용되는 관리에 대한 기본적인 내용을 배우게 됩니다. 우선 앞으로 구축하거나 다룰 서버 프로그램들의 목록을 보도록 하겠습니다.

서비스이름	서비스내용	패키지이름
xinetd	수퍼 데몬 서비스	xinetd
httpd	http를 이용한 웹 서비스	httpd
vsftpd	ftp를 이용한 파일전송 서비스	vsftpd
nfs	리눅스 시스템간 원격디렉터리공유 서비스	nfs-utils
smb	리눅스-윈도우즈 시스템간 디렉터리공유 서비스	samba
sshfs(sshd)	ssh를 통한 원격 디렉터리공유 서비스	fuse-sshfs
named	dns 서비스	bind
sendmail	smtp 메일 서비스	sendmail
dovecot	pop3/imap 서비스	dovecot
dhcpd	dhcp 서비스	dhcp
sshd	ssh 원격접속 서비스	openssh-server
vncserver	vnc 원격접속 서비스	tigervnc-server

〈표 5-4〉 구축할 서버 목록

<표 5-4>에 앞으로 설치할 서버들의 목록이 있습니다. '서비스이름'이란, 앞 절의 '네트워크 서비스의 시작, 중지, 그리고 재시동'에서 봤듯이 터미널에서 service 명령을 통해 실행시킬 때 인수로 입력해야 하는 이름을 뜻합니다. 다만 이 중에서 sshfs는 ssh 서버의 서비스를 이용하기 때문에 service 명령으로 sshfs를 별도로 실행시키는 것은 없습니다. service 명령을 통해 실행시키면 사용자의 화면에서는 아무 변화도 발생시키지 않아 마치 새로 실행된 것이 없는 듯한 느낌이 듭니다. 하지만 해당 서버 프로그램은 네트워크를 통해 들어오는 자신의 서비스에 대한 요청을 처리하기 위해 계속 실행상태로 있는 프로세스가 됩니다. 이 프로세스는 service 명령을 통해 중지시키거나 시스템을 재부팅하기 전까지는 계속 살아있어서 서비스를 제공하게 됩니다. 물론 재부팅시 서비스가 자동으로 실행되도록 설정하는 것도 가능합니다. 이렇게 동작하는 종류의 서버 프로그램들을 '데몬(daemon)'이라고 부릅니다. 그러므로 <표 5-4>의 서비스이름은 바로 데몬이름이라고 생각해도 좋습니다. 물론 sshfs는 예외입니다. 각 서비스내용은 간단하게 정리해 놓았지만, 앞으로 각 서버들을 구축해 가면서 좀더 상세히 설명하도록 하겠습니다. 패키지이름은 해당 서비스를 제공하기 위해서 설치해야 하는 rpm 패키지의 이름입니다. 의존성이나 설정문제 등 때문에 표에 나와 있는 패키지 외에 추가로 설치해야 하는 패키지가 있을 수도 있습니다. 필요한 추가 패키지가 있는 경우는 물론 해당 장에서 상세히 다루겠습니다.

독립실행 방식과 xinetd 방식

서버 프로그램을 실행하는 두 가지의 실행방식이 있습니다. '독립실행 방식'과 'xinetd 방식'이 그것입니다. 독립실행 방식이란 xinetd 방식과 비교하여 부르는 이름인데 해당 데몬만 홀로 실행되어 서비스하는 방식을 의미합니다. 영어로는 서버프로그램이 홀로 실행된다고 하여 Standalone 방식이라고 말합니다. 독립실행 방식은 서버 데몬이 항상 실행되고 있어서 요청되는 서비스를 신속하게 제공할 수 있다는 장점이 있습니다. 하지만 네트워크와 메모리 등의 시스템자원을 항상 점유하고 있게 됩니다. 만약 서비스 요청이 그다지 빈번하지 않다면 이런 자원점유는, 서버 전체의 관점에서 본다면 별로 바람직하지 않을 것입니다. 이런 서비스는, 평소에는 실행하지 않고 있다가 서비스요청이 들어오면 그 때 실행하는 방법이 어떨까요? 물론 서비스를 제공하는 데는 독립실행 방식보다 시간이 좀 더 걸리겠지만 그다지 큰 문제는 아니고, 서버자원의 활용 관점에서는 참 좋은 방법일 것입니다. 그러나 실행되고 있지 않은데 서비스가 들어오는 것은 어떻게 알겠습니까? 이것이 문제가 됩니다. 그래서 xinetd라고 하는 수퍼데몬을 사용하는 아이디어가 나왔습니다.[15] xinetd는 데몬입니다. 그러니까 항상 실행되어 있습니다. 그러다가 서비스요청이 들어오면 해당 서버 프로그램을 실행시켜서 서비스를 제공해 줍니다. 서비스제공이 완료되면 그 서버 프로세스를 종료시킵니다. 이런 방식으로 서비스를 제공하는 것을 xinetd 방식이라고 말합니다. 독립실행 방식과 xinetd 방식은 서비스에 따라 명확히 구분되는 것이 아니라 어떤 서비스도 독립실행 방식으로 제공할 수도 있고 xinetd 방식으로도 제공할 수 있습니다. 웹서비스를 제공하는 경우, 공공에 개방되어 있고 빈번히 접속되는 웹서버의 경우라면 독립실행 방식으로 실행해야 하겠지만, 내부업무처리의 인터페이스로 웹을 사용하고 접속이 그리 많지 않다면 xinetd 방식으로 서비스할 수도 있을 것입니다.

데몬의 시작, 정지 그리고 재시작

데몬을 시작, 정지, 또는 재시작 하거나 현재 데몬의 상태를 알아보려면 service 명령을 이용합니다. 데몬의 상태를 알아보려면 "service 데몬이름 status"라고 하면 됩니다. 예를 들어 httpd가 어떤 상태인지 알아보려면 <그림 5-49>와 같이 입력합니다.

```
[root@ServerA ~]# service httpd status  Enter↵
httpd가 정지되었습니다
[root@ServerA ~]#
```

〈그림 5-49〉 httpd 상태 알아보기

15) 사실 원래는 inetd가 먼저 사용되고 있었고 xinetd는 inetd를 개선한 것입니다.

정지해 있는 데몬을 실행하려면 "service 데몬이름 start"라고 합니다. 예를 들어 httpd 데몬을 시작하려면 "service httpd start"라고 입력합니다. 실행 중인 데몬프로세스를 정지시키려면 "service 데몬이름 stop"이라고 입력합니다. 예를 들어 httpd 데몬프로세스를 정지시키려면 같이 "service httpd stop"이라고 입력합니다. 설정 등을 변경하였기 때문에 변경적용을 위해 재시작을 할 필요가 있다면 "service 데몬이름 restart"라고 입력합니다. 예를 들어 httpd 데몬프로세스를 재시작하려면 같이 "service httpd restart"라고 입력합니다.

데몬 자동실행 설정

데몬은 항상 실행되어 있어서 서비스를 제공해야 하는 프로그램입니다. 그런데 "service 데몬이름 start"명령으로 데몬을 실행해도 시스템을 재부팅하면 다시 "service 데몬이름 start"명령을 실행해 주어야 합니다. 서버는 서비스를 전용으로 하는 시스템이므로 서비스 데몬들은 항상 실행되어야 하는데 부팅시 매번 데몬들을 실행해야 한다면 매우 불편합니다. 그래서 데몬들을 부팅과 함께 자동실행이 되도록 설정할 수 있습니다. 자동실행설정은 chkconfig 명령을 이용합니다. 특정 데몬을 부팅과 함께 자동실행되도록 설정하려면 "chkconfig 데몬이름 on"이라고 입력합니다. 자동실행을 취소하려면 "chkconfig 데몬이름 off"라고 입력하면 됩니다.

제6장 웹서버 구축하기

이 장에서 다루는 내용

○ 아파치(apache) 웹서버 소개

○ 아파치 서버의 설치

○ 방화벽 설정

○ 아파치 서버의 설정

○ 아파치 접속 인증

이 장의 목표

이 장을 마치고 나면 다음의 능력들을 갖게 될 것입니다.

· 아파치 웹서버를 소개할 수 있습니다.

· 아파치 서버를 페도라에 설치할 수 있습니다.

· 페도라의 방화벽을 설정할 수 있습니다.

· 아파치 서버를 적절하게 설정할 수 있습니다.

· 아파치 웹페이지 접속에 대한 인증기능을 설정할 수 있습니다.

6.1 아파치(apache) 웹서버

웹서버는 모두 잘 알다시피 http를 통한 web페이지 서비스를 제공하는 서버입니다. 다양한 서버 프로그램들이 존재하지만 거의 독보적인 웹서버 프로그램이 아파치(apache)입니다. 2011년 2월 현재 조사에 의하면 미국의 웹서버 중 약 60.1%가 아파치를 사용하고 있습니다.[16] 마이크로소프트사의 IIS를 사용하고 있는 웹서버는 20.0%이고 nginx가 7.6%로 3위, 구글 웹서버가 5.1%로 4위를 기록하고 있습니다. 아파치는 아파치재단에서 만들어 무료로 배포하는 공개소프트웨어입니다. Apache라는 이름은 미 원주민이었던 인디언의 대표적인 부족이름에서 유래한 것입니다. 그들의 뛰어난 전략적 능력과 깊은 인내력 때문에 이렇게 이름을 붙였다고 합니다. 항간에는 Apache가 'a patchy web server'(즉 일련의 패치를 통해서 만든 서버)를 의미한다는 말이 있는데 이는 아파치라는 단어가 그렇게도 설명이 될 수는 있겠지만 그것이 이름의 원래 의미는 아니라고 아파치 공식 홈페이지(www.apache.org)에서 밝히고 있습니다.

6.2 아파치의 설치와 시작

아파치의 설치

아파치를 기본 웹서버로 제공하고 있습니다. 페도라 11에 포하되어 있는 아파치 서버의 패키지 파일은 httpd-2.2.11-8.i586.rpm입니다. 함께 제공되고 있는 httpd-tools 패키지에는 아파치 웹서버와 함께 사용할 수 있는 웹서버 감시, 통계, 기록분석, DoS공격 감지, 그리고 방어 툴 들이 포함되어 있습니다. 아파치의 설치는 터미널에서 "yum -y install httpd"로 쉽게 할 수 있습니다. 하지만 ServerA에는 이미 아파치가 설치되어 있을 것입니다. rpm명령으로 아파치의 설치여부를 조사해 보도록 합니다.

```
[root@ServerA ~]# rpm -q httpd  Enter↵
httpd-2.2.11-8.i586
```

〈그림 6-1〉 아파치서버의 설치여부 조사

설치가 되어 있지 않다면 위에 써 있는 바와 같이 yum으로 설치합니다. yum으로 설치시 페도라 11을 위한 최신 버전인 2.2.15버전이 httpd-tools 패키지와 함께 설치될 것입니다.

16) http://news.netcraft.com/archives/category/web-server-survey

아파치의 시작과 기본동작 확인

아파치의 설치가 잘 되었으면(또는 잘 되어 있으면) 현재 웹서버가 어떤 상태인지 파악해 봐야 합니다. 데몬의 상태를 알아보는 명령이 무엇이었는지 기억이 나시나요?

```
[root@ServerA ~]# service httpd status  Enter↵
httpd가 정지되었습니다
```

〈그림 6-2〉 아파치서버 데몬의 상태조사

<그림 6-2>와 같이 메시지가 나온다면 데몬을 시작해 주어야 합니다.

```
[root@ServerA ~]# service httpd status  Enter↵
httpd (pid  3942)를 실행하고 있습니다..
```

〈그림 6-3〉 아파치서버 데몬의 상태조사

아파치를 시작시켜 주었을 때 <그림 6-3>과 같이 'Could not reliably determine the server's fully qualified domain name, ... '과 같은 메시지는 (혹시 나온다면) 일단 무시합니다. [OK]가 출력되었으므로 아파치의 실행은 성공입니다. 다시 한 번 데몬의 상태를 알아봅니다.

```
[root@ServerA ~]# service httpd start  Enter↵
httpd (을)를 시작합니다: httpd: Could not reliably determine the server's fully qualified
domain name, using 61.78.35.198 for ServerName
                                                              [  OK  ]
```

〈그림 6-4〉 아파치서버 데몬을 시작

이제 아파치 서버가 잘 동작하는지 확인해 봅니다. ServerA에서 Firefox를 실행합니다. "http://127.0.0.1"을 입력하여 접속합니다. '127.0.0.1'은 자신을 의미하는 IP주소입니다. 아파치가 정상적으로 동작하고 있다면 <그림 6-5>와 같은 'Fedora Test Page'라는 화면이 보입니다. 그러나 이것은 같은 서버 시스템 내에서 접속한 것이므로 이제 다른 시스템에서 접속해 보도록 합니다.

ClientA를 부팅하여 clienta 사용자로 로그인합니다. 데스크탑에서 Firefox를 실행하고 ServerA에 접속하기 바랍니다. Firefox에 IP주소는 무엇을 넣어야 하지요? '1.10 가상머신의 네트워크 설정'을 유심히 공부했으면 알 수 있을 것입니다. 특히 <그림 1.36>을 참고하면 됩니다. 가상머신들끼리는 '호스트 전용 네트워크'를 통해 랜으로 연결되어 있습니다.

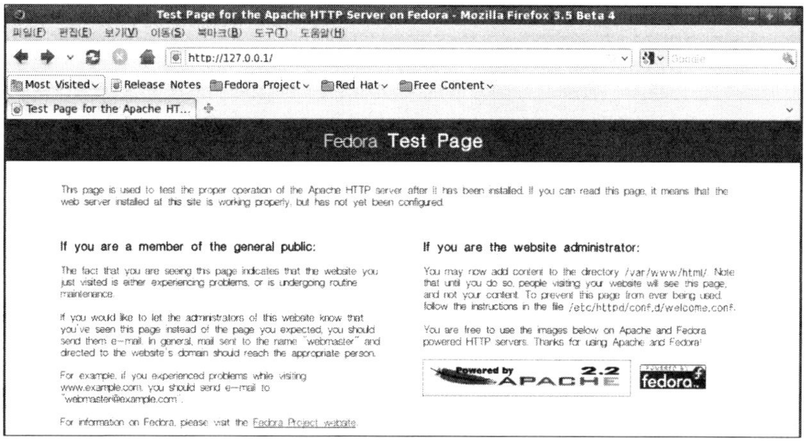

〈그림 6-5〉 Fedora Test Page

그리고 각 가상머신에서 '호스트 전용 네트워크'에 연결된 랜카드는 '어댑터 2', 즉 eth1입니다. 그러므로 eth1의 IP주소를 이용해 서로 통신하게 되는 것입니다. ServerA의 IP주소를 알기 위해서 "ifconfig eth1"을 입력합니다. <그림 6-6>에서 네모로 표시한 'inet addr' 항목이 IPv4 주소입니다. 각자의 주소를 알아내어 ClientA에서 ServerA로 웹서비스를 요청해 보기 바랍니다. 결과는 어떻습니까? 성공했나요?

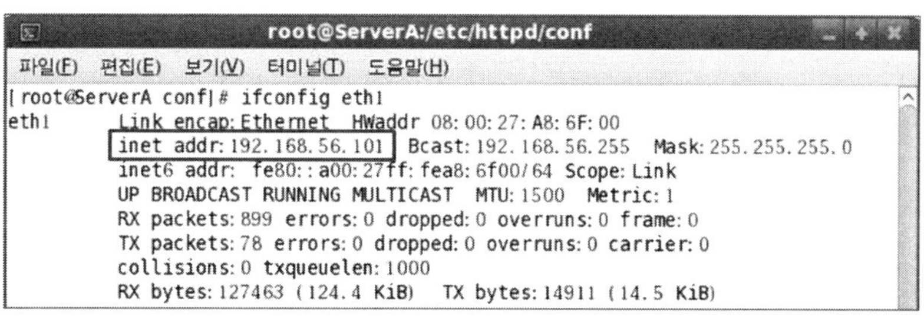

〈그림 6-6〉 ServerA의 IP주소 알아내기

아마도 다음과 같은 메시지의 화면이 나왔을 것입니다.

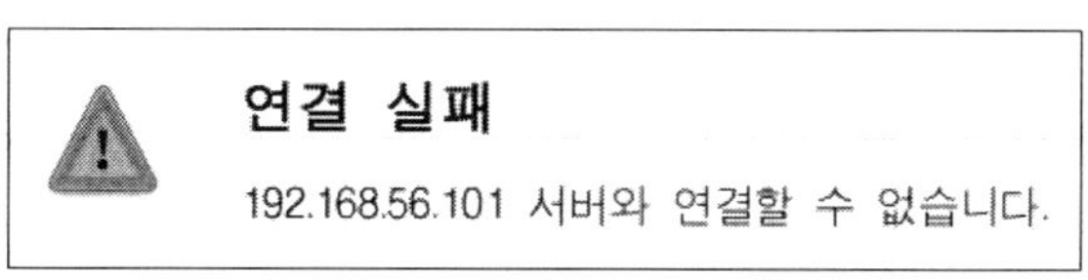

〈그림 6-7〉 httpd 연결 실패 메시지

ClientA와 ServerA 사이의 연결에 무언가 문제가 있어 보입니다. 이럴 경우 우선 해 봐야 하는 것이 ping test입니다. ClientA로부터 ServerA로 ping을 해 봅니다.

clienta@ClientA:~

파일(F) 편집(E) 보기(V) 터미널(T) 도움말(H)

```
[clienta@ClientA ~]$ ping -c 3 192.168.56.101
PING 192.168.56.101 (192.168.56.101) 56(84) bytes of data.
64 bytes from 192.168.56.101: icmp_seq=1 ttl=64 time=1.74 ms
64 bytes from 192.168.56.101: icmp_seq=2 ttl=64 time=1.46 ms
64 bytes from 192.168.56.101: icmp_seq=3 ttl=64 time=1.24 ms

--- 192.168.56.101 ping statistics ---
3 packets transmitted, 3 received, 0% packet loss, time 2005ms
rtt min/avg/max/mdev = 1.248/1.486/1.747/0.204 ms
```

〈그림 6-8〉 ping으로 연결 확인

ping이 잘 되는 것으로 보아 연결에는 이상이 없습니다. 그렇다면 ServerA에서 ping은 아니지만 http패킷을 무언가 막고 있는 것이 있다는 결론에 이릅니다. 그것은 바로 방화벽(firewall)입니다.

방화벽의 설정

TCP/IP통신에서는 IP주소와 포트(port)번호의 쌍으로 통신의 최종 목적지를 결정하게 됩니다. 포트는 한 컴퓨터에서 프로세스들을 구별하는데 사용됩니다. 따라서 IP주소와 포트번호의 쌍을 이용하면 특정 컴퓨터의 특정 프로세스를 찾아갈 수 있게 되는 것입니다. IP주소와 포트번호의 쌍만 있으면 확실히 통신의 목적지를 찾아갈 수 있기에, 이 쌍을 소켓(socket)이라고 부릅니다. 전선을 가져다가 꽂으면 딱 맞아서 연결이 이루어지는 의미를 주는 단어입니다.

방화벽은 원하지 않는 패킷의 유입을 차단하는 장치입니다. 다양한 방법을 이용하는데, 그 중 하나는 서버가 서비스를 제공하는 포트 이외의 포트는 막아서 필요이상의 패킷이 유입되는 일이 없도록 하는 것입니다. 모든 포트가 차단되어 있는 것이 기본이기 때문에 새로운 서비스를 제공하는 데몬을 설치하여 실행했다면 그 서비스를 제공하는 포트를 방화벽에서 열어주어야 합니다.

http 서비스는 tcp 80번 포트를 이용합니다. 방화벽에서 이 포트를 열어주어야 ClientA에서 ServerA의 웹서버를 접속하는 것이 가능해 집니다. ServerA의 터미널에서 root에 로그인하여 "system-config-firewall"을 입력합니다.

```
[root@ServerA conf]# system-config-firewall  Enter↵
```

〈그림 6-9〉 system-config-firewall

'방화벽 설정'창이 생성되면서 '방화벽 설정 시작 메시지'가 나오면 [닫기]를 눌러 줍니다. 이제 '방화벽 설정'창의 왼쪽에서 '신뢰하는 서비스'를 선택하고 오른쪽에서 'WWW(HTTP)'를 찾아 체크해 줍니다.

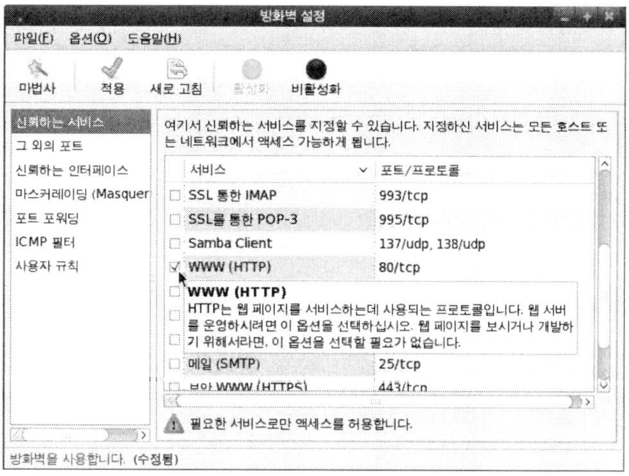

〈그림 6-10〉 WWW(HTTP)에 체크

다음은 매우 중요한 것으로 '방화벽 설정'창의 상단메뉴에서 [적용]을 누릅니다. [적용]을 눌러야 방화벽에 설정이 반영됩니다.

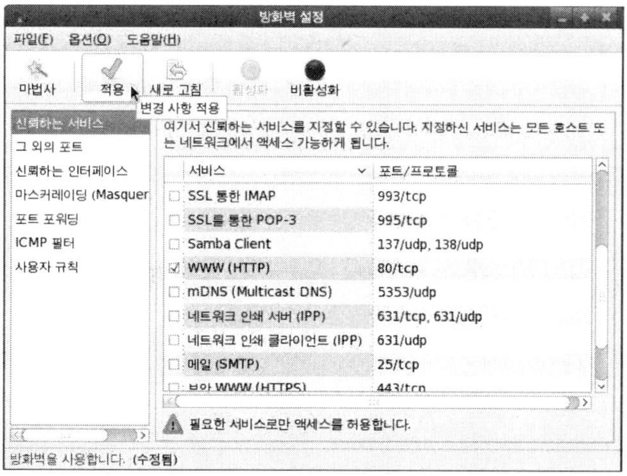

〈그림 6-11〉 적용버튼 누르기

방화벽 설정을 덮어쓴다는 경고가 나옵니다. [예]를 눌러 새로운 방화벽 설정을 적용시킵니다.

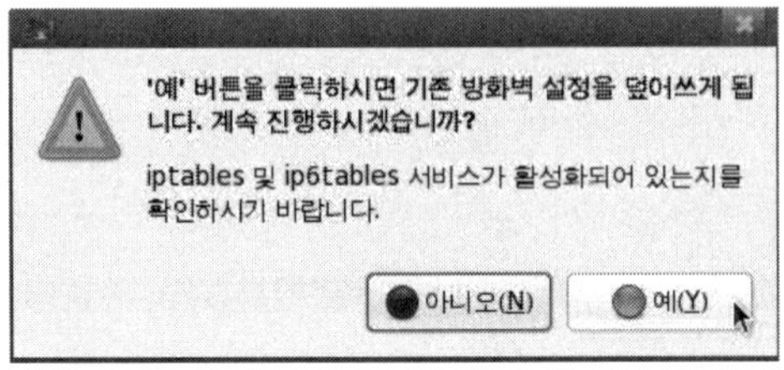

〈그림 6-12〉 덮어쓰기경고-[예]선택

적용이 다 되었으면 상단 오른쪽 [x]를 눌러 '방화벽 설정'창을 종료합니다.

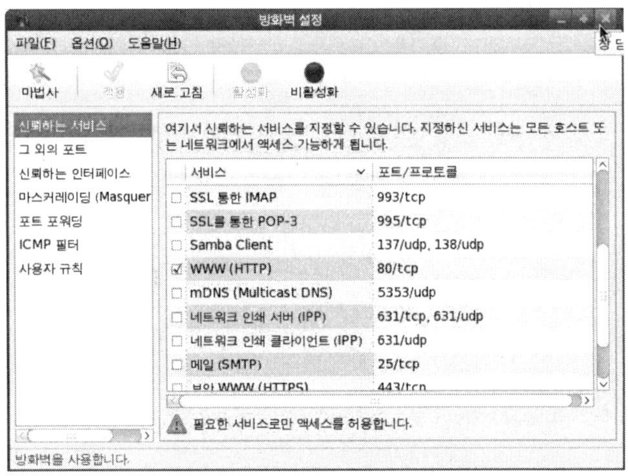

〈그림 6-13〉 방화벽 설정창 종료

이제 ClientA에서 Firefox로 ServerA를 접속해 봅니다. 아파치의 Fedora Test Page가 잘 보입니다.

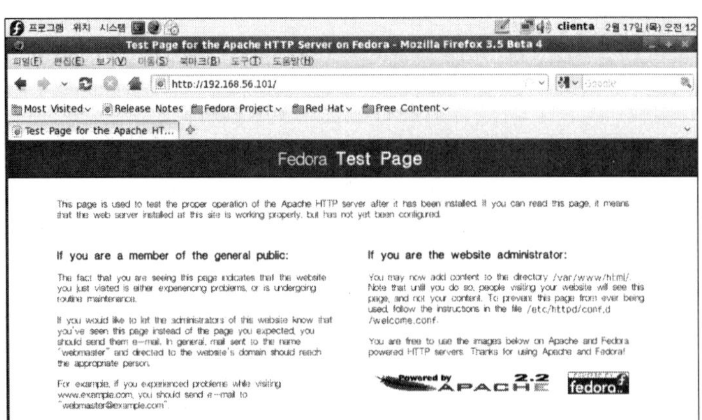

〈그림 6-14〉 ClientA에서 ServerA로 접속 성공

6.3 아파치의 설정

아파치의 설정파일

아파치 서버와 관련된 설정파일은 '/etc/httpd' 디렉터리 아래에 있습니다. '/etc/httpd' 디렉터리에는 conf, conf.d, logs, modules, 그리고 run 디렉터리가 있습니다. conf 디렉터리에는 주 설정파일인 httpd.conf가 있고 conf.d 디렉터리에는 추가 설정파일들이 존재합니다. logs 디렉터리에는 로그(운용기록)가 기록되고, modules 디렉터리에는 아파치 서버의 모듈들이 있습니다. 그리고 run 디렉터리에는 아파치 프로세스의 pid를 기록하는 httpd.pid파일이 있습니다. 원래 '/etc'라는 디렉터리는 설정파일들이 존재하는 디렉터리입니다. 그러므로 '/etc'아래 conf와 conf.d 디렉터리가 있는 것은 이해되는데, logs, modules, 그리고 run 디렉터리가 있는 것은 아무래도 좀 어울리지 않는다는 생각이 들지요? logs와 run은 프로그램의 실행에 관련해 생성되는 기록이므로 '/var' 디렉터리에, 그리고 modules는 라이브러리이므로 '/lib' 또는 '/usr/lib'에 있어야 맞을 것입니다. 이 의문은 '/etc/httpd' 디렉터리에 가서 "ls -l"을 해보면 풀립니다.

```
root@ServerA:/etc/httpd
파일(F) 편집(E) 보기(V) 터미널(T) 도움말(H)
[root@ServerA httpd]# ls -l
합계 8
drwxr-xr-x. 2 root root 4096 2011-02-07 00:57 conf
drwxr-xr-x. 2 root root 4096 2011-02-07 00:57 conf.d
lrwxrwxrwx. 1 root root   19 2011-02-07 00:57 logs -> ../../var/log/httpd
lrwxrwxrwx. 1 root root   27 2011-02-07 00:57 modules -> ../../usr/lib/httpd/modules
lrwxrwxrwx. 1 root root   19 2011-02-07 00:57 run -> ../../var/run/httpd
```

〈그림 6-15〉 /etc/httpd 디렉터리 목록

conf와 conf.d를 제외한 나머지 디렉터리를 보면 모두 '->'가 표시되어 있습니다. 이것은 심볼릭 또는 소프트 링크라고 하는 것입니다. 심볼릭 링크는 윈도우즈의 '바로가기' 같은 것입니다. 실제 원본파일이 아니라 파일 혹은 디렉터리를 지시하는 링크만 가지고 있는 것입니다. 예를 들어 logs 디렉터리 하의 내용은 실제로는 '/etc/httpd'에 존재하는 것이 아니라 '/var/log/httpd'에 존재한다는 것입니다. 실제로는 이 디렉터리들은 편의를 위해서 '/etc/httpd' 아래에 심볼릭 링크를 이용해 모아 놓은 것입니다. 여기에서 가장 중요한 설정파일은 '/etc/httpd/conf/httpd.conf'입니다. 대부분의 중요한 설정은 이 파일에서 이루어지므로 잘 기억하기 바랍니다. 이제 중요 설정변수들을 하나씩 보겠습니다.

html문서의 홈디렉터리 DocumentRoot

이제 간단한 홈페이지를 만들어 띄워 보도록 하겠습니다. <그림 6-16>에 간단한 홈페이지 코드가 나와 있습니다. 이것을 gedit나 vi를 이용하여 작성하고 index.html이라는 이름으로 저장합니다.

```
<title>
서버구축 실습
</title>
<body>
<center><h1>ServerA의 홈페이지입니다.</h1></center>
<hr width=80%>
<center><h3>이것은 서버구축 수업을 위해서 김교일이 만든 홈페이지입니다.</h3></center>
</body>
```

〈그림 6-16〉 index.html

이제 ClientA에서 Firefox로 다시 ServerA를 접속해 봅니다. 페이지가 달라졌나요? 그대로이죠? index.html을 만들었으나 그 파일을 아파치가 알아볼 수 있는 정해진 디렉터리에 넣지 않았기 때문입니다. 아파치가 생각하는 정해진 디렉터리가 어디인지 알려면 앞에서 언급한 '/etc/httpd/conf/httpd.conf'의 내용을 살펴봐야 합니다. "less /etc/httpd/conf/httpd.conf"를 실행합니다. 아파치가 index.html파일을 찾는 디렉터리를 'DocumentRoot'라고 합니다. <그림 6-17>과 같이 "less"의 실행 터미널에서 "/DocumentRoot"라고 입력하고 Enter↵ 를 누릅니다.

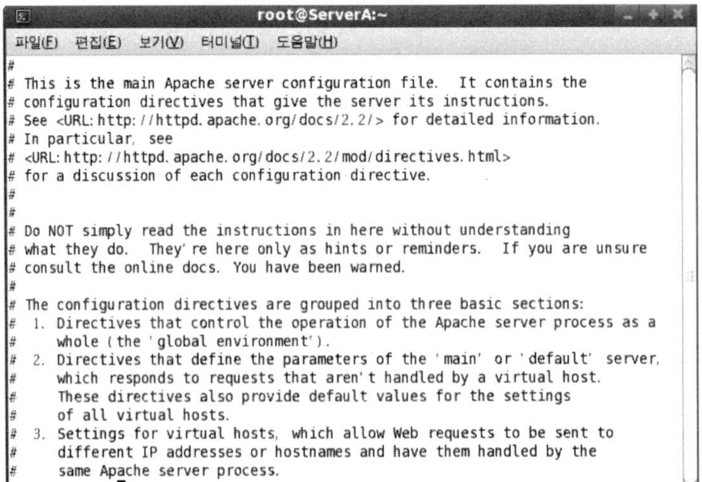

〈그림 6-17〉 less에서의 검색

"/<u>검색어</u>"는 vi에서 문서에 대해 검색하는 명령이었지요?[17] "less"에서도 같은 명령으로 검색을 합니다. 리눅스는 대소문자를 구별한다는 것을 잊지 마시기 바랍니다. <그림 6-18>과 같이 검색결과가 나옵니다.

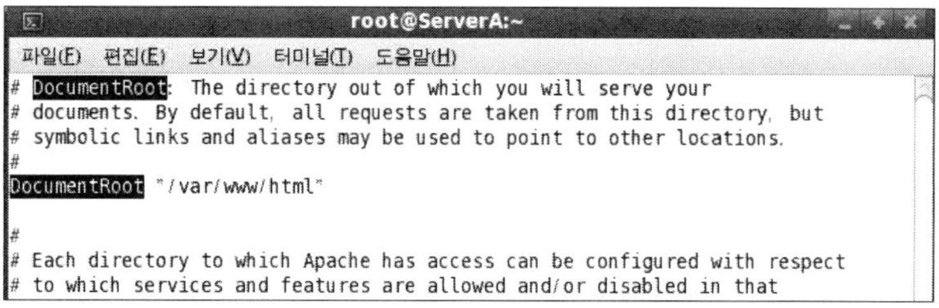

〈그림 6-18〉 DocumentRoot 검색결과

검색어가 반전되어 나와 알아보기 좋습니다. 앞에 '#'가 있는 행은 주석(comment)을 의미합니다. 5번째 줄을 보니 'DocumentRoot "/var/www/html"'이라고 씌여 있습니다. 그러므로 index.html 파일을 '/var/www/html'디렉터리에 만들어 주어야 한다는 것을 알 수 있습니다. 만약 이 다른 디렉터리를 'DocumentRoot'로 했으면 좋겠다면 '/etc/httpd/conf/httpd.conf'의 'DocumentRoot "/var/www/html"'에서 '/var/www/html'대신에 원하는 디렉터리경로를 넣고 저장하면 됩니다. 그런데 httpd 데몬을 재시동하기 전에는 수정된 httpd.conf의 설정이 적용되지 않는다는 것을 유의해야 합니다.

아까 만들어 놓은 index.html파일을 '/var/www/html'로 옮겨 줍니다.

```
[root@ServerA ~]# mv index.html /var/www/html  Enter↵
```

〈그림 6-19〉index.html을 /var/www/html로 이동

이제 ClientA에서 Firefox로 다시 ServerA를 접속해 봅니다. 이제 제대로 접속이 되지요?

〈그림 6-20〉 index.html 접속 성공

17) '4.6 텍스트 파일 편집기'를 참조하세요.

서버정보 공개수준 설정 ServerTokens

토큰(token)이란 '표시, 징표'라는 뜻을 가지고 있습니다. 1980~90년대에는 버스교통비로 가운데 구멍이 뚫린 엽전같이 생긴 토큰이라는 것을 사용한 적도 있었습니다. ServerToken이라 서버에 대해 알려주는 표시 같은 의미가 됩니다.

일단 텔넷(telnet)을 이용하여 웹서버를 접속해 보도록 하겠습니다. 텔넷이란 teletype network의 줄임말인데, 컴퓨터에서 사용하는 터미널을 의미하는 teletype[18]란 단어에 network이란 단어가 첨가되어 텔넷은 네트워크로 연결된 터미널이라는 뜻을 갖게 됩니다. 즉, 텔넷으로 어떤 서버에 접속하면 마치 그 서버의 터미널에서 작업하는 것과 같은 환경이 된다는 것입니다. 하지만 텔넷은 전송되는 데이터가 암호화되지 않아 패킷을 캡처하여 보면 데이터의 내용이 그대로 노출되는 보안문제가 있어서 요즘은 거의 사용하지 않게 되었습니다. 그 대신에 보안이 강화된 ssh(secure shell)를 사용하고 있습니다. 그래서 페도라에서는 텔넷서버(telnet-server)를 패키지에 제공하고 있지 않습니다. 서버에서 텔넷서비스를 제공하게 되면 서버가 보안에 취약해 지기 때문입니다. 다만, 텔넷서버를 이용할 수 있는 텔넷 클라이언트 패키지만 제공합니다. 텔넷클라이언트는 터미널에서 "telnet 서버IP주소"라는 명령어로 실행합니다.

ClientA에서 ServerA로 텔넷연결을 시도하면 연결할 통로(route)가 없다며 실패하고 맙니다. 텔넷 서비스는 23번 포트를 사용하는데 ServerA가 텔넷서비스를 제공하고 있지 않아 23번 포트를 막아놓고 있기 때문입니다.

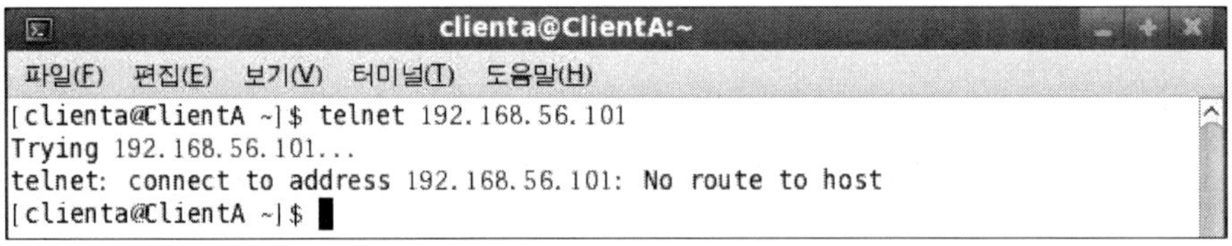

〈그림 6-21〉 텔넷연결 실패

하지만 80번포트로 접속을 하면 웹서버에 연결이 됩니다. 텔넷이 웹브라우저는 아니지만, 접속한 후에 마치 웹브라우저인 것처럼 행동하면 웹서버는 정상적으로 응답을 보내줍니다. 그런데 어떻게 텔넷을 이용하여 80번 포트로 연결할 수가 있을까요? "telnet 서버IP주소 포

18) teletype는 원래 컴퓨터시대 이전에, 원거리 텍스트 전송에 사용하던 텔레타이프전송기를 의미했지만 그 용어가 컴퓨터에 사용되면서 터미널을 의미하는 것으로 바뀌었습니다. 리눅스에서 가상터미널에 TTY라는 이름이 붙는데 이것이 TeleTYpe라는 단어의 약자입니다.

트번호"의 형식으로 뒤에 포트번호를 지정하면 그 포트로 연결하게 됩니다. 연결이 되면 웹브라우저처럼 '웹페이지를 요청'해야 합니다. <그림 6-22>에 굵은 기울임체로 쓴 부분을 따라서 입력합니다. 특히 첫 줄은 "GET [Space Bar] / [Space Bar] HTTP/1.1"과 같이 'GET'과 '/'사이에 빈 칸을, 또 '/'와 'HTTP' 사이에도 빈 칸을 넣어야 합니다. 그리고 두 번째 줄 "HOST:192.168.56.101:80"을 입력한 후에는 [Enter↵] 를 두 번 입력해야 웹서버로부터 응답을 받을 수 있음을 유의하기 바랍니다. 그것은 한 문장 뒤에 [Enter↵] 를 입력하면 단순히 줄만 바꿔주지만, 입력문자가 없는 행에서 [Enter↵]를 입력하면 명령을 전송하기 때문입니다.

```
[clienta@ClientA ~]$ telnet 192.168.56.101 80
Trying 192.168.56.101...
Connected to 192.168.56.101.
Escape character is '^]'.
GET / HTTP/1.1  [Enter↵]
HOST:192.168.56.101:80  [Enter↵]
[Enter↵]
HTTP/1.1 200 OK
Date: Thu, 17 Feb 2011 03:43:05 GMT
Server: Apache/2.2.11 (Fedora)
Last-Modified: Thu, 17 Feb 2011 00:42:29 GMT
ETag: "dbcd-f0-49c6fac16694f"
Accept-Ranges: bytes
Content-Length: 240
Connection: close
Content-Type: text/html; charset=UTF-8

<title>
서버구축 실습
</title>
<body>
<center><h1>ServerA의 홈페이지입니다.</h1></center>
<hr width=80%>
<center><h3>이것은 서버구축 수업을 위해서 김교일이 만든 홈페이지입니다.</h3></center>
</body>

Connection closed by foreign host.
[clienta@ClientA ~]$
```

〈그림 6-22〉 telnet으로 웹서버 접속하기

서버로부터의 응답을 보면 두 부분으로 나뉘어 집니다. 먼저 <title>로 시작하는 후반부를 보면 우리가 만들어 놓은 페이지내용임을 알 수 있습니다. 웹브라우저는 이 부분을 가지고 우리에게 페이지를 멋있게 보여주는 것이지요. 전반부는 '헤더(header)'라고 불리며, 웹서버와 현재 가지고 오는 페이지에 대한 정보를 담고 있습니다. 그 중에서 특히 Server라고 되어 있는 항목을 보겠습니다. <그림 6-22>에서는 굵은 글씨와 밑줄로 표시를 해 놓았습니다. 이 항목을 보면 해당 웹서버가 아파치 2.2.11버전을 사용하고 페도라로 운영되고 있다는 것을 알 수 있습니다. 하지만 이런 정보를 알려주는 것은 보안상 상당히 위험합니다. 만약 아파치 2.2.11버전의 어떤 보안결함이 알려지면 나쁜 해커들은 그 버전의 아파치를 찾아 공격을 할 것입니다. 같은 이유로 페도라로 운영되고 있다는 것도 알려줄 필요는 없는 것입니다. 여기 Server항목에 어떤 정보까지 알려줄 것인가를 결정하는 것이 'httpd.conf'의 'ServerTokens'라는 변수입니다. 이 변수가 가질 수 있는 값은 다음과 같습니다.

값	공개하는 서버정보	예
Prod	서버프로그램 이름만	Apache
Major	서버프로그램의 주버전까지	Apache/2
Minor	서버프로그램의 부버전까지	Apache/2.2
Min	서버프로그램의 패치버전까지	Apache/2.2.11
OS	서버프로그램의 버전/OS종류	Apache/2.2.11 (Fedora)
Full (혹은 지정안함)	서버프로그램의 버전/OS종류/ 기타 웹관련 사용프로그램 버전	Apache/2.2.11 (Fedora) PHP/4.2.2

〈표 6-1〉 ServerTokens 변수 값에 따른 서버정보의 공개 정도

따라서 'ServerTokens'의 값은 'Prod'로 설정하는 것이 가장 바람직합니다. <그림 6-22>의 출력으로 봐서 현재는 'OS'로 설정되어 있을 것입니다. 이번에는 vi를 이용해 httpd.conf를 열기 바랍니다. 'ServerTokens'를 검색하여 이 값을 "Prod"로 바꾸고 저장합니다. 이제 httpd.conf가 바뀌었으니 해야 할 일은 무엇인가요? 네, httpd를 재시작해야 합니다.

```
clienta@ClientA:~
파일(F) 편집(E) 보기(V) 터미널(T) 도움말(H)
[clienta@ClientA ~]$ telnet 192.168.56.101 80
Trying 192.168.56.101...
Connected to 192.168.56.101.
Escape character is '^]'.
GET / HTTP/1.1
HOST: 192.168.56.101:80

HTTP/1.1 200 OK
Date: Thu, 17 Feb 2011 08:08:19 GMT
Server: Apache
Last-Modified: Thu, 17 Feb 2011 00:42:29 GMT
ETag: "dbcd-f0-49c6fac16694f"
Accept-Ranges: bytes
Content-Length: 240
Connection: close
Content-Type: text/html; charset=UTF-8
```

〈그림 6-23〉 ServerTokens 변경후 서버정보

그리고 다시 ClientA에서 텔넷을 이용하여 웹서버를 접속해 보면 <그림 6-23>과 같이 공개하는 서버의 정보가 'Apache'로만 나오는 것을 보게 됩니다.

한 번의 연결로 여러 페이지를 서비스 KeepAlive

<그림 6-22>를 보면 웹서버에게 페이지를 요청하여 응답을 받자 연결이 끊어지고 바로 다시 터미널의 프롬프트로 나오는 것을 볼 수 있습니다. 그런데 연결이 끊어지는 메시지를 보면 'Connection closed by foreign host.'라고 되어 있습니다. 이를 직역하면 '연결이 외부의 호스트에 의해 종료되었다'는 의미인데 외부의 호스트란 통신 상대방을 의미하는 것이고 이는 바로 웹서버를 말하는 것입니다. 그러니까 웹서버가 한번 연결하여 하나의 페이지를 전송한 뒤에는 바로 연결을 끊어버린다는 것입니다.

웹서비스가 이용하는 HTTP라는 프로토콜은 TCP서비스를 이용하는데 TCP는 서비스는 통신을 하기 위해서는 '연결'이라는 절차가 필요합니다.[19] 마치 우리가 전화를 하기 위해서는 먼저 전화번호를 눌러서 통화연결을 해야 하는 것과 마찬가지입니다. 전화번호를 누르고 연결이 되기를 기다리는 것은 시간이 걸리고 때로는 번거로운 절차입니다. TCP의 연결과정도 그러합니다. 그런데 연결을 해서 한 번의 요청과 응답만 하고 연결을 끊으면 다음 페이지를 볼 때는 새 연결을 또 만들어야 해야 한다는 것입니다. 전화걸 때 한 번 대화하고 끊고 다시 전화를 걸어 다음 대화를 하고 끊고 하는 것과 비슷합니다. 비효율적이죠.

1996년에 만들어진 'HTTP/1.0'을 사용하던 때에는 비효율적이어도 이렇게 할 수 밖에 없었습니다. 그래서 1999년에 'HTTP/1.1'이 나오면서 한 번의 연결에 여러 번의 '요청-응답'이 가능하도록 바꾸었습니다. 이렇게 한 번 연결에 복수개의 연속적인 요청을 서비스 할 수 있는 것을 keep-alive 기능이라고 합니다. 그리고 그것을 적용할 것인지 아니면 'HTTP/1.0'의 경우처럼 한 연결에 한 번의 요청만 처리할 것인지를 설정하는 변수가 'KeepAlive'입니다. httpd.conf파일에서 'KeepAlive'를 찾아 'KeepAlive Off'로 되어 있는 것을 "KeepAlive On"으로 변경합니다.

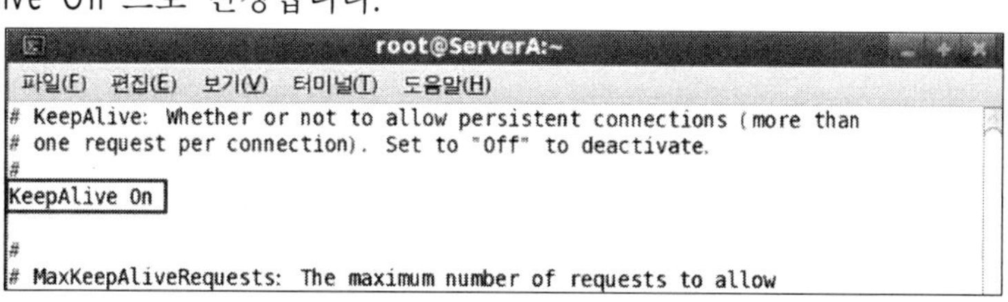

〈그림 6-24〉 httpd.conf의 KeepAlive On 설정

19) 이 과정을 흔히 3-way handshake라고 부릅니다.

이제 <그림 6-22>와 같이 텔넷을 이용하여 웹서버에 접속하기를 다시 해 봅니다. 이번에는 응답으로 index.html의 내용을 수신하고 나서도 'Connection closed by foreign host.'라는 메시지가 금방 나오지 않습니다. 이 상태에서 "GET / HTTP/1.1" [Enter↵] 그리고 "HOST:192.168.56.101:80" [Enter↵] [Enter↵] 를 입력하면 연결의 종료 없이, 그래서 터미널이 프롬프트로 빠져나오지 않고 계속해서, 웹서버로부터 다시 한 번 페이지를 전송 받게 됩니다. 그런데 이렇게 해 보려고 하는 사이에 프롬프트로 빠져나와 버립니다. 그렇지요? 이것은 'KeepAlive'가 'On'이라고 하더라도 한 요청을 처리하고 다음 요청이 올 때까지 서버가 무작정 기다리지는 않기 때문입니다. 무작정 기다린다면 어떤 문제가 생길까요? 생각해 보시기 바랍니다. 그래서 기다리는 시간을 정하고 그 시간 내에 다음 요청이 오지 않으면 서버는 연결을 종료합니다. 이 기다리는 시간이 'KeepAliveTimeout'입니다.

httpd.conf파일에서 'KeepAliveTimeout'을 찾습니다. 아마도 'KeepAliveTimeout 15'로 되어 있을 것입니다. 이 값의 단위는 초입니다. 120으로 설정하여 2분정도의 시간을 확보해 주면 충분히 요청을 위한 입력이 가능할 것입니다.

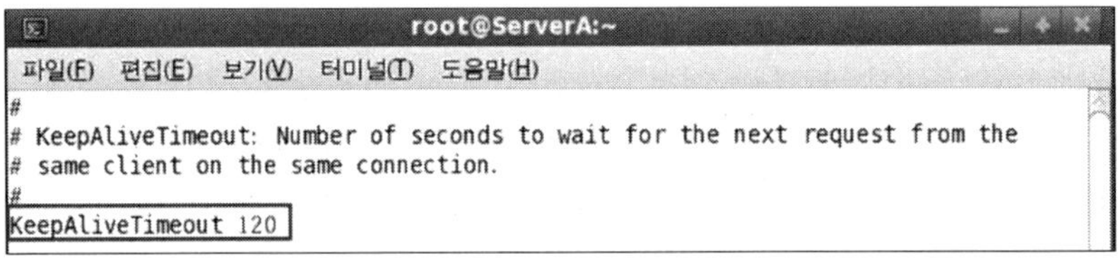

〈그림 6-25〉 httpd.conf의 KeepAliveTimeout 설정

이제 설정을 다 했으니 httpd를 재시작합니다. 다시 ClientA에서 ServerA의 웹서버로 텔넷을 이용하여 접속합니다. <그림 6-26>에서와 같이 텔넷으로 접속이 된 후 "GET / HTTP/1.1" [Enter↵] 그리고 "HOST:192.168.56.101:80" [Enter↵] [Enter↵] 를 처음 입력하면 웹서버는 응답을 하고 나서도 연결을 끊지 않고 기다리고 있습니다. 2분의 여유를 두었으니 시간은 충분합니다. 곧바로 "GET / HTTP/1.1" [Enter↵] 그리고 "HOST:192.168.56.101:80" [Enter↵] [Enter↵] 를 재차 입력합니다. 요청을 받은 웹서버는 응답으로 index.html을 또 보내주게 됩니다. 이제 그냥 터미널을 놓아둔 채로 2분이 지나면 서버는 연결을 끊어 버립니다.

Keep-alive는 통신상의 효율을 높이는 기술입니다. 그러면 왜 아파치는 이 좋은 기술을 Off하는 것을 기본으로 했을까요? 또 keep-alive를 사용한다고 했을 때 과연 KeepAliveTimeout은 어느 정도로 하는 것이 좋을까요? 생각해 볼만한 문제입니다.

```
[clienta@ClientA ~]$ telnet 192.168.56.101 80
Trying 192.168.56.101...
Connected to 192.168.56.101.
Escape character is '^]'.
GET / HTTP/1.1 [Enter↵]
HOST:192.168.56.101:80 [Enter↵]
[Enter↵]
HTTP/1.1 200 OK

      ... 중간생략 ...

<center><h3>이것은 서버구축 수업을 위해서 김교일이 만든 홈페이지입니다.</h3></center>
</body>

GET / HTTP/1.1 [Enter↵]
HOST:192.168.56.101:80 [Enter↵]
[Enter↵]
HTTP/1.1 200 OK

      ... 중간생략 ...

<center><h3>이것은 서버구축 수업을 위해서 김교일이 만든 홈페이지입니다.</h3></center>
</body>

Connection closed by foreign host.
[clienta@ClientA ~]$
```

〈그림 6-26〉 KeepAlive로 연속된 2번의 요청을 한 연결로 처리

Keep-alive는 효율의 측면에서는 좋은 기술이지만, 이를 악용하면 그 유명한 서비스거부 공격(DoS)으로 이용당할 수도 있습니다. 서버를 공격을 하는 클라이언트가 요청을 계속 KeepAliveTimeout 간격으로 하게 되면 그 연결은 의미있는 서비스를 하지도 않으면서 계속 유지되게 됩니다. 한 서버가 유지할 수 있는 연결의 개수는 물리적으로 제한되어 있기 때문에 이런 연결을 많이 만들게 되면 서버는 정상적인 서비스를 못하는 상황으로 가게 될 수 있는 것입니다. 그러므로 Keep-alive를 사용하는 것은 위험성이 있는 것이며 사용할 때에는 KeepAliveTimeout의 값을 가능한 한 작게 주는 것이 바람직하다고 생각합니다.

일반 사용자별 홈페이지 서비스 UserDir

이런 저런 웹페이지를 방문하다보면 페이지의 주소가 'http://www.dongyang.ac.kr/~gates'과 같은 식으로 되어 있는 것을 보게 됩니다. 이것은 'www.dongyang.ac.kr'이라는 서버에 있는 gates라는 아이디의 사용자가 해당 서버에 자신의 홈페이지를 만들어 운영할 수 있도록 해 주는 서비스입니다.

vi로 httpd.conf파일을 열어 'UserDir'을 찾습니다. 처음 찾아주는 'UserDir'은 아마도 '# UserDir: The name of the directory ...'라는 문장 중에 있는 것일 겁니다. 이 부분은 'UserDir'에 대해 설명하고 있는 부분이므로 다음에 나오는 'UserDir'을 찾도록 합니다. 키보드에서 'n'키를 눌러 주면 바로 다음 'UserDir'을 찾아 줍니다. 이번에는 '# UserDir is disabled by default since ...'라는 문장이지요? 이것도 설명입니다. 한 번 더 'n'키를 눌러 줍니다. 'UserDir disabled'가 나왔나요? 이제 제대로 찾았습니다. 이 부분은 'UserDir'을 disabled, 즉 사용하지 못하게 하겠다는 의미입니다. 그렇기에 지금은 사용자별 홈페이지 서비스가 제공되지 않습니다. 사용자별 홈페이지 서비스를 제공하려면 이 disabled라는 단어를 지우고 그 위치에, 사용자 홈디렉터리 아래에서 html파일을 위치시킬 디렉터리의 이름을 적어주면 됩니다. 예를 들어 'UserDir public_html'이라고 적어 주면 servera 사용자의 경우는 '/home/servera/public_html'이라는 디렉터리를 만들고 그 아래에 index.html파일을 만들어 주면 웹브라우저에서 "http://192.168.56.101/~servera"라고 입력하여 servera의 index.html을 접속할 수 있게 됩니다.

여기에서는 다음과 같이하여 사용자별 홈페이지 서비스를 가능하게 하겠습니다.

httpd.conf파일을 보고 있는 vi화면에서 'UserDir disabled'로부터 커서를 좀 더 아래쪽으로 7줄 정도 내리면 '# UserDir public_html'라는 부분이 나옵니다. 이제 'UserDir disabled' 앞에는 '#'을 붙여주고, '# UserDir public_html'에서는 '#'을 제거해 줍니다.

```
root@ServerA:/var/www/html
파일(F) 편집(E) 보기(V) 터미널(T) 도움말(H)
<IfModule mod_userdir.c>
    #
    # UserDir is disabled by default since it can confirm the presence
    # of a username on the system (depending on home directory
    # permissions).
    #
    #UserDir disabled

    #
    # To enable requests to /~user/ to serve the user's public_html
    # directory, remove the "UserDir disabled" line above, and uncomment
    # the following line instead:
    #
    UserDir public_html
</IfModule>
```

〈그림 6-27〉 사용자별 홈페이지 디렉터리 설정

이제 httpd.conf의 내용을 변경했으므로 httpd를 재시동해야 합니다. 그리고 servera의 홈 디렉터리인 '/home/servera' 아래에 public_html이라는 이름으로 디렉터리를 생성해 줍니다. 물론 이 작업은 servera로 로그인한 터미널에서 해 주어야 하겠습니다.

```
[servera@ServerA ~]$ mkdir public_html  Enter↵
```

〈그림 6-28〉 servera의 홈디렉터리에 public html 디렉터리를 생성

이제 '/home/servera/public_html'에 index.html을 만들어 주는데 내용은 <그림 6-29>와 같이 합니다.

```
<title>
서버구축 실습
</title>
<body>
<center><h1>servera@ServerA의 홈페이지입니다.</h1></center>
<hr width=80%>
<center><h3>이것은 서버구축 수업을 위해서 servera가 만든 홈페이지입니다.</h3></center>
</body>
```

〈그림 6-29〉 servera의 index.html

그런데 index.html을 처음부터 새로 만드는 것보다 이미 만들어 놓은 것을 복사해서 조금 고치는 것이 편하겠습니다. 그래서 '/var/www/html/index.html'을 '/home/servera/public_html'로 복사해 옵니다.

```
[servera@ServerA ~]$ cp /var/www/html/index.html public_html  Enter↵
```

〈그림 6-30〉 servera의 홈디렉터리에 public html 디렉터리를 생성

이제 '/home/servera/public_html/index.html'을 수정하면 됩니다. 그러면 ClientA의 Firefox에서 "http://192.168.56.101/~servera"로 접속해 봅니다.

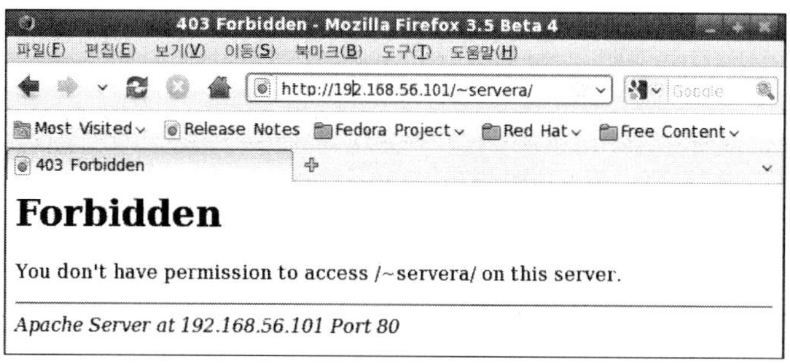

〈그림 6-31〉 servera 홈페이지에 접속 실패

Forbidden이란 '금지되었다'는 의미이죠. 뭐가 금지되었나 보니까 'You don't have permission to access /~servera/ on this server.'랍니다. 그러니까 ~servera(servera의 홈디렉터리를 의미)에 접근할 권한이 없다는 것입니다. 그래서 index.html을 읽을 수 없다는 것이라는 말입니다. 그러면 디렉터리와 파일의 사용권한을 점검해 봅니다. 그런데 어떤 파일과 디렉터리를 점검해 봐야 하나요? 그리고 또 누가 어떤 권한이 가능하도록 해야 ClientA에서 servera 사용자의 홈페이지를 볼 수 있는 것일까요? 외부의 클라이언트가 servera 사용자의 index.html을 보려고 할 때 그 요청은 누구에게 하는지 생각해 보면 두 번째 질문에 대해 답이 나옵니다. 바로 아파치 웹서버에게 하지요. 그러니까 아파치 웹서버가 index.html을 읽어서 그 내용을 외부 클라이언트에게 전해 주는 것입니다. 그렇다면 index.html을 웹서버가 읽을 수 있는 사용권한을 설정해 주면 됩니다.

이제, 어떤 파일과 디렉터리를 조사해야 하는지 생각해 보겠습니다. 파일을 읽으려면 일단 해당파일의 사용권한이 중요하므로 'index.html'을 조사해야 합니다. 그 다음은 그 파일이 들어있는 디렉터리가 중요합니다. 파일을 읽으려면 그 디렉터리에 대해 어떤 사용권한이 있어야 하나요? 혹시 읽기권한이 있어야 한다고 잠깐 생각할 수도 있겠습니다만, 파일을 읽기 위해서는 그 디렉터리에 '들어가야'하고 들어가려면 디렉터리에 대해 '실행권한'이 있어야 한다고 했습니다. 그리고 어떤 디렉터리에 들어가려면 그 디렉터리의 상위디렉터리도 들어가야 하므로 루트까지 이르는 모든 상위디렉터리가 실행이 가능해야 합니다. 따라서 '/home/servera/public_html', '/home/servera', 그리고 '/home'의 사용권한을 살펴봐야 합니다.

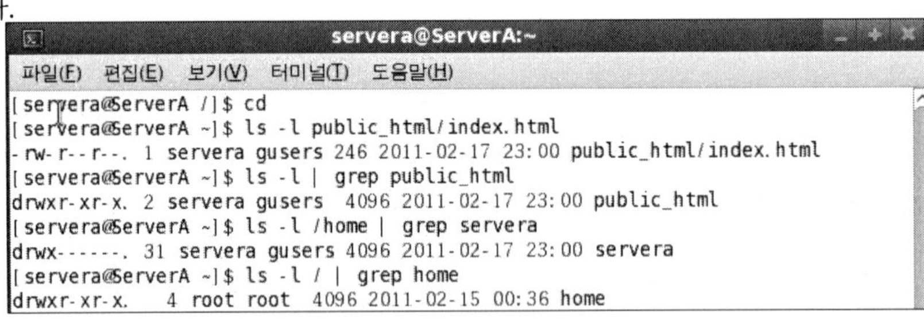

```
servera@ServerA:~
파일(F) 편집(E) 보기(V) 터미널(T) 도움말(H)
[servera@ServerA /]$ cd
[servera@ServerA ~]$ ls -l public_html/index.html
-rw-r--r--. 1 servera gusers 246 2011-02-17 23:00 public_html/index.html
[servera@ServerA ~]$ ls -l | grep public_html
drwxr-xr-x. 2 servera gusers  4096 2011-02-17 23:00 public_html
[servera@ServerA ~]$ ls -l /home | grep servera
drwx------. 31 servera gusers 4096 2011-02-17 23:00 servera
[servera@ServerA ~]$ ls -l / | grep home
drwxr-xr-x.   4 root root  4096 2011-02-15 00:36 home
```

〈그림 6-32〉 관련 파일과 디렉터리의 사용권한 조사

아파치 웹서버는 사용자명은 'apache'입니다. 속한 그룹도 apache로서 servera와는 그룹이 같지 않습니다. 그러므로 index.html을 '모든 사용자'가 읽을 수 있도록 해 주어야 합니다.

```
[servera@ServerA ~]$ id apache  Enter↵
uid=48(apache) gid=48(apache) groups=48(apache)
```

〈그림 6-33〉 apache 사용자의 그룹확인

그렇다면 <그림 6-32>에서 문제가 있는 사용권한은 어떤 것일까요? '/home'은 모두 실행이 가능하니 문제가 없습니다. '/home/servera/public_html'도 모두 실행이 가능하고 index.html도 모두 읽기가능한데 '/home/servera'가 문제입니다. 그러면 '/home/servera'의 사용권한 모드값을 어떻게 바꾸어 주면 좋을까요? <그림 6-34>와 같이 해 주면 될 것입니다.

```
[servera@ServerA home]$ chmod 701 servera
[servera@ServerA home]$ ls -l
합계 8
drwx-----x. 31 servera gusers 4096 2011-02-17 23:00 servera
drwx------.  7 user1   gusers 4096 2011-02-16 08:05 user1
```

〈그림 6-34〉 apache 사용자의 그룹확인

자, 이제 다시 ClientA에서 servera 사용자의 index.html을 접속해 봅니다. 그런데 이번에도 접속이 되질 않습니다. 이번에는 ServerA의 오른쪽 상단에 <그림 6-35>와 같은 경고가 나왔습니다. 이는 보안상 이유로 SELinux가 접근을 막고 있는 것을 나타냅니다.

〈그림 6-35〉 SELinux 경고

정식대로라면 SELinux의 메시지를 분석하고 설정을 다시 해야 하겠지만 SELinux의 사용법이 매우 복잡하여 서버구축의 입문과정에서 다루기에는 적절하지 않습니다. 따라서 이 과정에서는 SELinux를 해제하고 실습을 진행하도록 합니다. root 사용자로 다음과 같은 명령을 내리면 SELinux가 해제됩니다.

```
[root@ServerA ~]# setenforce 0 Enter↵
```

〈그림 6-36〉 SELinux의 해제

이제 마지막으로 ClientA에서 servera 사용자의 index.html을 접속해 봅니다. servera 사용자의 홈페이지가 성공적으로 보입니다.

6.4 아파치의 접속 인증

접속 인증

홈페이지는 모든 사람들이 보도록 운영하는 경우가 많지만, 때로는 특별한 목적을 위해 특정한 그룹이나 사람들만 접속하기를 원하는 경우도 있습니다. 외부인이 알아서는 안 되는 기밀 자료들을 내부인들만 접속하여 볼 수 있게 하거나 동호회 같은 모임에서 회원들만 접속하도록 제한하고 싶은 경우 등이 있을 수 있습니다. 이러한 경우 사용하는 것이 접속 인증입니다. 요즘은 이러한 것을 웹프로그래밍을 통하여 로그인 기능으로 구현하고 있는 경우가 많지만, 아파치에서 제공하고 있는 접속인증 기능을 사용하면 손쉽게 특정 페이지에 대한 외부인의 접근을 차단할 수 있어서 편리합니다.

아파치의 인증

인증을 위해서는 우선 아이디와 패스워드가 필요합니다. 아파치에서는 "htpasswd"라는 명령으로 접속인증 아이디와 패스워드를 만듭니다. 명령형식은 "htpasswd -c 보호하려는디렉터리경로/.htpasswd 사용자아이디"입니다. 예를 들어 '/var/www/html' 디렉터리에 대한 접속을 servera 사용자만 하게 하려면 일단 <그림 6-37>과 같이 하여 '.htpasswd' 파일을 만듭니다. 여기서 입력하는 패스워드는 servera 사용자의 페도라 로그인 패스워드와는 상관이 없습니다. 실습이니까 단순하게 "12345678"로 설정합니다.

```
[root@ServerA www]# htpasswd -c /var/www/html/.htpasswd servera  Enter↵
New password: (패스워드입력후)  Enter↵
Re-type new password: (패스워드입력후)  Enter↵
Adding password for user servera
```

〈그림 6-37〉 .htpasswd 파일 생성

'/var/www/html'에 가서 숨겨진 파일들까지 상세한 목록을 확인해 봅니다.

```
[root@ServerA html]# ls -al  Enter↵
합계 16
drwxr-xr-x. 2 root root 4096 2011-02-18 01:02 .
drwxr-xr-x. 6 root root 4096 2011-02-07 00:57 ..
-rw-r--r--. 1 root root   22 2011-02-18 01:02 .htpasswd
-rw-r--r--. 1 root root  240 2011-02-17 09:42 index.html
```

〈그림 6-38〉 .htpasswd 파일 생성 확인

'.htpasswd'파일은 apache 사용자만 읽는 것이 가능해야 보안에 좋습니다. 이를 위해 '.htpasswd'파일의 소유자를 apache, 소유그룹도 apache로 바꿔줍니다. 그리고 사용권한을 640으로 해 줍니다.

```
[root@ServerA html]# chown apache.apache .htpasswd  Enter↵
[root@ServerA html]# chmod 640 .htpasswd  Enter↵
[root@ServerA html]# ls -al
합계 16
drwxr-xr-x. 2 root    root    4096 2011-02-18 01:02 .
drwxr-xr-x. 6 root    root    4096 2011-02-07 00:57 ..
-rw-r-----. 1 apache apache    22 2011-02-18 01:02 .htpasswd
-rw-r--r--. 1 root    root     240 2011-02-17 09:42 index.html
```

〈그림 6-39〉 .htpasswd 파일 소유권 및 사용권한 변경

그리고 보호하려는 디렉터리(여기에서는 '/var/www/html')에 <그림 6-40>과 같은 내용으로 '.htaccess'라는 이름의 파일을 만들어 줍니다.

```
AuthType Basic
AuthName "My Files"
AuthUserFile /var/www/html/.htpasswd
Require user servera
```

〈그림 6-40〉 .htaccess 파일의 내용

'AuthType'은 인증방법을 지정하는데 Basic은 암호화 없이 아이디와 패스워드를 전달하는 것이고, Digest는 MD5 암호화를 통해 아이디와 패스워드를 전달합니다. 여기서는 간단하게 Basic을 선택했습니다. 'AuthName'은 인증창에서 보여줄 해당 디렉터리에 대한 이름입니다. 원하는대로 지으면 됩니다. 'AuthUserFile'은 패스워드가 저장되어 있는 파일을 의미합니다. 그리고 'Require user' 다음에 접속을 허용할 아이디를 적습니다. 이제 저장을 합니다.

마지막으로 'httpd.conf' 파일을 수정해야 합니다. 파일을 vi로 열어서 325번째 줄로 갑니다.(명령모드에서 ":325"라고 입력하면 됩니다.) 'AllowOverride None'을 "AllowOverride All"로 수정합니다. 이제 httpd를 재시작합니다.

ClientA에서 Firefox를 다시 실행시켜 ServerA를 접속합니다. 이번에는 <그림 6-41>과

같이 인증을 요구하는 창이 나옵니다.

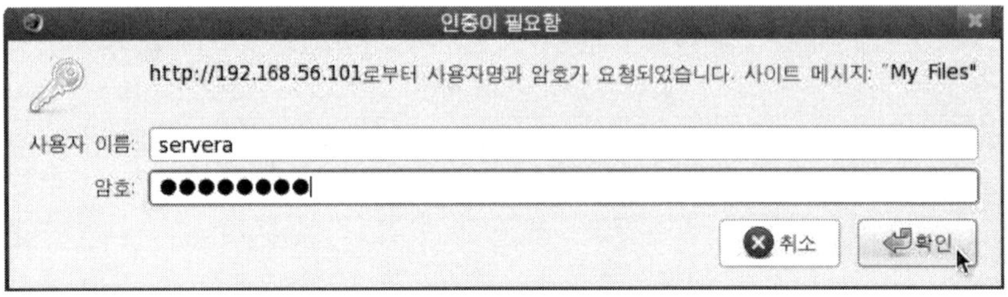

〈그림 6-41〉 접속인증창

사용자 이름에는 "servera", 암호는 "12345678"을 입력합니다. 홈페이지가 잘 나옵니다. 만약 인증을 통과하지 못하면 페이지는 <그림 6-42>와 같이 인증이 필요하다는 메시지를 보여줍니다.

〈그림 6-42〉 인증이 필요하다는 메시지

제7장 FTP서버 구축하기

이 장에서 다루는 내용

○ FTP서비스의 소개
○ vsftpd의 설치
○ vsftpd의 설정
○ 익명(anonymous) 사용자를 위해 FTP서버 운용하기
○ 로컬(local) 사용자를 위해 FTP서버 운용하기
○ vsftpd 작동형태 변경

이 장의 목표

이 장을 마치고 나면 다음의 능력들을 갖게 될 것입니다.

· FTP서비스가 무엇인지 설명할 수 있습니다.
· vsftpd를 설치할 수 있습니다.
· vsftpd를 적절히 설정할 수 있습니다.
· FTP서버를 익명(anonymous) 사용자를 위해 설정하고 운용할 수 있습니다.
· FTP서버를 로컬(local) 사용자를 위해 설정하고 운용할 수 있습니다.
· vsftd의 작동형태를 데몬형 또는 xinetd형으로 설정할 수 있습니다.

7.1 FTP(File Transfer Protocol)

지금은 웹을 통한 구현이 당연한 것이 되어서 모든 것을 웹을 통해 해결하는 시대가 되었습니다. 파일전송도 그 중의 하나여서 이제는 웹하드라고 하는 것이 일반적인 파일저장의 수단이 되고 파일공유나 자료실 같은 사이트들도 웹을 기반으로 만들어져 파일전송의 대부분이 웹을 통해 이루어지고 있습니다. 클라이언트의 입장에서는 항상 사용하는 웹브라우저를 이용하여 파일전송도 하니 편한 것이 사실입니다. 하지만 서버의 입장에서는 웹을 통해 서비스를 하는 것은 웹페이지를 유지해야 하는 비용이 들어가는 일입니다. 웹하드 시스템을 만들려면 웹하드를 운영하는 웹페이지를 마련해야 합니다. 한 번 구축한 이후에도 유지보수를 하려면 비용이 심심찮게 들어갑니다. 만약 이렇게 마련한 웹하드를 이용하여 어느 정도의 수익을 낼 수 있다면 큰 문제가 되지 않겠지만 중소기업이 사내용을 사용하기 위한 자료실을 만든다든지 할 때는 비용이 부담이 될 것입니다. 또한 개인이나 회사에서 운영하는 서버를 원격에서 관리할 때 필요한 파일을 올리고 내리려 할 때도 웹을 이용하기는 힘들다고 봐야 합니다. 이런 경우를 위해 아주 적합한 것이 FTP입니다. FTP는 웹과 같은 인터페이스를 따로 만들어 줄 필요 없이 프로그램설치만으로 파일을 주고 받을 수 있는 환경을 만들 수 있기 때문입니다.

7.2 vsftpd(very secure ftp daemon)

FTP는 원래 텔넷과 마찬가지로 보안 취약점이 있는 프로토콜입니다. 취약한 이유는 전송과정에 암호화를 전혀 사용하지 않는다는 것입니다. 암호화가 되어 있지 않은 전송을 하는 것은 안이 훤히 들여다 보이는 편지를 보내거나 스피커를 통해 방송을 하듯이 외부로 소리가 들리는 전화를 하는 것과 비슷합니다. FTP나 텔넷을 사용할 때는 아이디나 패스워드 등의 로그인정보가 유출될 위험성이 너무 높습니다. 그리고 그 이후에 전송되는 데이터나 메시지도 암호화 없이 전달되므로 보안이 너무 허술한 프로토콜들인 것입니다. 그래서 텔넷은 이제 거의 사용을 하지 않고 있다고 이미 말씀드렸습니다. 그런데 FTP같은 경우에는 소위 무명(anonymous) FTP라고 하는 로그인 없이[20] 이용하는 FTP가 상당히 있습니다. 이 경우 내려받는 파일은 대개 소프트웨어 등 보안과는 상관없는 데이터이므로 안전하지 않은 FTP라고 하더라도 큰 문제 없이 사용할 수 있는 것입니다. 하지만 어쨌거나 안전하지 않은 FTP는 서버에 등록된 일반 사용자(이들을 지역 사용자 즉, local user라고 합니

20) 형식적인 로그인 절차는 있습니다만, 아이디에 anonymous라고 적고 패스워드에는 아무 것이나(흔히, 자신의 이메일주소) 적어 넣으면 되는 정도입니다.

다)를 위한 서비스에 사용하기에는 적합하지 않다고 생각되어 온 것이 사실입니다.

vsftpd는 이런 부분의 문제점을 해결하면서 등장한 FTP 서버 소프트웨어입니다. vsftpd는 Chris Evans라는 보안 전문가가 오픈소프트웨어로 개발하고 배포하고 있습니다. vsftp는 설정에 따라 안전하게 운영할 수 있는 FTP 서버 프로그램이므로 페도라 11 DVD에 그 패키지가 포함되어 있습니다. vsftpd의 홈페이지는 'http://vsftpd.beasts.org/'입니다.

7.3 vsftpd의 설치

ServerA에 servera 사용자로 로그인 한 뒤, 터미널을 열어 root 사용자로 로그인 합니다. 우선 ServerA에 ftp 서버 프로그램이 설치되어 있는지 확인합니다. 물론 우리는 페도라가 ftp 서버 소프트웨어로 vsftpd 패키지를 제공하고 있다는 것을 알기 때문에, ftp 서버 프로그램이 설치되어 있다면 vsftp라는 것을 알고 있지만, 그것을 모른다고 가정한다면 어떤 명령을 이용해 ftp 서버가 설치되어 있는지 알아보는 것이 좋을까요? 뭐, 정답이 있는 것은 아닙니다만, 다음과 같이 조사해 볼 수 있을 것입니다.

```
[root@ServerA ~]# rpm -qa | grep ftp   Enter↵
ftp-0.17-50.fc11.i586
gvfs-obexftp-1.2.3-2.fc11.i586
lftp-3.7.7-2.fc11.i586
```

〈그림 7-1〉 ftp서버의 설치여부 조사

FTP 서버 패키지라면 이름에 'ftp'라는 단어가 들어 있을 테니 "rpm -qa"로 설치된 모든 패키지들을 화면 출력한 뒤 grep을 사용하여 그 중에 ftp라는 단어를 포함하고 있는 줄만을 출력한 것입니다. 결과로 세 개의 패키지가 나왔습니다. 그럼, 이 세 패키지 중에 ftp 서버가 있는지 알아보도록 합니다. 우선 'ftp-0.17-50.fc11.i586'가 무엇인지 알아봅니다.

```
[root@ServerA ~]# rpm -qi ftp   Enter↵
Name        : ftp                                Relocations: (not relocatable)
                          ... 중략...
fpt 패키지는 표준 UNIX 명령-행 FTP (파일 전송 프로토콜) 클라이언트를 제공합니다.
FTP는 파일들을 인터넷상에서 전송하고 보관하는데 널리 사용되는 프로토콜입니다.
만일 시스템이 네트워크상에 있다면, 파일전송을 위하여 ftp를 설치하십시오.
```

〈그림 7-2〉 ftp 패키지에 대한 정보

'ftp-0.17-50.fc11.i586'패키지에 대한 정보를 보니 FTP **'클라이언트'**라고 나와 있습니다. ClientA에도 이 패키지가 설치되어 있습니다. 나중에 FTP 서버에 접속하여 파일을 다운/업로드 할 때 사용하면 되겠습니다. 다음은 'gvfs-obexftp-1.2.3-2.fc11.i586'에 대해 알아봅니다.

```
[root@ServerA ~]# rpm -qi gvfs-obexftp  [Enter↵]
Name        : gvfs-obexftp                    Relocations: (not relocatable)
                        … 중략 …
Description :
This package provides support for reading files on Bluetooth mobile phones
and devices through ObexFTP to applications using gvfs.
```

〈그림 7-3〉 gvfs-obexftp 패키지에 대한 정보

'블루투스 휴대폰에 있는 파일을 읽는 프로그램'이라고 나옵니다. 우리가 원하는 것이 아닌 것이 확실합니다. 마지막으로 'lftp-3.7.7-2.fc11.i586'에 대해 조사해 봅니다.

```
[root@ServerA ~]# rpm -qi lftp  [Enter↵]
Name        : lftp                            Relocations: (not relocatable)
                        … 중략 …
LFTP는 정교하게 만들어진 ftp/http 파일 전송 프로그램입니다. bash에서
볼 수 있는 작업 제어(job control)가 있으며 입력에 readline 라이브러리를
사용합니다. 북마크와 미러링 기능이 내장되어 있으며 여러 개의 파일을
병렬로 전송할 수도 있습니다. 신뢰성 있도록 디자인 되어 있습니다.
```

〈그림 7-4〉 lftp 패키지에 대한 정보

이것도 서버가 아닌 클라이언트 프로그램입니다. 확실히 알아보려면 나온 결과의 중간쯤에 있는 홈페이지 링크에 마우스를 올리고 오른쪽 버튼을 누른 뒤 <링크 열기>를 선택하면 Firefox가 해당 페이지를 열게 됩니다. 홈페이지에 가서 보니 클라이언트라고 분명하게 말하고 있습니다.

그렇다면 vsftpd를 yum을 이용해 설치하도록 합니다.

```
[root@ServerA ~]# yum -y install vsftpd  [Enter↵]
```

〈그림 7-5〉 vsftpd 패키지를 설치

vsftpd는 의존하는 패키지가 없기 때문에 1개의 패키지만 설치하고 설치가 완료됩니다.

이제 vsftpd를 시작해 줍니다.

```
[root@ServerA ~]# service vsftpd start   Enter↵
vsftpd에 대한 vsftpd을 시작합니다:                    [  OK  ]
```

〈그림 7-6〉 vsftpd를 시작

이제 ftp 서버에 접속을 시도할 것인데 그 전에 ServerA의 IP주소를 확인합니다.

```
[root@ServerA ~]# ifconfig eth1   Enter↵
eth1      Link encap:Ethernet  HWaddr 08:00:27:A8:6F:00
          inet addr:192.168.56.101  Bcast:192.168.56.255  Mask:255.255.255.0
                ... 하략 ...
```

〈그림 7-7〉 vsftpd를 시작

FTP 접속은 가상머신의 호스트인 윈도우즈 시스템에서 시도할 것입니다. 이를 위해서는 윈도우즈에 FTP클라이언트 프로그램이 필요합니다. 많은 종류의 FTP클라이언트 프로그램이 있지만 그 중에서도 무료 오픈 소프트웨어인 FileZilla가 가장 유명합니다. 윈도우즈의 인터넷익스플로러를 실행하고 FileZilla의 홈페이지인 'http://filezilla-project.org'를 방문합니다.

〈그림 7-8〉 FileZilla Client 다운로드선택

홈페이지의 가운데 크게 나와 있는 'Download FileZilla Client'를 누릅니다. 글씨가 쓰여진 부분을 눌러야 합니다. 두 개의 버튼 중 왼쪽에 있는 것입니다. 오른쪽의 'FileZilla Server'를 선택하면 안됩니다. 페이지가 바뀌면서 <그림 7-9>가 됩니다.

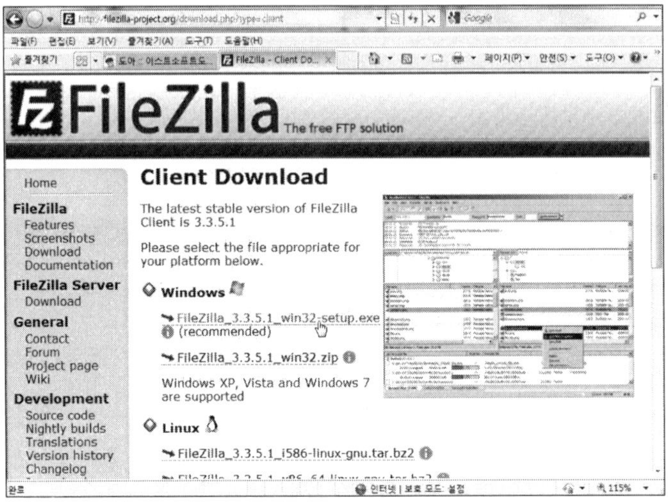

〈그림 7-9〉 win32-setup.exe버전 다운로드

'FileZilla_3.3.5.1_win32-setup.exe'(버전은 다를 수 있습니다)를 클릭하여 파일 다운로드를 진행, 바탕화면에 저장합니다. 다운받은 파일을 실행하여 FileZilla를 설치합니다.

- License Agreement 창에서는 [I Agree]를 눌러줍니다.
- Choose Installation Options 창에서는 [Next]를 눌러 진행합니다.
- Choose Components 창에서도 [Next]를 눌러 진행합니다.
- Choose Install Location 창에서도 [Next]를 눌러 진행합니다.
- Choose Start Menu Folder 창에서는 [Install]을 눌러줍니다.
- 설치가 다 끝나면 [Finish]를 눌러줍니다. 이제 FileZilla가 실행됩니다.

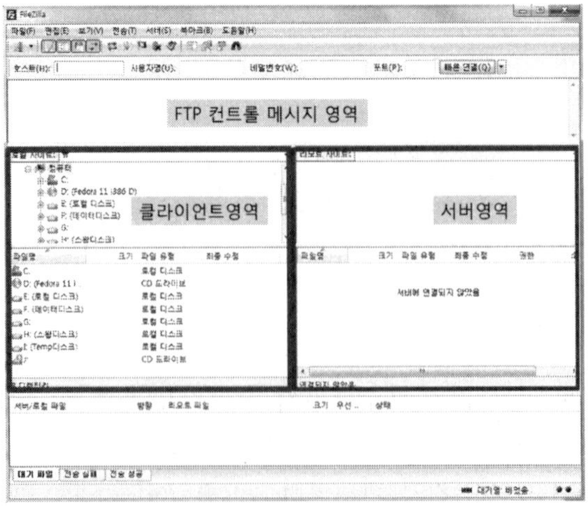

〈그림 7-10〉 FileZilla 실행화면

<그림 7-10>의 FileZilla 실행화면에서 맨 위에 있는 FTP 컨트롤 메시지 영역이라고 이름 붙여진 하얀 영역은 FTP서버와 클라이언트 간 즉, 우리의 경우에는 ServerA의 vsftpd와 윈도우호스트의 FileZilla 간에 주고 받는 FTP명령과 메시지가 표시되는 영역입니다. 그 아래 '클라이언트 영역'은 윈도우호스트에 대한 파일브라우저이고, 그 오른쪽의 '서버영역'은 FTP서버 시스템에 대한 파일브라우저입니다. 각 영역은 상과 하의 두 영역으로 나뉘어져 있는데 윗 부분이 폴더구조를 보여주는 창이고 아래가 파일목록을 보여주는 창입니다. 클라이언트와 서버의 파일목록 창 사이에 파일을 드래그&드롭으로 옮기면 파일이 실제로 전송됩니다.

그러면 ServerA에 접속해 봅니다. '호스트'에 FTP서버주소 즉, "192.168.56.101"을 입력합니다. '사용자명'에는 "anonymous"를 입력합니다. '비밀번호'에는 아무거나 입력해도 되지만 자기의 메일주소를 입력합니다. '포트'는 비워 놓습니다. FileZilla가 알아서 FTP의 컨트롤 포트번호인 '21'로 채워서 보냅니다. 입력이 끝나면 오른쪽의 [빠른 연결]을 누릅니다.

'상태: 192.168.56.101:21에 연결...'이라며 한참 시간을 끌더니 연결 시간 초과로 서버에 연결하지 못했다며 재시도를 한 번 하더니 역시 연결실패를 보고 합니다. 왜 그럴까요? 방화벽 때문입니다. ServerA에 가서 방화벽을 설정해 줍니다. 설정방법은 이미 잘 알고 있을테니 설정할 내용만을 알려드립니다. '신뢰하는 서비스'에서 'FTP - 21/tcp'를 찾아 등록해 주기 바랍니다.

이제 다시 FileZilla에서 설정이 유지되어 있음을 확인하고 [빠른 연결]을 누릅니다. 여전히 접속이 안됩니다. ServerA에 보니 다음과 같은 경고가 떠 있습니다. 또는 경고문은 없어지고 패널에 노란 별과 같은 모양의 아이콘만 보일 수도 있습니다. SELinux입니다.

〈그림 7-11〉 SELinux 경고

이번에도 터미널에서 '#setenforce 0' 명령을 내리고 진행해도 되겠지만 매 번 이렇게 하려니 좀 귀찮습니다. SELinux를 아예 무효화하면 좋겠습니다. SELinux의 설정파일은 어디에 있을까요? 그렇습니다. 대부분의 설정파일은 '/etc'라는 디렉터리 아래에 있지요? 그런데 SELinux의 설정파일은 '/etc' 아래에서 'sysconfig'라는 디렉터리를 하나 더 내려가서 있습니다. root 사용자의 터미널에서 "vi /etc/sysconfig/selinux"를 실행합니다. 아주 짧은 파일이지요. selinux 파일에서 'SELINUX=enforcing'이라고 쓰여진 부분을 찾습니다. 7번째 줄입니다. 이것을 "SELINUX=disabled"라고 바꾸어 줍니다. 저장하고 vi를 빠져나옵니다.

바뀐 설정을 적용하는 방법은 SELinux를 다시 시작하는 것인데, 이는 시스템을 재부팅하면 됩니다. 하지만, 지금은 시간이 걸리고 다시 로그인해야 하는 등 추가 작업이 필요하므로 일단 터미널에서 '#setenforce 0' 명령을 내리고 진행합니다. 다음 시간부터는 부팅하여 로그인하더라도 SELinux는 효과가 없게 될 것입니다.

이제 다시 FileZilla에서 설정이 유지되어 있음을 확인하고 [빠른 연결]을 누릅니다. 이제 '디렉터리 목록 조회 성공'이라는 메시지가 나오면서 연결에 성공하여 '서버 영역'에 'pub'라는 파일폴더가 보입니다. 더블클릭해 봅니다. '빈 디렉터리 목록'이라고 표시되어 있습니다. 여기가 과연 어디일까요?

서버의 폴더구조 창을 보면 '/'밑에 'pub'만 있습니다. 이 FTP의 '/'는 ServerA 페도라의 '/'일까요? 하지만 페도라의 '/'밑에는 'pub'란 디렉터리는 없습니다. FTP접속을 하면 기본적으로 접속하는 사용자의 홈디렉터리가 FTP의 '/'가 됩니다. 그래야 자기의 디렉터리만 접근이 가능할 테니까요. 즉, servera 사용자가 FTP로 접속을 하면 '/home/servera' 디렉터리 이하의 파일과 디렉터리만 사용할 수 있는 것이지요. 그렇다면 anonymous로 접속을 한 경우에는 어떻게 될까요? anonymous로 FTP 접속을 하면 페도라 내부에서는 'ftp'라는 사용자로 인식합니다. 'ftp'라는 사용자가 있었나요? 한번 알아봅니다. '/etc/passwd'파일은 모든 사용자의 목록을 가지고 있습니다.

```
[root@ServerA ~]# cat /etc/passwd | grep ftp  Enter↵
ftp:x:14:50:FTP User:/var/ftp:/sbin/nologin
```

〈그림 7-12〉 /etc/passwd에서 ftp 사용자 찾기

ftp 사용자의 홈디렉터리는 '/var/ftp'입니다. "ls -l /var/ftp"를 해 봅니다.

```
[root@ServerA ~]# ls -l /var/ftp | grep pub  Enter↵
drwxr-xr-x. 2 root root 4096 2009-10-19 03:58 pub
```

〈그림 7-13〉 /etc/passwd에서 ftp 사용자 찾기

이제 찾았습니다. 이제 '/var/ftp'에는 'ftp_root.txt' 파일을, '/var/ftp/pub'에는 'ftp_pub.txt'

라는 파일을 만듭니다. 내용은 각각 "여기는 ftp root입니다."와 "여기는 ftp pub입니다."로 합니다.

다시 FileZilla에서 설정이 유지되어 있음을 확인하고 [빠른 연결]을 누릅니다. 이제 '서버 영역'에 'pub'라는 파일폴더에 나란히 ftp_root.txt가 보이지요? pub를 더블클릭해 봅니다. 이젠 '빈 디렉터리 목록'이 아니라 ftp_pub.txt파일이 있습니다. 클라이언트의 파일목록창에서 C:를 더블클릭으로 선택한 후 슬라이드바를 이용하여 C:의 (폴더가 아니라) 파일들이 보이도록 합니다. 서버 파일목록에서 ftp_root.txt를 드래그하여 클라이언트 파일목록창에서 파일들이 있는 지역으로 드롭합니다. (폴더가 있는 곳으로 드롭하면 그 폴더로 들어가게 됩니다. Windows 7에서는 C:가 보안상의 이유로 쓰기 금지가 되어 있을 수 있습니다. 이런 경우는 C:아래에 임의의 폴더를 하나 만들어서 실습을 하는 것이 좋습니다.) 이제 윈도우즈의 파일탐색기를 이용하여 C:에 ftp_root.txt가 있나 찾아보고 그 내용을 열어서 확인해 봅니다.

7.4 vsftpd의 설정

vsftpd의 설정파일의 이름은 무엇일까요? httpd의 설정파일이 'httpd.conf'임을 생각해 보기 바랍니다. 네, vsftpd의 설정파일은 'vsftpd.conf'입니다. 설정파일의 뒤에 붙는 conf라는 확장자는 '설정'이라는 뜻의 영어단어 'configuration'을 의미하는 것이지요. 설정파일이니까 어디에 있을까요? 네, '/etc'아래에서 찾아봐야 합니다. 다음과 같이 해 봅니다.

```
[root@ServerA ~]# ls -l /etc |grep vsftpd.conf  Enter↵
[root@ServerA ~]#
```

〈그림 7-14〉 /etc에서 vsftpd.conf 찾기

이것이 무슨 의미입니까? '/etc'아래에는 'vsftpd.conf'가 없다는 것입니다. 다시 한 번 다음과 같이 시도해 봅니다.

```
[root@ServerA ~]# ls -l /etc |grep vsftpd  Enter↵
drwxr-xr-x.  2 root root     4096 2011-02-18 21:01 vsftpd
```

〈그림 7-15〉 /etc에서 vsftpd 찾기

그렇군요. vsftpd 디렉터리가 있었습니다. 그 디렉터리에서 'vsftpd.conf'를 찾아보겠습니다.

```
[root@ServerA ~]# ls -l /etc/vsftpd | grep vsftpd  Enter↵
-rw-------. 1 root root 4476 2009-10-19 03:58 vsftpd.conf
-rwxr--r--. 1 root root  338 2009-10-19 03:58 vsftpd_conf_migrate.sh
```

〈그림 7-16〉 /etc/vsftpd에서 vsftpd 찾기

제대로 찾았습니다.

무명(anonymous) 사용자를 위한 vsftpd 설정

이미 FileZilla를 이용하여 무명사용자로 접속을 하고 파일 다운로드도 해 봤지만 조금 더 상세한 설정을 해 보겠습니다.

이번에는 FileZilla에서 pub폴더로 파일을 업로드 해 봅니다. PC에 이미 존재하는 작은 파일 하나를 선택해서 올려보면 됩니다. <그림 7-17>과 같은 메시지를 보게 됩니다.

```
응답:    550 Permission denied.
오류:    치명적인 파일 전송 오류
```

〈그림 7-17〉 허가 거부 오류

이것은 vsftpd가 '지금 한 동작이 허가되지 않은 것'이라고 말하고 있는 것입니다. vsftpd는 처음 설치시 무명 사용자가 파일을 다운로드할 수 있게만 설정되어 있습니다. 그렇다면 무명 사용자가 업로드를 할 수 있게 하려면 어떻게 해야 할까요? 역시 vsftpd의 설정파일을 수정해 주어야 할 것입니다.

vsftpd의 설정파일을 vi로 열어 'anon_upload_enable'이라는 변수를 찾습니다. 이것은 무명 사용자의 업로드를 허가하고 싶을 때 설정하는 변수입니다. 'anon_upload_enable=YES'라고 되어 있으면 무명 사용자의 업로드가 허가되어 있는 것입니다. 그런데 찾아보니 'anon_upload_enable=YES'라고 되어 있습니다. 27번째 줄이지요. 하지만 분명히 업로드가 허가되지 않았다고 했지요? 상세히 보니 'anon_upload_enable=YES'의 앞에 '#'이 있습니다. 앞에 '#'이 있으면 주석이지요. 즉, 실행효력이 없는 내용인 것입니다. 유효하게 만들기 위해 '#'을 제거합니다. 그리고 유효하게 하려면 해야 할 일이 하나 더 있습니다. 맞습니다. vsftpd의 재시작입니다. service명령을 이용하여 재시작합니다.

FileZilla도 종료하고 다시 시작하여 접속을 새롭게 합니다. FileZilla를 재시작하지 않으면

FileZilla의 캐시가 새 설정하의 동작을 방해해서 정확한 결과가 나오지 않습니다. 다시 접속하고 파일을 업로드해 봅니다. 또 <그림 7-17>과 같은 오류가 납니다. 다시 한 번 vsftpd의 설정파일을 들여다 봅니다. 18번째 줄에 보니 'write_enable=YES' 문구 앞에 '#'이 있습니다. 아, 쓰기를 가능하게 하는 것을 YES로 해 주는 문구에 '#'이 있으니 이 '#'을 제거합니다. 저장하고 vsftpd를 재시작합니다. FileZilla도 종료하고 다시 시작하여 접속을 새롭게 합니다. 파일을 업로드해 봅니다. 또 오류가 나는데 이번에는 메시지가 좀 다릅니다.

```
응답:    553 Could not create file.
오류:    치명적인 파일 전송 오류
```

〈그림 7-18〉 파일 생성불가 오류

오류 항목의 한글 문장은 같지만 응답 항목의 영어메시지를 보면 '**허가가 거부**'된 것이 아니라 '**파일을 만들 수 없다**'는 내용입니다. 파일을 만들 수 없다는 오류의 주 원인은 디렉터리의 사용권한과 관련이 있습니다. vsftpd가 무명 사용자를 위해 파일을 만들어 주려는 디렉터리 pub가 사용자 ftp 사용자가 새 파일을 만들어 넣을 수 있어야 합니다. 그렇게 하려면 디렉터리에 대해 무슨 권한을 가지고 있어야 하나요? 네, 'w'권한과 'x'권한을 가지고 있어야 합니다. 또한 pub에서 작업을 하려면 pub를 사용해야 하므로 그 상위 디렉터리들 모두에 대해서는 ftp 사용자가 'x'권한을 가지고 있어야 합니다. 사용권한을 보도록 하겠습니다.

```
[root@ServerA ~]# ls -l / | grep var  Enter↵
drwxr-xr-x.  22 root root  4096 2011-02-18 21:01 var
[root@ServerA ~]# ls -l /var | grep ftp  Enter↵
drwxr-xr-x.  3 root root 4096 2011-02-19 00:20 ftp
[root@ServerA ~]# ls -l /var/ftp | grep pub  Enter↵
drwxr-xr-x. 2 root root 4096 2011-02-19 00:21 pub
```

〈그림 7-19〉 디렉터리들의 사용권한 조사

<그림 7-19>를 보고 무엇 때문에 ftp 사용자가 파일을 못 만드는지 원인을 찾아 보기 바랍니다. 파일을 만들려고 하는 디렉터리의 상위 디렉터리들은 실행권한을 주는 것으로 충분합니다. 그 아래 디렉터리를 열어 들어가기만 하면 되기 때문입니다. 그러므로 '/var'와 '/var/ftp'는 문제가 없겠습니다. 하지만 우리가 파일을 만들려고 하는 위치인 'pub'디렉터리는 디렉터리에 파일을 써 넣어야 하므로 쓰기권한이 필요합니다. 그러나 현재 ftp 사용자

에게는 'pub'디렉터리에 쓰기권한이 부여되어 있지 않습니다. 그러므로 'pub'디렉터리의 사용권한을 757로 바꾸어 주어야 합니다. 변경하고 다시 파일업로드를 시도해 봅니다. 이제 무명 사용자의 파일 업로드가 됩니다.

그런데 이렇게 사용권한을 바꾸어 주면 ftp 사용자가 아닌 다른 사용자들도 이 디렉터리에 디렉터리나 파일을 만들 수 있게 됩니다. 물론 지금 vsftpd를 이용해 구축한 FTP가 아무나 사용할 수 있는 무명 FTP이긴 하지만 그렇다고 해서 과도한 사용권한 설정은 바람직하지 않습니다. 좀 더 좋은 방법이 없을까요? 파일을 업로드 하려는 위치인 '/var/ftp/pub'를 ftp 사용자의 소유로 바꾸어 주면 좋을 것 같습니다.

```
[root@ServerA ~]# chown ftp.ftp /var/ftp/pub  Enter↵
[root@ServerA ~]# ls -l /var/ftp | grep pub
drwxr-xrwx. 2 ftp   ftp   4096 2011-02-19 13:17 pub
```

〈그림 7-20〉/var/ftp/pub의 소유권 변경

'/var/ftp/pub'의 소유권이 잘 바뀌었습니다. 그런데 이제는 소유권이 ftp 사용자에게 있으니 사용권한을 757로 해야 할 이유가 없습니다. 사용권한은 다시 755로 변경해 줍니다. 그리고 무명 사용자의 파일 업로드를 다시 시도해 보기 바랍니다.

지역(local) 사용자를 위한 vsftpd 설정

FTP에서의 지역 사용자(local user)란 FTP 서버에 계정을 가지고 등록되어 있는 사용자를 말합니다. vsftpd는 기본설정이 무명 사용자의 다운로드만 가능하게 되어 있기 때문에 지역 사용자가 FTP를 사용할 수 있으려면 설정을 변경해 주어야만 합니다. 먼저 지역 사용자로 FTP접속이 가능한지 시험해 보도록 하겠습니다. FileZilla를 이용해 무명 사용자 접속을 하던 것과 마찬가지로 접속을 하는데 단, 사용자명과 비밀번호를 servera 사용자의 것을 사용합니다. 메시지 창을 보면 <그림 7-21>과 같이 나와 있습니다. 'USER servera' 명령으로 servera 사용자의 접속을 시도했더니, FTP 서버가 무명 사용자 전용이라고 말하면서 서버에 연결하지 못하게 되었습니다.

```
명령:   USER servera
응답:   530 This FTP server is anonymous only.
오류:   서버에 연결하지 못함
```

〈그림 7-21〉지역 사용자로 연결시 오류 발생

vsftpd의 설정파일을 vi로 열어 'local_enable'이라는 변수를 찾습니다. 15번째 줄에 있기 때문에 첫 페이지에서 쉽게 찾을 수 있습니다. 'local_enable=YES'라고 되어 있는 설정문이 주석처리가 되어 있습니다. '#'을 제거합니다. 그리고 설정변경을 유효하게 하기 위해서 vsftpd를 재시작합니다.

다시 servera 사용자로 접속을 해 봅니다. 이번에는 접속에 성공하게 됩니다. FileZilla의 서버영역을 보면 servera 사용자의 홈디렉터리가 나와 있습니다. 파일을 다운로드하거나 업로드해 보기 바랍니다. 문제없이 사용이 가능합니다. 새 디렉터리를 만드는 것도 가능합니다.

이렇게 FTP를 지역 사용자가 사용이 가능하도록 운영을 하는 경우는 보안상 대개 무명 사용자의 접근을 허락하지 않습니다. 그러므로 이제는 무명 사용자를 위한 FTP의 운영은 정지하도록 하겠습니다. vsftpd의 설정파일을 vi로 열어 'anonymous_enable'이라는 변수를 찾습니다. 바로 12번째 줄에 있습니다. 현재는 'anonymous_enable=YES'라고 되어 있습니다. 이것을 'anonymous_enable=NO'로 바꾸어 줍니다. 그리고 설정변경을 유효하게 하기 위해서 vsftpd를 재시작합니다. 그리고 무명 사용자의 접속을 시도해 보기 바랍니다.

7.5 vsftpd의 작동방식 변경

vsftpd를 설치하면 기본적으로 독립실행 방식으로 설치가 됩니다. 독립실행 방식은 서버가 프로세스로 계속해서 실행되고 있으면서 서비스요청을 처리해 주는 방식이라고 했습니다. 항시 프로세스로 존재하고 있기 때문에 서비스는 빠르게 제공해 주는 장점은 있으나 서버의 자원을 계속 점유하고 있어야 한다는 단점 또한 존재합니다. 이러한 특성상 서비스 요청이 잦은 경우에는 좋은 운영방식이 될 수 있으나 그렇지 않은 경우에는 별로 바람직하지 않습니다. 후자의 경우라면 xinetd 데몬으로 하여금 대신 서비스 요청을 받아 필요시에만 해당 서버프로그램을 가동하도록 하면 좋을 것입니다. FTP서비스의 경우에는 운영하는 환경에 따라 각 상황이 다를 것입니다. 만약, 파일전송이 그리 빈번하지 않다면 vsftpd를 xinetd 방식으로 운영하는 것이 좋겠습니다.

xinetd 방식으로 설정

어떤 서비스를 xinetd 방식으로 운영하기 위해서는 다음과 같은 조건들이 모두 만족되어야 합니다.

- 우선, 수퍼데몬인 xinetd가 있어야 합니다. xinetd는 실행되고 있어야 합니다.
- '/etc/xinetd.d'에 xinetd가 이용할, 그 서비스의 설정파일이 있어야 합니다.
- 그 설정파일에 'disable'이라는 변수가 'no'로 설정되어 있어야 합니다.
- 그 서비스가 동시에 독립실행 방식으로 실행되어서는 안 됩니다.

ServerA에 수퍼데몬이 설치되어 있는지 확인해 봅니다.

```
[root@ServerA ~]# rpm -q xinetd  Enter↵
[root@ServerA ~]#
```

〈그림 7-22〉 xinetd의 설치여부 확인

설치되어 있지 않으므로 yum 명령을 이용하여 설치해 줍니다.

```
[root@ServerA ~]# yum -y install xinetd  Enter↵
```

〈그림 7-23〉 xinetd의 설치

다음에는 xinetd가 이용하는 서비스별 설정파일들이 위치하는 '/etc/xinetd.d' 디렉터리에 vsftpd의 설정파일을 만들어 줍니다. 그런데 이 파일이 약간 복잡하므로 vsftpd에서 제공하는 파일을 복사하여 사용하는 것이 좋습니다. 페도라에서는 패키지를 설치하게 되면 매뉴얼 등과 같은 문서들을 '/usr/share/doc' 디렉터리 아래에 각 패키지별로 디렉터리를 만들어 설치하게 됩니다.

```
[root@ServerA ~]# ls -l /usr/share/doc | grep vsftpd  Enter↵
drwxr-xr-x.  4 root root   4096 2011-02-18 21:01 vsftpd-2.1.2
```

〈그림 7-24〉 /usr/share/doc의 vsftpd 디렉터리 확인

vsftpd는 관련 문서들이 '/usr/share/doc/vsftpd-2.1.2'에 존재할 것입니다. 해당 디렉터리에 무엇이 있는지 살펴보기 바랍니다. 'vsftpd.xinetd'라는 파일을 발견했나요? 이것이 바로 xinetd에서 사용하는 vsftpd를 위한 설정파일입니다. 이제 이 파일을 '/etc/xinetd.d' 아래로 복사해 넣어야 합니다. 하지만 파일이름은 그냥 vsftpd가 되어야 하겠지요.

```
[root@ServerA ~]# cp /usr/share/doc/vsftpd-2.1.2/vsftpd.xinetd /etc/xinetd.d/vsftpd  Enter↵
```

〈그림 7-25〉 vsftpd.xinetd를 vsftpd로 복사

설정파일에서 'disable'이라는 변수를 'no'로 설정해야 합니다. vi로 '/etc/xinetd.d/vsftpd'

를 엽니다. <그림 7-26>과 같이 'disable = yes'를 'disable = no'로 바꾸어 저장합니다.

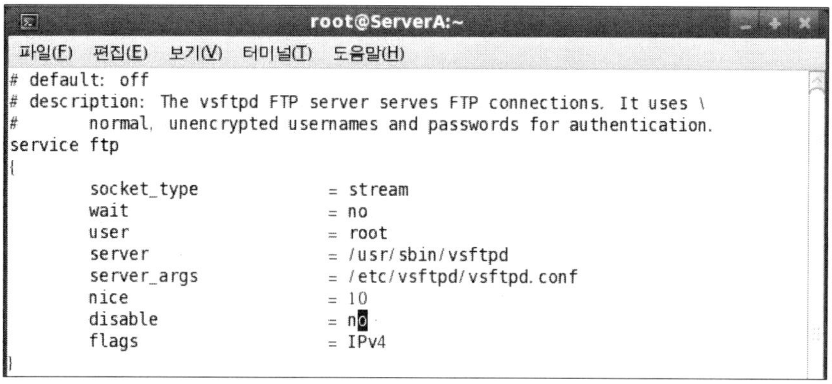

〈그림 7-26〉 xinetd의 vsftpd 설정 파일의 수정

xinetd가 사용하는 설정파일을 잠깐 살펴보겠습니다. 일단 'service ftp'라고 적혀 있고 다른 부분들은 이 아래 { }로 묶여 있습니다. service 뒤에 있는 이름이 '/etc/services'라는 파일에 적혀있는 해당 service이름과 일치하게 해 주어야 합니다. vsftpd의 경우는 '/etc/services'라는 파일의 ftp 서비스이므로 'service ftp'라고 적었습니다. 그리고 나머지 변수들을 설명하겠습니다. socket_type은 TCP를 이용한다면 'stream', UDP는 'dgram', TCP나 UDP를 거치지 않고 IP를 직접 이용한다면 'raw'라고 설정합니다. wait는 'yes'이면 이 서비스는 오직 한 번에 하나의 연결만을 허용한다는 것이고 'no'라고 하면 최대 허용 개수까지 복수개의 서비스 요청을 동시에 처리할 수 있습니다. user는 해당 서버 프로그램을 시작할 사용자입니다. vsftpd는 root의 권한으로 시작한다는 것입니다. server는 해당 서비스를 위해 실행해야 하는 실제 서버 프로그램입니다. server_args는 서버 프로그램을 실행할 때 제공해 주어야 할 인수입니다. nice는 xinetd가 서버 프로그램을 실행시킬 때 사용하는 값으로, 서버 프로그램의 실행 우선권을 이 값을 이용해 정하게 됩니다. nice값은 -20부터 +19까지의 범위의 정수이며 낮을수록 실행 우선순위가 높습니다. disable은 xinetd에게 '이 서비스를 실행하게 할 것인지 아닌지'를 알려주는 변수입니다. 'yes'이면 실행하지 않을 것이고 'no'면 실행하게 되겠지요. flags의 값으로는 socket에 대한 여러 설정들을 지정하는 다양한 플래그들이 올 수 있는데 'IPv4'나 'IPv6'도 그 중의 하나입니다. 'flags=IPv4'로 설정하면 소켓이 IPv4 주소형식을 갖는 요청만을 기다리게 됩니다. 만약, 'flags=IPv6'로 설정하면 소켓이 IPv4와 IPv6의 주소형식을 모두 받아들이게 됩니다.

이제 vsftpd를 데몬으로 실행되지 않게 하는 일만 남았습니다. 일단 실행 중인 vsftpd를 "service vsftpd stop"명령으로 정지 시킵니다. 그리고 vi로 vsftpd.conf를 열어 'listen=YES'

라고 되어 있는 부분을 찾습니다. 108번째 줄일 것입니다. 이것을 'listen=NO'로 수정하고 저장합니다. listen이 YES가 되면 vsftpd는 독립실행 방식으로 실행되며 IPv4의 소켓을 기다리게 됩니다. 소켓을 기다리는 listen 상태가 되려면 반드시 데몬으로 실행되고 있어야 합니다. listen이 NO로 설정되면 vsftpd가 직접 소켓을 기다리는 것이 아니므로 데몬으로 실행되지 않게 됩니다. 마지막으로 혹시 vsftpd가 부팅과 함께 항상 자동실행되도록 설정되어 있을 수 있습니다. chkconfig 명령으로 자동실행을 해제합니다.

```
[root@ServerA ~]# chkconfig vsftpd off   Enter↵
```

〈그림 7-27〉 vsftpd의 자동실행 해제

자 이제 되었습니다. 이제 xinetd를 시작해 줍니다. 만약 xinetd가 설치되어 이미 실행 중인 경우라면 xinetd를 재시작해 주어야 합니다. "ps -ef" 명령은 모든 프로세스를 부모프로세스 번호와 함께 보여 달라는 명령입니다. 이를 이용해 xinetd의 프로세스 정보를 봅니다.

```
[root@ServerA ~]# ps -ef | grep xinetd   Enter↵
root   4197    1  0 21:02 ?       00:00:00 xinetd -stayalive -pidfile /var/run/xinetd.pid
root   4209 2285  1 21:06 pts/1   00:00:00 grep xinetd
```

〈그림 7-28〉 xinetd 프로세스의 정보

결과에서 첫 숫자가 프로세스번호이고 두 번째 숫자가 부모프로세스의 번호입니다. xinetd의 프로세스 번호를 기억합시다. 이 번호는 실행할 때 마다 다릅니다. 두 번째 줄은 지금 금방 실행한 grep의 프로세스이죠? 이번에는 vsftpd의 프로세스를 찾아 봅니다.

```
[root@ServerA ~]# ps -ef | grep vsftpd   Enter↵
root   4210  2285  0 21:07 pts/1   00:00:00 grep vsftpd
```

〈그림 7-29〉 vsftpd 프로세스의 검색

현재 vsftpd 프로세스는 없습니다. 이제 FileZilla로 FTP서버를 접속해 봅니다. servera 사용자로 접속하기 바랍니다. 연결이 되면 다시 vsftpd의 프로세스를 찾아 봅니다.

```
[root@ServerA ~]# ps -ef | grep vsftpd   Enter↵
nobody   4211  4197  1 21:07 ?       00:00:00 vsftpd /etc/vsftpd/vsftpd.conf
servera  4214  4211  0 21:07 ?       00:00:00 vsftpd /etc/vsftpd/vsftpd.conf
root     4216  2285  0 21:07 pts/1   00:00:00 grep vsftpd
```

〈그림 7-30〉 vsftpd 프로세스의 정보

nobody라는 이름으로 실행시킨 첫 번째 프로세스의 부모프로세스 번호가 4179번입니다.

이는 위에서 본 xinetd의 프로세스번호입니다. 즉 xinetd프로세스가 vsftpd를 실행시켰다는 것을 알 수 있습니다. 또한 servera 사용자가 접속하자 nobody의 vsftpd가 servera 사용자의 이름으로 vsftpd프로세스를 만들어 연결해 주었음도 확인할 수 있습니다. 이로서 xinetd 방식의 실행이 성공했음과 그 동작을 알 수 있습니다. FilleZilla를 종료하면 모든 vsftpd 프로세스들도 종료하게 됩니다.

독립실행 방식으로 설정

이미 vsftpd를 독립실행 방식으로 운영하다가 xinetd방식으로 바꾸었습니다만, 정리한다는 생각으로 xinetd 방식에서 독립실행 방식으로 바꾸려면 어떻게 해야 하는지 알아보겠습니다. 아래의 절차를 차례대로 수행하면 됩니다.

- /etc/xinetd.d/vsftpd 파일에서 'disable=no'를 'disable=yes'로 수정, 저장합니다.
- xinetd를 재시작합니다.
- /etc/vsftpd/vsftpd.conf에서 'listen=NO'를 'listen=YES'로 수정, 저장합니다.
- vsftpd를 재시작합니다.
- 시스템을 부팅할 경우 vsftpd가 자동으로 시작하게 설정합니다. "#chkconfig vsftpd on"

제8장 원격 디렉터리 공유하기

이 장에서 다루는 내용

○ 원격 디렉터리의 개념

○ 리눅스 시스템 사이의 원격 디렉터리 공유

○ 리눅스 시스템과 윈도우즈 시스템 사이의 원격 디렉터리 공유

이 장의 목표

이 장을 마치고 나면 다음의 능력들을 갖게 될 것입니다.

- 원격 디렉터리의 개념을 설명할 수 있습니다.
- nfs를 이용해 리눅스 시스템 사이에 원격 디렉터리를 공유할 수 있습니다.
- sshfs를 이용해 리눅스 시스템 사이에 원격 디렉터리를 공유할 수 있습니다.
- samba를 이용해 리눅스 시스템과 윈도우즈 시스템 사이에 원격 디렉터리를 공유할 수 있습니다.

8.1 원격 디렉터리와 공유

디렉터리(direcotry)를 사전에서 찾아보면 '정보가 분류된 목록'이라고 나와 있습니다.[21] 미국에서는 전화번호부를 telephone directory라고 합니다.[22] 이제 컴퓨터가 등장하자 파일들을 효과적으로 분류, 정리하여 묶는 단위를 지칭하는 용어로 디렉터리가 쓰이고 있습니다. 윈도우즈 시스템에서는 폴더(folder)라는 용어를 사용하고 있지만 두 단어는 본질적으로 같은 것입니다.

원격 디렉터리란 로컬 디렉터리에 대조되는 개념으로 사용이 되는 용어입니다. 내 컴퓨터에 장착되어 있는 하드디스크 등의 보조기억장치에 파일을 저장할 때 만들어져 사용되는 디렉터리를 로컬 디렉터리라고 하고 내 컴퓨터가 아닌 다른 컴퓨터에 존재하는 디렉터리를 원격 디렉터리라고 부릅니다.

원격 디렉터리를 공유한다는 것은 내 컴퓨터에서 다른 컴퓨터의 디렉터리를 마치 내 컴퓨터의 로컬 디렉터리처럼 사용할 수 있도록 하는 것을 의미합니다. <그림 8-1>에 원격 디렉터리 공유의 개념도가 있습니다. 자신의 로컬 디렉터리에 대한 공유를 설정하고자 하는 컴퓨터가 서버가 됩니다. 그림에서 S라고 표시된 컴퓨터입니다. 그에 대응해 이 디렉터리를 이용하고자 하는 컴퓨터는 클라이언트가 됩니다. 그림에서 C라고 표시된 컴퓨터입니다. 먼저 S가 공유하고자 하는 디렉터리(예를 들면 '/sharedD')에 대해 공유설정을 해 줍니다. 이 때 공유설정을 위해 서버에는 공유서비스를 제공하는 서버프로그램이 설치되어 있어야만 합니다.

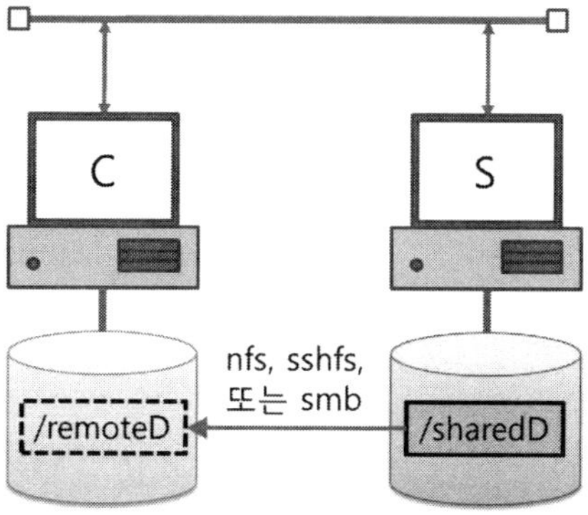

〈그림 8-1〉 원격디렉터리 공유 개념도

21) Merriam-Webster 사전 온라인 판의 정의를 번역한 것입니다.
22) 물론 yellow pages(업종편)와 white pages(인명편)라는 단어를 더 많이 씁니다.

클라이언트는 서버가 허용한 공유 디렉터리를 자신의 로컬 디렉터리인 것처럼 연결할 수 있습니다. 이 과정은 리눅스에서는 흔히 '마운트'라는 작업으로 표현되며, 윈도우즈에서는 '네트워크 드라이브 연결'이라고 부릅니다. 이 때 이 디렉터리에 대해 자신이 원하는 이름을 사용할 수 있습니다. <그림 8-1>에서는 서버의 '/sharedD'라는 디렉터리를 클라이언트가 '/remoteD'라는 이름으로 자신의 파일시스템에 마운트하여 사용하고 있는 것을 나타냅니다. 공유 서비스에 따라서는 공유연결을 위한 클라이언트 프로그램을 설치하여야 하는 것도 있습니다.

원격 디렉터리의 공유는 크게 두 가지의 용도를 생각해 볼 수 있습니다. 첫째, 여러 사용자들 간의 자료의 공유입니다. 예를 들면 회사에서 사이트 라이센스로[23] 구입한 소프트웨어나 회사의 업무자료를 배포하는 용도 등으로 사용하는 것입니다. 둘째는 같은 파일을 어디에서도 접속할 수 있도록 하여, 여러 장소에 옮겨 다니며 작업 하더라도 업무의 연속성이 유지될 수 있도록 하는 것입니다. 며칠은 회사에서 업무를 하고 또 며칠은 재택근무를 한다든지 또는 퇴근 후에도 집에서 밀린 업무를 해야 한다든지 하는 경우에 매우 유용할 것입니다.

원격디렉터리를 구성하는 방법은 여러 가지가 있습니다. 그 중에서도 본서에서는 nfs, shhfs, 그리고 samba에 대해 알아보고자 합니다. nfs는 리눅스나 유닉스 시스템들 간에 디렉터리 공유를 할 때 전통적으로 써왔던 방법입니다. shhfs는 ssh[24]를 이용해서 디렉터리를 공유하는데 주로 리눅스 시스템 간에 사용합니다. samba는 smb 프로토콜을 이용하여 주로 리눅스와 윈도우즈 시스템 간에 디렉터리 공유를 할 경우에 사용합니다. 세 가지 방법 모두 Mac OS X나 윈도우즈에서도 사용할 수 있습니다.

8.2 nfs(network file system)

nfs는 1984년 선 마이크로시스템즈(Sun Microsystems)사에서 개발한 네트워크 파일시스템 프로토콜입니다. 네, 선 마이크로시스템즈사는 VirtualBox를 만들어 배포하는 바로 그 회사입니다. 지금은 오러클이라는 회사로 합병되었지요. 어쨌거나 nfs는 그 이후에 개방규격이 되어 누구나 이용할 수 있는 프로토콜이 되었고, 주로 유닉스계열의 시스템 사이에서

---

23) 한 기관에서 그 기관내에서는 무제한으로 사용할 수 있도록 구입한 소프트웨어 사용권을 말합니다.

24) Secure Shell. 두 컴퓨터 시스템 간에 안전한 채널(통로)를 통해 데이터를 교환하도록 해주는 프로토콜의 일종입니다.

파일을 공유하는데 사용되고 있습니다. 하지만 nfs는 보안상 그리 안전하지는 않은 프로토콜이고 성능도 그다지 좋지 않기 때문에 사용을 권장하고 싶지는 않습니다. 또한 nfs는 포트번호가 고정되어 있지 않아서 방화벽을 기본으로 사용하는 요즘에는 사용하기가 좀 어려운 측면이 있습니다. 때문에 방화벽이 있는 곳에서는 nfs의 포트를 강제로 고정하여 쓰는 방법도 있습니다만 번거로운 일이라고 생각됩니다.[25] 하지만 보안이 별로 필요 없는 경우에는 손쉽게 공유 디렉터리 구성을 할 수 있어서 좋습니다. 예를 들면, 리눅스 기반의 임베디드 시스템을 개발하는 경우에는 nfs가 아주 적절하며 현재 긴요하게 쓰이고 있습니다.

nfs의 설치

우선 nfs가 설치되어 있는지 조사해 봅니다.

```
[root@ServerA ~]# rpm -qa | grep nfs    Enter↵
nfs-utils-lib-1.1.4-6.fc11.i586
nfs-utils-1.1.5-6.fc11.i586
[root@ServerA ~]# rpm -q rpcbind
rpcbind-0.1.7-3.fc11.i586
```

〈그림 8-2〉 nsf 관련 패키지 설치여부 조사

nfs를 이용하는데 필요한 패키지가 모두 설치되어 있습니다. nfs-utils, nfs-utils-lib, 그리고 rpcbind가 필요합니다. 혹시라도 설치되어 있지 않은 패키지가 있으면 yum명령을 이용해 설치하도록 합니다. yum으로 설치하는 경우는 "#yum install nfs-utils"를 실행하면 나머지 패키지들은 yum이 패키지의 의존성 문제를 해결하기 위해 함께 설치하게 되어서 편리합니다.

nfs 사용시 사용자 아이디 문제

서버에서 공유를 허용할 디렉터리의 사용권한을 모든 사용자에게 'rwx' 권한을 모두 허용한다면 여기에서 논하는 사용자 아이디 문제는 전혀 문제가 안 되지만, 그렇게 사용하는 것은 보안상 매우 바람직하지 않으므로 권하지 않습니다. nfs를 사용할 경우에는 어떤 사용자가 사용하도록 할 것인가를 잘 생각해야만 합니다. nfs는 연결시 별도의 로그인 절차가 없고 서버와 클라이언트간 사용자아이디와 사용자그룹이 자동으로 연결됩니다. 즉, 클라이언트는 로그인한 사용자의 아이디와 그룹으로 서버의 공유 디렉터리를 사용하게 된다는 것입니다. 따라서 서버에서 사용하는 아이디/그룹과 동일한 아이디/그룹을 클라이언트에서

25) NFSv4는 방화벽에 특정 TCP포트만 열어주면 되도록 개선되었습니다.

사용해야 합니다. 그런데 여기에서 유의해야 할 것은 사용자의 아이디와 그룹이라고 하는 것이 텍스트로 보여지는 것을 말하는 것이 아니고, 숫자로 주어지는 uid(사용자id)와 gid(그룹id)를 말합니다. 특정사용자에 대해 서버에서 할당되어 사용하고 있는 uid와 gid값과 똑같은 값을 클라이언트에서도 할당하려고 하면 이미 사용되고 있어서 할당이 어려운 경우가 있을 수 있습니다. 해결방법은 원하는 사용자의 uid값을 양 시스템에서 동시에 사용이 가능한 값으로 설정해 주는 것입니다. 사용빈도가 거의 없는 매우 큰 수를 사용하면 편할 것입니다. 또 nfs사용을 위한 그룹을 별도로 만들어서 그 그룹도 추가시켜 주는 것입니다. ServerA에 만들어 놓은 user1 사용자로 nfs를 이용하도록 하고, 그를 위해 user1 사용자의 정보를 "id" 명령으로 확인해 봅니다.

```
[root@ServerA ~]# id user1    Enter↵
uid=501(user1) gid=500(gusers) groups=500(gusers)
```

〈그림 8-3〉 user1의 uid와 gid

이 user1이 ClientA에서 ServerA에 nfs로 접근하여 원활하게 사용하기 위해서는 ClientA에서도 로그인할 때 uid가 501이고 gid가 500이어야 합니다. 지금 ClientA에는 uid가 501인 사용자는 없지만, 있다고 가정하고 진행하겠습니다. 조사해 보니 ServerA와 ClientA에서 2011번을 uid로 사용하는 사용자가 없다고 가정합니다. 이제 user1의 uid를 2011번으로 바꾸어 줍니다.

```
[root@ServerA ~]# usermod -u 2011 user1    Enter↵
[root@ServerA ~]# id user1    Enter↵
uid=2011(user1) gid=500(gusers) groups=500(gusers)
```

<그림 8-4>user1의 uid를 변경

이제 user1에게 nfsusers라는 그룹을 추가해 주겠습니다. 먼저 nfsusers 그룹을 생성합니다. 역시 gid를 지정하여 만들어야 하는데 ClientA에서 현재 사용하고 있지 않은 번호를 tkdyd하면 됩니다. 여기에서는 3011번을 사용하도록 하겠습니다.

```
[root@ServerA ~]# groupadd -g 3011 nfsusers    Enter↵
```

〈그림 8-5〉 nfsusers 그룹을 추가

```
[root@ServerA ~]# usermod -a -G nfsusers user1    Enter↵
[root@ServerA ~]# id user1    Enter↵
uid=2011(user1) gid=500(gusers) groups=500(gusers),3011(nfsusers)
```

〈그림 8-6〉 user1을 nfsusers 그룹에 추가

이제 ClinetA에서 uid는 2011번, gid는 3011번을 갖는 계정을 만들어 줍니다. 혼동을 줄이기 위해 user1과 nfsusers를 각각 사용자이름과 그룹이름으로 사용하는 것이 좋겠습니다.

```
[root@ClientA ~]# groupadd -g 3011 nfsusers  Enter↵
[root@ClientA ~]# useradd -g nfsusers -u 2011 user1  Enter↵
[root@ClientA ~]## id user1  Enter↵
uid=2011(user1) gid=3011(nfsusers) groups=3011(nfsusers)
```

〈그림 8-7〉 user1의 uid를 변경

이상으로 nfs 사용을 위한 사용자 설정은 완료되었습니다.

nfs 서버의 설정

nfs를 사용하기 위해 서버에서 설정할 일을 정리하면 다음과 같습니다.

- 공유할 디렉터리 생성 및 사용권한 설정
- nfs 서버의 설정파일인 '/etc/exports' 파일에 공유 디렉터리 등록

서버에서 공유를 허용할 디렉터리를 만듭니다. '/sharedD'를 만들어 user1의 공유용도로 사용하겠습니다. root 사용자의 터미널에서 만든 뒤 소유자와 소유그룹을 'user1.nfsusers'로 변경시키고 사용권한도 목적에 맞게 바꾸어 줍니다.

```
[root@ServerA ~]# mkdir /sharedD  Enter↵
[root@ServerA /]# ls -l / | grep sharedD  Enter↵
drwxr-xr-x    2 root root   4096 2011-02-20 12:04 sharedD
[root@ServerA /]# ls -l / | grep sharedD  Enter↵
drwxr-xr-x    2 user1 nfsusers   4096 2011-02-20 12:04 sharedD
```

〈그림 8-8〉 user1을 nfsusers 그룹에 추가

사용권한은 주어진 값이 적절하여 별도의 조치를 취하진 않았습니다.

이제 nfs 서버의 설정파일인 '/etc/exports' 파일에 /sharedD를 공유할 디렉터리로 등록해 줍니다. 현재는 nfs 사용을 하고 있지 않으므로 '/etc/exports' 파일이 비어 있습니다. 파일을 vi로 열어 "/sharedD 192.168.56.102(rw)"를 입력합니다. 설정문장의 형식은 다음과 같습니다. 우선 공유하고자 하는 디렉터리경로를 적어줍니다. 그리고 접속을 허락할 클라이언트의 IP주소를 적어줍니다. 다음 괄호는 공백없이 붙여서 씁니다. 괄호 안의 부분은 옵션

인데 rw는 읽기쓰기를 모두 가능하게 하는 것이고 'ro'라고 하면 읽기만 가능하게 하는 것입니다. 그 외에도 다양한 옵션들이 있지만 여기서는 다루지 않겠습니다. 이렇게만 해도 자동으로 기본설정이 됩니다. 필요하다면 터미널에서 "man exports"로 확인하거나 보다 상급의 리눅스 서버 교재를 참고하도록 합니다. 다 작성했으면 저장하고 vi를 종료합니다.

이제 nfs 데몬을 시작해야 하는데 그 전에 방화벽을 비활성화하도록 하겠습니다. 이 작업을 하는 이유는 이미 앞에서 언급했습니다. '방화벽 설정'창에서 [비활성화]를 누르고 [적용]을 누릅니다.

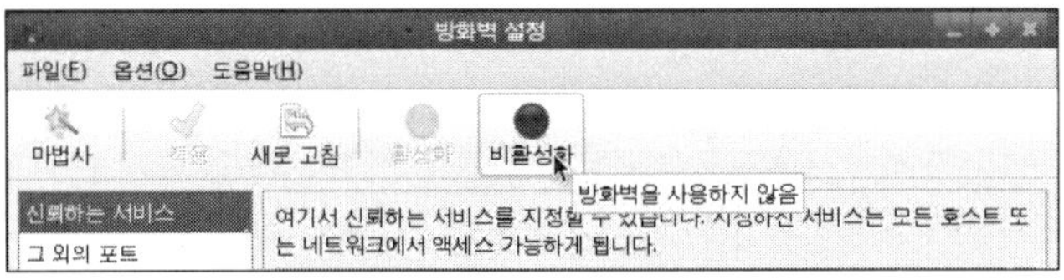

〈그림 8-9〉 방화벽 비활성화 버튼 클릭

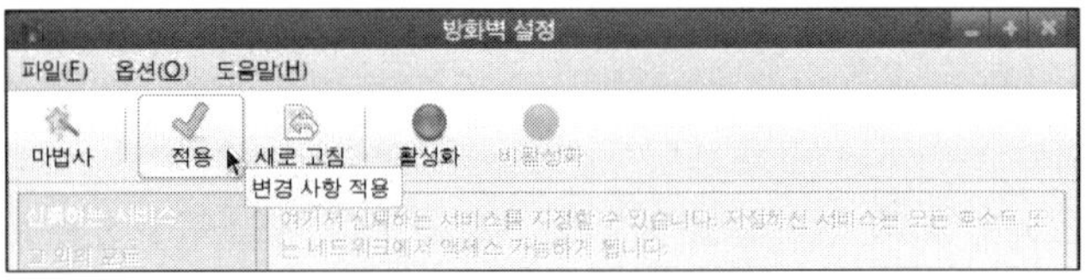

〈그림 8-10〉 방화벽 적용 버튼 클릭

nfs 데몬을 시작합니다. 만약 실행 중이었다면 "service nfs restart" 명령으로 재시작해야 합니다.

```
[root@ServerA ~]# service nfs start    Enter↵
```

〈그림 8-11〉 nfs 데몬 시작

이제 서버의 설정은 끝났습니다. nfs의 공유 디렉터리의 목록은 "exportfs -v"명령으로 확인합니다. exportfs 명령에 다른 옵션을 사용할 경우는 원치 않는 동작을 할 수도 있으므로 조심합니다.

```
[root@ServerA ~]# exportfs -v    Enter↵
/sharedD          192.168.56.102(rw,wdelay,root_squash,no_subtree_check)
```

〈그림 8-12〉 nfs 공유 설정 확인

nfs 클라이언트의 설정

nfs를 사용하기 위해 클라이언트에서 할 일을 정리하면 다음과 같습니다.
- 서버의 nfs 공유디렉터리를 마운트할 로컬 디렉터리 생성
- mount 명령으로 nfs 공유디렉터리를 해당 로컬 디렉터리에 마운트

user1의 홈디렉터리 아래에 'remoteD'라는 이름으로 디렉터리를 만듭니다.

```
[user1@ClientA ~]$ mkdir remoteD  Enter↵
```

〈그림 8-13〉 ClinetA에 '/home/user1/remoteD' 디렉터리를 생성

이제 mount명령으로 nfs 공유디렉터리를 '/home/user1/remoteD' 디렉터리에 마운트하는데 nfs 공유 디렉터리 자원을 표시하는 형식은 "서버IP주소:공유디렉터리경로"입니다.

```
[user1@ClientA ~]$ su -c 'mount 192.168.56.101:/sharedD /home/user1/remoteD'  Enter↵
```

〈그림 8-14〉 '/home/user1/remoteD'에 nfs공유디렉터리를 마운트

nfs 공유 디렉터리의 활용

다음과 같이 하여 nfs 공유디렉터리가 잘 동작하는지 확인해 봅니다.

① ClientA의 터미널에서 user1 사용자로 로그인하여 '/home/user1/remoteD'에 아무 파일이 없음을 확인합니다.

② ServerA의 터미널에서 user1 사용자로 로그인하여 '/sharedD'에 "NFS TEST from ServerA"라는 내용으로 'nfs_test.txt' 파일을 만듭니다.

③ ClientA의 user1 사용자의 터미널에서 '/home/user1/remoteD'에 'nfs_test.txt' 파일이 생겼는지 확인합니다.

④ ClientA의 user1 사용자의 터미널에서 'nfs_test.txt' 파일의 내용을 "NFS TEST from ClientA"로 변경, 저장합니다.

⑤ ServerA의 user1 사용자의 터미널에서 'nfs_test.txt' 파일의 내용이 "NFS TEST from ClientA"라는 내용으로 바뀌었는지 확인합니다.

nfs 공유를 종료하고 싶으면 umount명령으로 해당 디렉터리를 언마운트하면 됩니다.

```
[user1@ClientA ~]$ su -c 'umount /home/user1/remoteD'  Enter↵
```

〈그림 8-15〉 nfs공유디렉터리를 언마운트

8.3 sshfs(ssh file system)

sshfs는 ssh(secure shell) 파일 시스템을 이용해서 원격 디렉터리를 안전하게 공유할 수 있는 서비스입니다. sshfs의 장점 중의 하나는 서버에서는 ssh 서비스를 실행하는 것 이외에는 아무 설정도 필요하지 않다는 것입니다. 클라이언트에서는 fuse-sshfs라는 패키지를 설치하여 사용하면 됩니다.

서버의 설정

sshfs를 사용하기 위해 서버에서 설정할 일은 ssh를 실행하는 것입니다. 일단 ServerA에 ssh 서버가 설치되어 있는지 확인합니다.

```
[root@ServerA ~]# rpm -qa | grep ssh    Enter↵
openssh-5.2p1-2.fc11.i586
openssh-clients-5.2p1-2.fc11.i586
openssh-askpass-5.2p1-2.fc11.i586
openssh-server-5.2p1-2.fc11.i586
libssh2-1.0-2.fc11.i586
```

〈그림 8-16〉 서버에 ssh 설치 확인

openssh 서버가 설치되어 있음이 확인됩니다. 혹시 설치되어 있지 않다면 yum으로 설치하기 바랍니다. 다음은 ssh 서비스의 데몬인 sshd가 실행 중인지 확인합니다.

```
[root@ServerA ~]# service sshd status    Enter↵
openssh-daemon (pid  1397)를 실행하고 있습니다..
```

〈그림 8-17〉 ssh 데몬 상태 확인

서버는 이 상태로 sshfs를 사용하기에 충분합니다.

클라이언트의 설정

클라이언트에서는 fuse-sshfs라는 패키지가 설치되어 있어야 합니다. 확인해 보고 없다면 yum으로 설치합니다.

```
[root@ClientA ~]# rpm -qa | grep sshfs    Enter↵
[root@ClientA ~]# yum -y install fuse-sshfs    Enter↵
```

〈그림 8-18〉 ClinetA에서 fuse-sshfs 패키지 확인 및 설치

이제 user1으로 sshfs를 이용해 보도록 하겠습니다. user1의 터미널에서 user1의 홈 디렉터리 아래 'sshfsD'라는 마운트용 디렉터리를 만듭니다.

```
[user1@ClientA ~]$ mkdir sshfsD  Enter↵
```

〈그림 8-19〉 ClinetA에서 sshfs 마운트용 디렉터리 생성

이제 서버의 원하는 디렉터리를 마운트합니다. 그런데 마운트는 ssh 파일 시스템을 이용하기 때문에 sshfs명령을 이용해서 해야 하며 이는 리눅스의 mount와는 개념적으로 비슷하나 다른 명령입니다. sshfs는 일반 사용자의 권한으로 실행이 가능하며, 원격 디렉터리를 사용하고자 하는 사용자가 마운트해야 합니다. ServerA에 있는 user1의 홈 디렉터리를 마운트해 보겠습니다.

```
[user1@ClientA ~]# sshfs user1@192.168.56.101:/home/user1 /home/user1/sshfsD  Enter↵
```

〈그림 8-20〉 ClinetA에 ServerA의 공유디렉터리를 sshfs로 마운트

이제 'Are you sure you want to continue connecting (yes/no)?'라는 물음이 나오면 "yes"라고 입력하고 곧이어 ServerA의 user1 사용자의 암호를 물으면 입력합니다. 이제 연결이 되었습니다. 여기에서 첨언할 사항은 ServerA의 user1의 홈디렉터리를 이용하기 위해, ClientA에서 반드시 user1 사용자로 실행할 필요는 없다는 것입니다. ClientA에서 어떤 아이디로 sshfs를 실행하는지는 상관이 없고, 다만 sshfs를 실행할 때 인수에 들어가는 아이디가 중요한 것입니다.

sshfs 공유 디렉터리의 활용

다음과 같이 하여 sshfs 공유디렉터리가 잘 동작하는지 확인해 봅니다.

① ClientA의 user1 사용자의 터미널에서 '/home/user1/sshfsD'에 아무 파일이 없음을 확인합니다.

② ServerA의 터미널에서 user1 사용자로 로그인하여 '/home/user1/'에 "SSHFS TEST from ServerA"라는 내용으로 'sshfs_test.txt' 파일을 만듭니다.

③ ClientA의 user1 사용자의 터미널에서 '/home/user1/sshfsD'에 'sshfs_test.txt' 파일이 생겼는지 확인합니다.

④ ClientA의 user1 사용자의 터미널에서 'sshfs_test.txt' 파일의 내용을 "SSHFS TEST from ClientA"로 변경, 저장합니다.

⑤ ServerA의 user1 사용자의 터미널에서 'sshfs_test.txt' 파일의 내용이 "SSHFS TEST from ClientA"라는 내용으로 바뀌었는지 확인합니다.

sshfs 공유 디렉터리의 해제

sshfs 공유디렉터리를 다 사용하였으면 이제 언마운트하여 연결을 해제합니다. 언마운트도 ssh 파일시스템에서 하는 것이므로 umount가 아니라 "fusermount -u" 명령을 사용합니다.

```
[user1@ClientA ~]# fusermount -u /home/user1/sshfsD [Enter↵]
```

〈그림 8-21〉sshfs 공유디렉터리를 언마운트

이제 ClientA의 user1 사용자의 터미널에서 '/home/user1/sshfsD'에 있었던 'sshfs_test.txt' 파일이 없어졌는지 확인합니다.

8.4 samba

samba의 홈페이지인 www.samba.org는 samba를 'SMB(Server Message Block)나 CIFS(Common Internet File System)을 통해 파일과 프린터 공유 서비스를 제공하는 무료 개방소프트웨어'라고 말하고 있습니다. SMB는 마이크로소프트가 개발하여 윈도우즈 시스템에서 파일 및 프린터 공유에 사용하는 프로토콜입니다. CIFS는 SMB를 기반으로 한 인터넷 표준 파일시스템의 하나입니다. 즉, samba는 윈도우즈 시스템이 아닌 컴퓨터에 설치되어 윈도우즈 시스템과 호환되는 파일 및 프린터 공유 기능을 제공하는 것입니다. 이는 리눅스 시스템에 samba를 설치할 경우 윈도우즈 시스템과 파일 및 프린터 공유가 가능하다는 것을 의미합니다.

두 가지 시나리오를 생각할 수 있습니다. 첫 번째는 윈도우즈 시스템이 서버가 되는 것이고 두 번째는 페도라가 서버가 되는 것입니다.

윈도우즈 시스템을 서버로 하기

윈도우즈 시스템이 서버가 된다는 것은 윈도우즈 시스템에 있는 폴더를 공유설정을 하여 외부 시스템이 이용하는 것을 허락하겠다는 의미입니다. 윈도우즈 시스템에는 파일 및 프린터 공유 서버의 기능이 이미 설치되어 있습니다.

[Windows 호스트에서 작업 - root 사용자 접속용]

먼저 윈도우즈 호스트에 파일공유에 사용할 계정을 만들어 줍니다. 계정의 아이디를 'root'라고 만들어 줍니다. 암호는 "dytc"로 설정합니다. 파일탐색기를 실행하여 공유할 폴더를 만들어 줍니다. 여기에서는 실습용으로 'C:₩SMBshared'를 만들겠습니다.

다음은 이 폴더에 공유설정을 해 줍니다. 윈도우즈 XP의 경우는 각 사용자의 홈 폴더 이외의 폴더에 대해서는 모든 사용자에 대해 동일한 권한을 주는 것을 기본으로 설정해 놓았기 때문에 외부에서 접근하는 모든 사용자를 게스트로 처리합니다. 보안의 관점에서 볼 때 그리 좋은 방법이 아니므로 다음과 같이 공유를 설정합니다.

- '[시작]→[제어판]→[성능 및 유지 관리]→[관리도구]→[로컬 보안 정책]→[로컬정책]→[보안 옵션]'을 차례로 선택합니다. 이제 '로컬 보안 설정'창의 오른쪽 영역의 '정책'열에서 '네트워크 액세스: 로컬 계정에 대한 공유 및 보안'을 더블클릭합니다. [로컬 보안 설정]탭에서 '일반 – 로컬 사용자를 그대로 인증'으로 선택합니다. [적용]→[확인]을 눌러 줍니다.
- '[시작]→[내컴퓨터]→(메뉴의)[도구]→[폴더 옵션]→[보기탭]'을 선택합니다. [보기]탭에서 '모든 사용자에게 동일한 폴더 공유 권한을 지정(권장)'항목에 체크가 해제되어야 합니다.
- 파일탐색기에서 마우스로 'C:₩SMBshared' 폴더를 선택한 후 오른쪽 버튼을 눌러 나오는 메뉴에서 [공유 및 보안]을 선택합니다. '이 폴더를 공유'를 선택합니다. 공유이름은 폴더이름 그대로 둡니다. '[사용 권한]→[추가]→[고급]→[지금 찾기]'를 하여 아래 쪽에 나온 목록에서 'root'를 선택하고 [확인]을 클릭합니다. 한 번 더 [확인]을 클릭하면 권한을 설정하는 창이 나옵니다. 'root'에게 모든 권한을 주고 'Everyone' 등 다른 사용자가 있다면 제거 합니다. [적용]과 [확인]을 누릅니다.

'C:₩SMBshared'에는 적당한 파일을 복사해 넣습니다. 공유연결 확인용입니다. 이상으로 윈도우즈 시스템에서의 설정은 끝났습니다.

[ServerA의 root 터미널에서 작업]

이제 ServerA에서 윈도우즈 호스트의 'C:₩SMBshared'를 마운트하여 연결하도록 하겠습니다. ServerA에 samba-client 패키지가 설치되어 있는지 확인합니다.

```
[root@ServerA ~]# rpm -qa |grep samba  Enter↵
samba-winbind-3.3.2-0.33.fc11.i586
samba-common-3.3.2-0.33.fc11.i586
samba-client-3.3.2-0.33.fc11.i586
```

〈그림 8-22〉 samba-client 패키지 설치 확인

설치가 되어 있지 않다면 yum으로 설치하면 됩니다. 이제 'C:₩SMBshared'를 마운트할 디렉터리를 만들어 줍니다. '/SMBmounted'라는 이름으로 만들도록 하겠습니다.

```
[root@ServerA ~]# mkdir /SMBmounted    Enter↵
```

〈그림 8-23〉 마운트를 위한 디렉터리 생성

다음은 마운트를 할 차례입니다. 마운트할 자원의 이름은 "//윈도우즈시스템IP주소/공유이름"이고 파일형식은 "cifs"입니다. 따라서 마운트 명령은 다음과 같습니다.

```
[root@ServerA ~]# mount -t cifs //192.168.56.1/SMBshared /SMBmounted    Enter↵
```

〈그림 8-24〉 마운트를 위한 디렉터리 생성

패스워드를 물어보면 "dytc"를 입력해 주면 됩니다.

이제 연결이 되었습니다. '/SMBmounted'와 윈도우 호스트의 'C:₩SMBshared'를 비교하여 연결이 잘 되었는지 확인해 보기 바랍니다. 연결을 해제하려면 'umount'명령을 사용하면 됩니다.

페도라 시스템을 서버로 하기

이제는 ServerA의 디렉터리를 공유디렉터리로 설정하여 윈도우즈 호스트에서 접속해 이용하겠습니다. samba 서버의 패키지이름은 samba이고 서버 데몬의 이름은 smb입니다. ServerA에서 smb의 상태를 조사해 봅니다.

```
[root@ServerA ~]# service smb status    Enter↵
smb: 인식되지 않은 서비스
```

〈그림 8-25〉 smb 서비스 상태 조사

인식되지 않은 서비스라고 하는 것은 서버 패키지가 설치가 되지 않았다는 것을 의미하는 것입니다. <그림 8-22>에서도 samba 패키지는 목록에 나오지 않았습니다. samba 패키지를 설치합니다.

```
[root@ServerA ~]# yum -y install samba    Enter↵
```

〈그림 8-26〉 samba 서버의 패키지를 설치

그런데 samba 패키지가 최신 버전으로 업데이트되어 yum으로 설치하면 관련 패키지들을 모두 업데이트하게 됩니다. 시간이 좀 걸리니, 만약 업데이트를 원하지 않는다면 페도라 11 설치 DVD에서 samba-3.3.2-0.33.fc11.i586.rpm을 rpm으로 설치하는 것이 좋습니다.

이제 samba 서버가 설치되었으니 설정을 할 차례입니다.

samba의 설정파일은 '/etc/samba'에 있는 smb.conf입니다. 그런데 이 설정파일이 280줄이 넘아가는 분량이어서 문서 편집기로 수정하여 설정하기가 좀 힘듭니다. 그래서 GUI를 제공하느 설정 프로그램을 설치하여 이용해 보도록 하겠습니다.

```
[root@ServerA ~]# yum -y install system-config-samba    Enter↵
```

〈그림 8-27〉 samba 설정 프로그램 패키지를 설치

이 패키지도 페도라 11 설치 DVD에 'system-config-samba-1.2.75-1.fc11.noarch.rpm' 파일로 있습니다. rpm으로 설치하면 큰 문제없이 설치됩니다. 설치가 끝나면 root의 터미널에서 실행시킵니다.

```
[root@ServerA ~]# system-config-samba    Enter↵
```

〈그림 8-28〉 samba 설정 프로그램을 실행

'Samba 서버 설정'창이 생성됩니다. 메뉴 중 [설정]→[서버 설정]을 선택합니다. '서버 설정'창이 생성됩니다. [기본]탭에서는 **'작업그룹'**항목을 윈도우즈 호스트의 작업그룹이름과 같게 설정해 줍니다. 윈도우즈 호스트에서 '[시작]→[제어판]→[시스템]' 선택한 후 <컴퓨터 이름>탭을 클릭하면 **'작업 그룹'**명을 볼 수 있습니다. 본 실습에서는 "workgroup"입니다. **'설명'**항목은 "ServerA"라고 써 넣습니다. [보안]탭에서는 **'인증모드'**항목을 **'사용자'**로 **'암호화하기'**를 그대로 '예'로, **'미등록된 사용자 계정'**에서는 목록에서 'user1'을 선택합니다 <그림 8-29>. [확인]을 누릅니다.

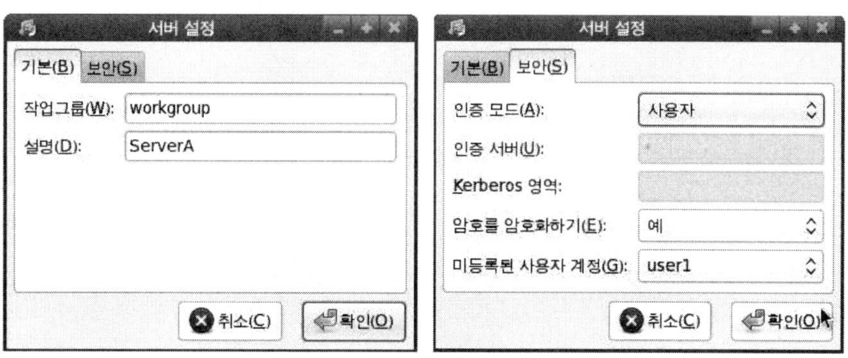

〈그림 8-29〉 서버설정

메뉴 중 [설정]→[Samba 사용자]를 선택합니다. 'Samba 사용자'창이 생성됩니다. [사용자 추가]를 누릅니다. '새로운 Samba 사용자 만들기'창이 생성됩니다. 'Unix 사용자명'항목의 선택목록에서 'user1'을 찾아 선택합니다. 'Windows 사용자명'은 윈도우에서 접속할 사용자명을 쓰는데 그리 큰 의미를 갖지는 못합니다. 일단 "user1"으로 씁니다. 그리고

samba 암호를 "dytc"로 설정하겠습니다. [확인]을 누르면 <그림 8-30>의 오른쪽 창과 같이 user1이 목록에 추가되는 것을 볼 수 있습니다.

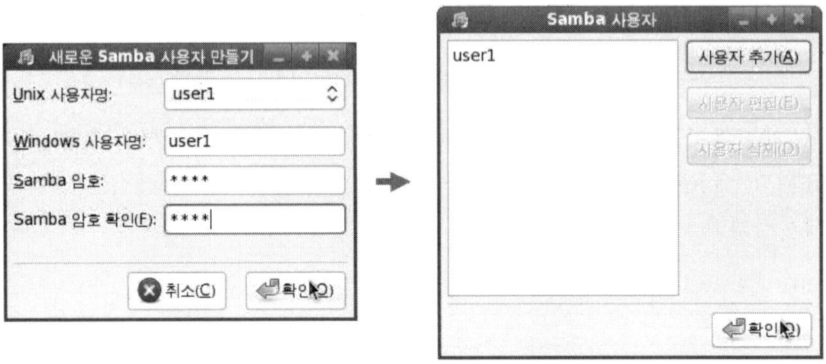

〈그림 8-30〉 새로운 사용자 생성

이제 system-config-samba를 종료합니다. 그리고 samba 데몬을 가동시켜 줍니다.

```
[root@ServerA ~]# service smb start    Enter↵
```

〈그림 8-31〉 samba 서버를 실행

윈도우즈 호스트에서 파일탐색기를 실행하여 [도구]→[네트워크 드라이브 연결]을 선택하고 창이 생성되면 '드라이브'항목의 문자는 설정대로 하고 '폴더'항목에는 "₩₩SERVERA₩user1" 또는 "₩₩192.168.56.101₩user1"을 입력합니다. 연결이 되면 'user1' 사용자의 패스워드를 물어봅니다. "dytc"를 입력하면 공유 드라이브가 생기는데 ServerA에 있는 user1 사용자의 홈 디렉터리를 원격으로 사용할 수 있습니다.

이 외에도 ServerA의 특정한 디렉터리를 공유할 수도 있습니다. 이번에는 모두에게 개방하는 공유 디렉터리를 만들어 보겠습니다. 먼저 ServerA에서 공유할 디렉터리를 생성합니다. 모두에게 공유할 목적이므로 사용권한을 "707"로 만들어 줍니다.

```
[root@ServerA ~]# mkdir /SMBshared    Enter↵
[root@ServerA ~]# chmod 707 /SMBshared    Enter↵
```

〈그림 8-32〉 ServerA에서 공유 디렉터리를 생성

이제 system-config-samba를 실행합니다. 'Samba 서버 설정'창에서 [공유 추가]를 누릅니다. 'Samba 공유 만들기'창에서 '디렉터리'항목 오른쪽의 [탐색 중]버튼을 눌러

'/SMBshared' 디렉터리를 찾아 선택합니다. '설명'은 적절히 쓰고, 아래 '쓰기 가능'과 '보이기'항목을 모두 체크합니다. [접근]탭을 누릅니다. 이 디렉터리를 'user1'만 사용할 수 있게 하려면 'user1'을 체크하고 모든 사람이 쓰게 하려면 '모든 사용자에 접근 허가'를 선택합니다. 우리는 후자를 선택합니다. [확인]을 누릅니다.

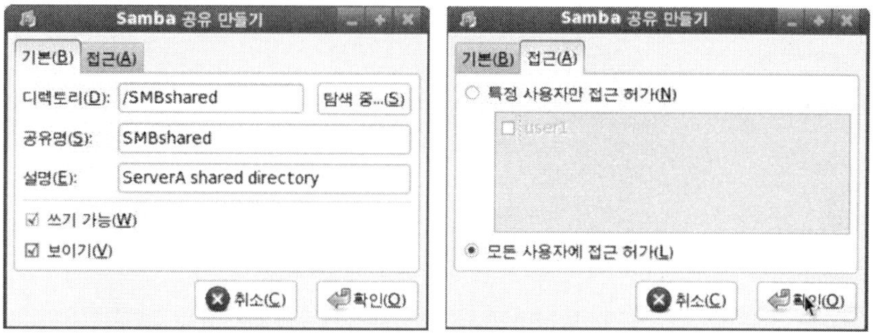

〈그림 8-33〉 Samba 공유 디렉터리 만들기

이제 'Samba 서버 설정'창의 목록에 방금 공유시킨 디렉터리가 보입니다.<그림 8-34>

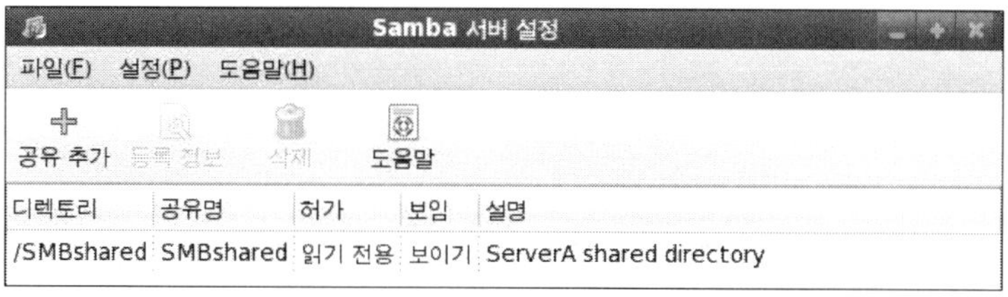

〈그림 8-34〉 공유목록에 생성된 공유 디렉터리

이제 system-config-samba를 종료합니다. 그리고 samba 데몬을 재시작합니다.

윈도우즈 호스트에서 파일탐색기를 실행하여 [도구]→[네트워크 드라이브 연결]을 선택하고 창이 생성되면 '드라이브'항목의 문자는 설정대로 하고 '폴더'항목에는 "₩₩SERVERA₩SMBshared" 또는 "₩₩192.168.56.101₩SMBshared"를 입력합니다. 연결이 되면 패스워드 입력 없이 공유 드라이브가 생기는데 ServerA에 있는 /SMBshared 디렉터리를 원격으로 사용할 수 있습니다.

제9장 네임서버 구축하기

이 장에서 다루는 내용

○ DNS(Domain Name Service) 시스템 개요
○ 캐시(cache) 네임서버
○ 마스터(master) 네임서버

이 장의 목표

이 장을 마치고 나면 다음의 능력들을 갖게 될 것입니다.

· DNS시스템을 설명할 수 있습니다.
· 캐시 네임서버를 설명할 수 있습니다.
· 캐시 네임서버를 구축할 수 있습니다.
· 마스터 네임서버를 설명할 수 있습니다.
· 마스터 네임서버를 구축할 수 있습니다.

9.1 DNS(Domain Name Service) 시스템 개요

인터넷에서 통신이 가능하게 하는 바탕이 되는 프로토콜이 IP(Internet Protocol)입니다. 대부분의 현대적인 통신방법은 원하는 상대방에게 메시지를 전달하기 위해 '주소'를 사용하게 되는데 IP에서 사용하는 주소가 바로 IP주소입니다. 그런데 IP주소는 32비트, 사람이 읽기에는 세 자리 숫자가 네 개로 이루어져 있기 때문에 이를 기억하기가 쉽지 않습니다. 우리가 사용하는 전화번호와 거의 같은 수준이라고 생각하면 되겠습니다. 전화번호를 번호로 외우고 다니는 것은 매우 쉽지 않습니다. 그래서 우리가 사용하는 휴대폰에는 전화번호부가 있습니다. 전화를 걸 때 우리는 숫자로 이루어진 전화번호 대신에 상대방의 이름을 찾아 선택하면 전화번호부가 전화번호라는 숫자로 전화를 걸어줍니다. 전화를 걸려면 여전히 전화번호가 필요하지만 사용자의 입장에서는 사람의 이름으로 전화를 거는 것이 됩니다. 인터넷에서 전화번호에 해당하는 것이 IP주소이고, 상대방의 이름에 해당하는 것이 www.dongyang.ac.kr과 같은 FQDN(Fully Qualified Domain Name)입니다. 또 전화번호부 서비스에 해당하는 것이 DNS입니다.[26] DNS의 덕분에 우리는 IP주소 대신에 상대방의 이름과도 같은 FQDN을 이용해 쉽게 주소를 웹브라우저에 입력할 수 있는 셈입니다.

그렇다면 DNS는 과연 어떻게 만들어져 있는 시스템이기에 이런 서비스가 제공되는 것일까요? 흔히 DNS를 계층구조를 가지고 있는 분산 데이터 시스템이라고 말합니다. 계층구조라 함은 단계가 있어서 상위에서 하위로 갈수록 범위가 줄면서 보다 구체화 되어 가는 구조를 말합니다. 현재의 우편주소체계도 계층적입니다. '서울시 구로구 고척동 62번지'라는 주소를 보면 상위에서 하위로 가면서 범위가 줄고 지역은 점점 구체화되어 가고 있지요? 그렇다면 이제 계층적이라는 말은 이해가 되었으리라고 생각합니다. 그리고 분산 데이터 시스템이라는 것은 데이터를 한 곳에 집중해서 가지고 있는 것이 아니라 여러 곳에 흩어져 저장, 관리되고 있는 시스템을 의미합니다. 그냥 데이터를 나누어 분산시킨 것이 아니라 자신이 담당한 구역 내의 주소를 자신이 저장하고 관리하도록 한 것입니다. 예를 들면, 고척동에 있는 집들의 주소와 위치는 고척동사무소에서 유지하고 관리하도록 한 것이죠. 구로구나 서울시에서는 고척동의 62번지가 어딘지 모릅니다. 다만, 구로구청은 고척동사무소의 주소와 위치를 알고 있고, 서울시청은 구로구청의 주소와 위치를 알고 있습니다. 이런 체계에는 어떻게 동작하는 것일까요? 어떤 사람이 '서울시 구로구 고척동 62번지'라는 곳을 찾아가고 싶다고 할 때 일단 서울시청을 찾아갑니다. 그러면 서울시청에서는 구로구청의 정보를 알려 주면서 가보라고 합니다. 그래서 구로구청을 찾아가면 고척동사무소의 정보를 알려주며 가서 알아보라고 하지요. 하여 고척동사무소를 찾아가면 그곳에서 '서울시 구로구

26) 그런데 휴대폰의 전화번호부와 DNS간의 차이점은 무엇일까요?

고척동 62번지'라는 곳을 알려주게 됩니다. 물론 현실의 지리적인 주소시스템에서는 주소와 위치라는 정보가 쉽게 바뀌지 않기 때문에 이같이 관리하는 것이 필요하지 않겠습니다만 IP주소의 세계에서는 도메인네임과 IP주소 쌍의 관계가 종종 바뀌기 때문에 이렇게 지역(zone)별로 관리하는 것이 필요합니다.

그렇다면 이제 DNS의 동작을 예를 들어 살펴보면서 DNS에서 도메인네임과 IP주소 정보가 어떻게 관리되고 서비스되는지 알아보겠습니다. <그림 9-1>은 dmu.ac.kr 도메인이 관리하는 존(zone) 안에서, 그 존(zone) 안에 존재하는 호스트에 대한 'DNS 질의(query)'를 하여 'DNS 응답'을 받는 과정을 보여줍니다. 같은 존 내부에서 발생하는 질의와 응답이기 때문에 이를 '로컬 DNS 서비스'라고 부르겠습니다. 그림에서 보면 dmu.ac.kr도메인의 하위에 존재하는 네임서버[27]는 하나입니다. 그렇기 때문에 dmu.ac.kr도메인의 하위에 존재하는 모든 도메인들은 하나의 존에 소속되어 있게 됩니다.[28] 그래서 그 존의 이름을 'dmu.ac.kr 도메인 영역'이라고 붙였습니다. 이 존에 사용자가 있습니다. 이 사용자는 같은 존에 존재하는 www.dmu.ac.kr에 접속하려고 합니다. 실제로 웹브라우저가 www.dmu.ac.kr라는 호스트에 접속하려면 그 IP주소가 필요하지요. 하지만 사용자는 www.dmu.ac.kr라는 도메인네임만 입력합니다. 웹브라우저는 사용자의 PC에 있는 해석기(resolver)에 그 IP주소를 물어봅니다.[29] 해석기는 이것을 로컬네임서버에게 물어보게 됩니다. 로컬네임서버는 자기가 속한 존을 관리하는 네임서버를 말합니다. www.dmu.ac.kr이라는 호스트의 주소정보는 바로 그 로컬네임서버가 관리하고 있습니다. 그러므로 로컬네임서버는 IP주소를 해석기에게 바로 알려줄 수 있습니다.

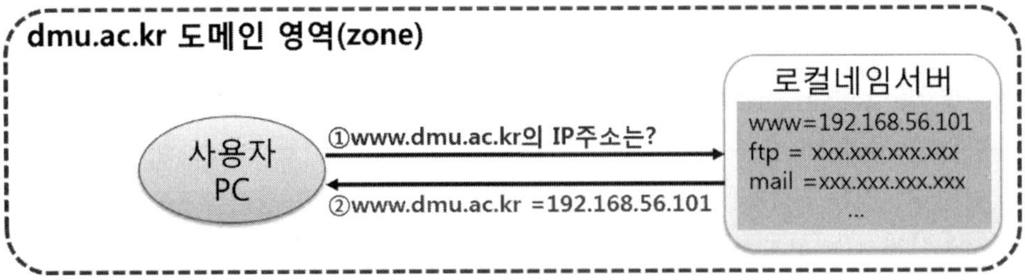

〈그림 9-1〉 로컬 DNS 서비스

27) 네임서버와 DNS서버는 같은 말입니다.
28) dmu.ac.kr의 하위 도메인들을 하나의 존으로 만들 수도 있고, 마스터 네임서버를 두 개 만들어서 그 도메인들을 두 개의 존으로 나누어 관리할 수도 있습니다.
29) 실제과정은 hosts파일이나 캐시 등에 대한 조회가 들어가 더 복잡하지만 본서에서는 네임서버에 중점을 두기위해, 설명을 되도록 간단하게 하고자 합니다.

하지만 사용자의 해석기가 다른 존에 존재하는 호스트에 대한 주소를 질의하면 로컬네임서버는 어떻게 해야 할까요? 로컬네임서버는 자기가 관리하는 존에 있는 호스트들의 주소 정보는 모두 관리하고 있지만 다른 존에 있는 호스트들에 대해서는 알지 못합니다. <그림 9-2>에는 이런 상황이 나와 있습니다. 이번에는 사용자가 www.daum.net을 접속하기 원합니다. 사용자의 해석기는 로컬네임서버에 www.daum.net의 IP주소를 질의합니다. 하지만 로컬네임서버는 그 정보를 가지고 있지 않습니다. 그래서 루트네임서버라고 하는 최상위 네임서버에 이를 물어봅니다. 최상위 서버의 관할 존은 도메인 계위상 루트의 바로 하위에 있는 도메인까지입니다. 그러므로 루트네임서버는 .com 네임서버, .org 네임서버, .edu 네임서버, .kr 네임서버, .net 네임서버 등의 정보만을 가지고 있습니다. 루트네임서버도 www.daum.net의 IP주소는 알지 못하지만 .net 네임서버의 주소를 알려주며 그쪽으로 질의하라고 합니다. 이번에는 .net 네임서버에게 물어봅니다. 역시 .net 네임서버도 질의된 www.daum.net의 IP주소는 알지 못합니다. 하지만 .daum.net 네임서버의 주소를 알려주며 그쪽으로 질의하라고 합니다. 이제 .daum.net 네임서버에게 www.daum.net의 IP주소를 물어봅니다. .daum.net 네임서버는 자신이 관리하고 있는 주소이므로 이를 알려줄 수 있습니다. 이제 사용자의 해석기는 필요한 IP주소를 얻었습니다.

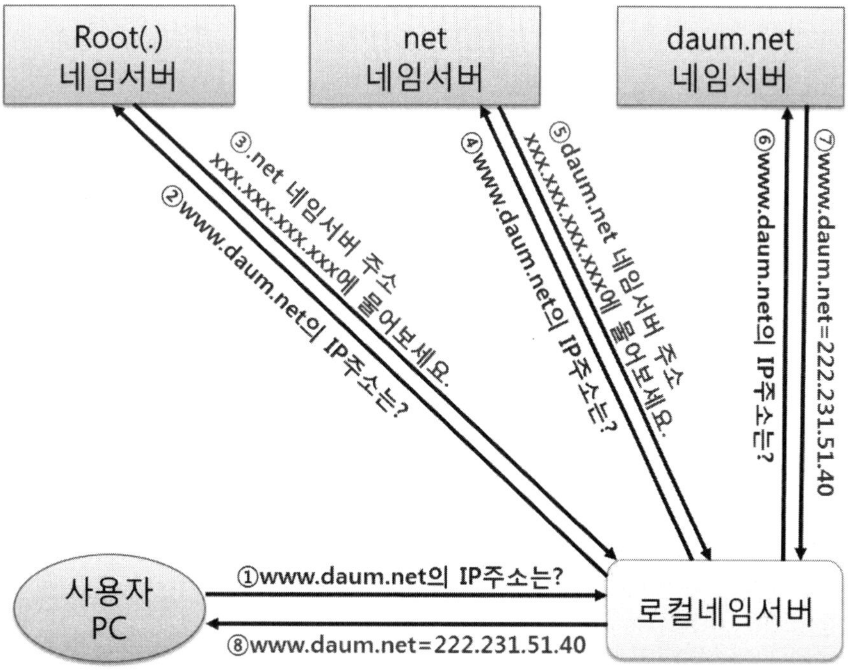

〈그림 9-2〉 단순화한 DNS 과정의 예시

9.2 캐시(cache) 네임서버

캐시(cache)란 '은닉처, 저장소'라는 의미입니다. 요즘은 이 단어가 IT분야에서 매우 많이 사용되고 있습니다. CPU에서도 캐시가 매우 중요한 역할을 하고 파이어폭스, 크롬이나 인터넷 익스플로러 같은 웹브라우저에서도 캐시를 활용하고 있습니다. IT분야에서 캐시란 '금방 이용했던 정보를 임시로 저장해 놓아 재차 필요하게 되면 빠른 속도로 이용할 수 있게 하는 저장소'라고 할 수 있을 것입니다. 정보를 캐시에 저장하게 되면 다시 읽어오는 속도가 그 정보가 원래 있던 곳에서 다시 가져오는 것보다 매우 빠르게 됩니다. 그런데 보통 한 번 이용한 정보를 얼마 지나지 않아 다시 이용하는 경우가 꽤 많기 때문에 캐시가 있으면 성능이 매우 증가하게 됩니다. 하지만 캐시의 양은 제한이 있고 시간이 지날수록 저장된 정보는 원본과 다르게 될 가능성이 커지므로 캐시에 저장된 정보에는 보통 유효시간의 제한(timeout)이 있게 됩니다.

원래 네임서버는 자신이 관리하는 존에 대한 호스트들의 주소정보를 관리하고 있다고 했지요? 그런데 캐시 네임서버는 자신이 관리하는 주소정보는 없고 단지 캐시만 있는 네임서버입니다. 사용자가 주소해석을 질의하면 다른 네임서버에게 질의를 하여 그 주소를 알아내어 사용자에게 알려준 뒤 그 정보를 자신의 캐시에 저장합니다. 사용자의 주소해석에 대한 질의가 또 들어올 때 자신의 캐시에 저장된 주소라면 바로 응답을 해 줄 수 있습니다. 물론 저장되어 있지 않은 주소에 대한 질의이면 또 다시 다른 네임서버에게 질의를 해서 알아내야 하지요. 그리고 그 주소정보는 또 다시 캐시에 저장하게 됩니다.

캐시 네임서버라고 그것을 위한 전용 프로그램이 따로 있는 것은 아니고 같은 네임서버 프로그램을 사용하는데 단지 설정만 캐시 네임서버로 동작하게 합니다. 페도라 11에서 제공하는 네임서버 패키지 이름은 'bind'입니다. 네임서버 패키지가 ServerA에 설치되어 있는지 확인해 보고 그렇지 않다면 설치하도록 합니다.

```
[root@ServerA ~]# rpm -qa | grep bind    Enter↵
ypbind-1.20.4-18.fc11.i586
bind-libs-9.6.1-0.3.b1.fc11.i586
bind-utils-9.6.1-0.3.b1.fc11.i586
samba-winbind-3.4.7-0.50.fc11.i586
rpcbind-0.1.7-3.fc11.i586
```

〈그림 9-3〉 ServerA에 bind 패키지 설치여부 조사

bind 패키지에 필요한 라이브러리나 유틸리티 패키지들은 설치되어 있는데 정작 bind는 없습니다. bind와 유사한 이름들의 패키지들이 설치되어 있다고 나와서 혹시 bind도 설치되어 있지 않을까 의심이 난다면 service 명령으로 named의 status를 조사해 보는 것도 좋습니다.

```
[root@ServerA ~]# service named status  Enter↵
named: 인식되지 않은 서비스
```

〈그림 9-4〉 named의 상태 조사

named가 인식되지 않는 서비스라고 나오는 것을 보니 bind가 설치되지 않은 것이 확실합니다. 이제 bind 패키지를 설치합니다.

```
[root@ServerA ~]# yum -y install bind  Enter↵
```

〈그림 9-5〉 bind 패키지의 설치

bind 패키지를 설치했으니 이제 named를 실행할 수 있습니다.

```
[root@ServerA ~]# service named start  Enter↵
named 시작 중:                                    [  OK  ]
```

〈그림 9-6〉 named의 시작

bind 패키지는 설치하고 설정을 변경하지 않으면 캐시 네임서버로 동작합니다. 이제 네임서버로 잘 동작하고 있는지 확인해 보도록 하겠습니다. 터미널에서 nslookup을 실행합니다. nslookup은 DNS 질의를 하는 명령입니다. 특이한 점은, 다른 네트워크 서비스를 이용하는 프로그램은 DNS 질의가 필요할 때 그 컴퓨터의 해석기에게 물어보지만, nslookup은 자기 스스로가 DNS 서버에 직접 DNS 질의를 한다는 것입니다. 심지어는 컴퓨터의 설정과 관계없이 자기가 물어볼 DNS 서버를 변경 지정하여 질의를 보낼 수도 있습니다.

```
[root@ServerA ~]# nslookup  Enter↵
> ▮
```

〈그림 9-7〉 nslookup 명령 실행

명령을 내리면 나타나는 '>'는 nslookup의 프롬프트입니다. "> server" 명령을 인수없이 실행하면 현재 DNS 서버를 알려줍니다. 현재 네임서버가 어떻게 설정이 되어 있는지 확인해 보기 바랍니다. 윈도우즈 호스트에 설정된 네임서버와 같은 것으로 나올 것입니다. 윈도우즈 호스트의 네임서버의 주소는 '**명령 프롬프트**'에서 "ipconfig /all" 명령을 입력하면 나오는 정보 중에 있습니다. "> server 192.168.56.101" 명령을 입력하여 네임서버를 ServerA로 바꾸어 줍니다. 지금은 ServerA가 DHCP 모드로 실행되고 있으므로 현재 ServerA에 할당된 IP주소를 잘 확인하고 명령을 입력하기 바랍니다. 이제 "> www.daum.net"이라고 입력합니다. 이것은 nslookup에게 www.daum.net의 IP주소를 알려달라는 것입니다. 결과가 어떻습니까?

```
> server 192.168.56.101 [Enter↵]
Default server: 192.168.56.101
Address: 192.168.56.101#53
> www.daum.net [Enter↵]
;; connection timed out; no servers could be reached
```

〈그림 9-8〉 네임서버를 192.168.56.101로 변경하고 DNS 질의 – 실패

네임서버가 연결되지 않아서 시간제한 초과가 되어 버렸습니다. 그렇다면 이제 "> server 127.0.0.1" 명령을 입력하여 네임서버를 설정합니다. 또 다시 www.daum.net의 IP주소를 질의합니다. 이번에는 결과가 어떻습니까?

```
> server 127.0.0.1 [Enter↵]
Default server: 127.0.0.1
Address: 127.0.0.1#53
> www.daum.net [Enter↵]
Server:     127.0.0.1
Address:  127.0.0.1#53

Non-authoritative answer:
Name:     www.daum.net
Address: 222.231.51.40
              ... 하략 ...
```

〈그림 9-9〉 네임서버를 127.0.0.1로 변경하고 DNS 질의 – 성공

성공했습니다. 일단 ">exit" 명령으로 종료합니다. 무슨 문제일까요? named의 설정파일은 '/etc/named.conf'입니다. vi로 열어서 설정파일을 살펴봅니다. 11번째 줄에 보면 options 영역 안에 'listen-on port 53 { 127.0.0.1; };'라는 부분이 있습니다. '53번 포트는 127.0.0.1로부터 오는 요청만 듣겠다'는 것입니다. 이것 때문에 그런 일이 발생한 것입니다.

```
options {
            listen-on port 53 { 127.0.0.1; };
            listen-on-v6 port 53 { ::1; };
```

〈그림 9-10〉 named.conf 파일의 일부

'listen-on port 53 { 127.0.0.1; };'를 "listen-on port 53 { any; };"로 고칩니다. 어떤 IP주소로부터 오는 요청도 듣겠다는 것입니다. 저장하고 named 서버를 재시작합니다. 이제 nslookup을 다시 실행하여 다음과 같이 테스트해 봅니다.

```
> server 192.168.56.101 [Enter↵]
Default server: 192.168.56.101
Address: 192.168.56.101#53
> www.daum.net [Enter↵]
Server:    192.168.56.101
Address: 192.168.56.101#53

Non-authoritative answer:
Name:    www.daum.net
Address: 222.231.51.40
          ... 하략 ...
```

〈그림 9-11〉 네임서버를 192.168.56.101로 변경하고 DNS 질의 - 성공

잘 동작하는 것을 확인했습니다. 이제 ClientA도 ServerA를 네임서버로 하여 동작하게 해 봅시다. 그런데 한 가지 걸리는 것은 ServerA가 DHCP로 동작하고 있다는 것입니다. DHCP는 주소가 바뀔 가능성이 있습니다. 네임서버가 IP주소가 바뀌면 큰 일일 것입니다. 그래서 ServerA를 이제는 정적(static) IP주소로 운용하도록 하겠습니다. 하지만 네트워킹은 변함없이 되어야 하므로 주소는 같은 네트워크 안에서 사용해야 하겠습니다.

우선 호스트전용 네트워크에서 사용하는 IP주소에 대한 이해가 필요합니다. VirtualBox 실행창의 메뉴에서 [파일]→[환경 설정]을 선태합니다. 'VirtualBox 설정'창이 나옵니다. 왼쪽 항목에서 [네트워크]를 선택합니다. 'VirtualBox Host Only Ethernet Adapter 네트워크'가 선택되어 있습니다. 오른쪽에 보면 아이콘이 3개가 세로로 나열되어 있는데 그 중 가장 아래쪽에 있는 드라이버 모양의 아이콘을 누릅니다. '호스트 전용 네트워크 정보'라는 창이 뜹니다. [DHCP서버]탭을 누릅니다. VirtualBox의 DHCP 서버 정보가 나옵니다.

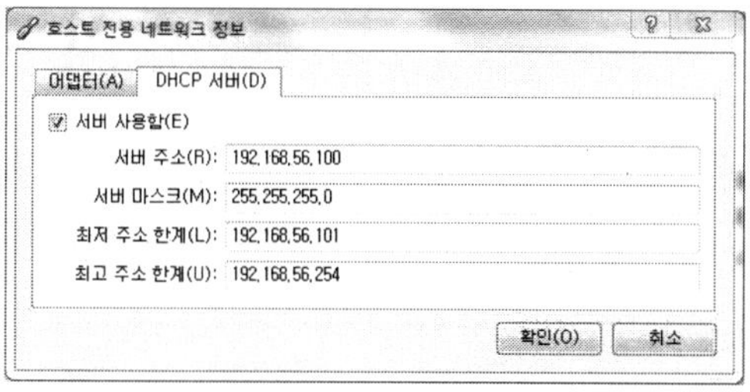

〈그림 9-12〉 VirtualBox의 DHCP 정보

DHCP서버의 주소는 192.168.56.100이고 서브넷마스크가 255.255.255.0이므로 192.168.56.1부터 192.168.56.254까지의 IP주소들이 이 네트워크에서 호스트에 할당할 수 있는 IP주소입니다. 그런데 192.168.56.1은 윈도우즈 호스트에 할당해 주었습니다. 또 192.168.56.100은 DHCP서버가 사용하고 있다고 합니다. 그리고 192.168.56.101부터 192.168.56.254까지는 DHCP요청에 응해서 다른 호스트들의 설정에 사용하는 주소들입니다. 위 주소들을 피하여 ServerA의 정적주소로 쓰도록 하겠습니다. 192.168.56.50을 선택하는 것으로 결정합니다.

설정을 위해서 NetworkManager의 [연결 편집]을 선택합니다. 익숙하지 않은 사람은 본서 '3.3 부가사항'절의 내용을 참고하기 바랍니다. '네트워크 연결'창에서 'System eth1'을 선택하고 [Edit]를 누릅니다. [IPv4 Settings]탭을 선택합니다. 'Method'가 'Automatic (DHCP)'라고 선택되어 있는데 이것을 눌러서 'Manual'로 바꾸어 줍니다. 바로 위에 있는 '자동으로 연결'이라는 항목이 체크되어 있지 않은 상태라면 체크해 줍니다. 그리고 'Addresses'항목에서 [추가]를 누른 후 'Address', 'Netmask', 'Gateway'를 각각 "192.168.56.50", "255.255.255.0", "192.168.56.1"로 입력합니다. 'DNS Servers'를 ServerA로 설정하려고 하므로 "192.168.56.50"으로 합니다. 'Search Domains'는 그냥 비워둡니다. 다음은 오른쪽 하단의 [Routes]를 누릅니다. 여기에서 'Use this connection only for resources on its network'에 체크합니다. [확인]을 누릅니다. 앞창으로 돌아왔습니다. [Apply]를 누릅니다. [닫기]를 눌러 '네트워크 연결'창을 닫습니다.

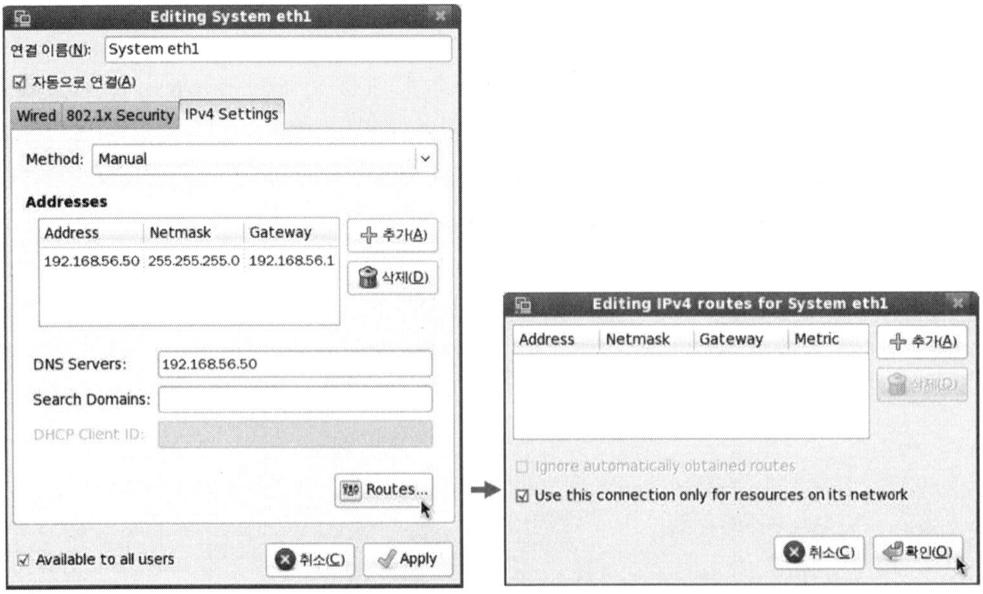

〈그림 9-13〉 ServerA의 정적주소 설정

계속 NetworkManager의 '네트워크 연결'창에서 'System eth0'를 선택하고 [Edit]를 누릅니다. [IPv4 Settings]탭을 선택합니다. 'Method'가 'Automatic (DHCP)'라고 선택되어 있는데 이것을 눌러서 'Automatic (DHCP) addresses only'로 바꾸어 줍니다. '자동으로 연결'이라는 항목이 체크되어 있지 않은 상태라면 체크해 줍니다. [Apply]를 누릅니다. [닫기]를 눌러 '네트워크 연결'창을 닫습니다.

변경된 설정을 유효하게 하기위해 network 서비스를 재시작 합니다. 재시작 후 네트워크 인터페이스가 자동으로 시작하지 않는 경우가 종종 있습니다. 그럴 때는 NetworkManager를 수동으로 체크하여 시작해 주기 바랍니다. 또한 eth1의 [Routes]의 'Use this connection only for resources on its network'의 체크가 풀리는 경우가 종종 있습니다. 원인 없이 외부 네트워크가 되질 않는다면 이 부분을 확인하여 다시 체크하고 적용한 후 네트워크 서비스를 재시작하기 바랍니다. 이것은 종종 발생하여 성가시게 합니다. 만약 이 부분이 문제가 되면, ServerA도 그냥 DHCP를 이용하고 eth0를 통한 네임서버설정도 중첩해서 가지고 가도 실습을 하는 데 큰 문제는 없습니다. 지금 이 설정은 단지 ServerA의 네임서버가 확실히 동작하고 있다는 것을 보기 위해서 입니다.

<그림 9-14>와 같이하여 네임서버가 제대로 동작하는지 확인해 보기 바랍니다.

```
[root@ServerA ~]# nslookup  Enter↵
> server Enter↵
Default server: 192.168.56.50
Address: 192.168.56.50#53
> www.daum.net  Enter↵
Server:    192.168.56.50
Address: 192.168.56.50#53

Non-authoritative answer:
Name:    www.daum.net
Address: 222.231.51.40
            ... 하략 ...
```

〈그림 9-14〉 네임서버를 127.0.0.1로 변경하고 DNS 질의 - 성공

두 번째 줄의 server 명령의 결과를 보면 지금 네임서버는 오직 ServerA만으로 설정되어 있음을 확인할 수 있습니다. 그러므로 ServerA의 캐시 네임서버는 잘 동작한다고 볼 수 있는 것입니다.

이제 ClientA에서 ServerA를 네임서버로 설정하여 네트워킹을 해 보도록 하겠습니다. 그 전에 외부에서 ServerA의 DNS를 이용해야 하므로 방화벽이 문제가 될 것입니다. ServerA의 방화벽에서 DNS 서비스 포트를 열어주도록 합니다. '방화벽 설정'창을 열어 '신뢰하는 서비스' 목록에서 'DNS' tcp 53번 포트, udp 53번 포트를 체크하고 적용합니다.

ClientA를 시작하고 clienta 사용자로 로그인합니다. 현재 네임서버는 무엇으로 되어 있는지 확인합니다. nslookup 명령으로 확인해 볼 수도 있지만, '/etc/resolv.conf' 내용을 봐도 알 수 있습니다. 그럼 네트워크 설정을 하겠습니다. 지금 ClientA는 eth0로부터 DHCP서비스를 통해서 네임서버를 자동설정하고 있습니다. 또한 eth1으로도 DHCP서비스를 받고 있습니다. 모두 'Automatic (DHCP) addresses only'로 바꾸어 줍니다. 그런데 eth1의 경우는 [IPv4 Settings]탭에서 'DNS Servers'를 "192.168.56.50"으로 합니다. [Apply]와 [닫기]를 눌러 '네트워크 연결'창을 닫습니다.

이제 네트워크 서비스를 재시작합니다. ClientA의 경우도 재시작 후 네트워크 인터페이스가 자동으로 시작하지 않을 수 있습니다. 그럴 때는 NetworkManager를 수동으로 체크하여 시작해 주기 바랍니다.

준비가 다 되었습니다. 터미널을 열어 nslookup으로 네임서버의 동작을 확인해 봅니다.

```
[root@ServerA ~]# nslookup  Enter↵
> server Enter↵
Default server: 192.168.56.50
Address: 192.168.56.50#53
> www.daum.net Enter↵
;; connection timed out; no servers could be reached
```

〈그림 9-15〉ClientA에서 DNS 시도 - 실패

server명령으로 네임서버가 오직 ServerA 하나로만 설정되어 있음을 알 수 있습니다. 그런데 결과는 실패입니다. 원인은 무엇일까요? 원인은 'named.conf'의 설정에 있습니다. 다시 ServerA에서 named.conf를 vi로 엽니다. 17번째 줄에 보면 'allow-query { localhost; };'라고 되어 있습니다. 이는 localhost, 즉 자기 자신에게서 온 질의만 받으라는 것입니다. 이곳을 "allow-query { any; };"라고 변경 저장한 후 named를 재시작합니다. 이제 다시 ClientA에서 nslookup으로 시험해 보기 바랍니다. 이제는 문제없이 잘 동작할 것입니다. Firefox로 웹접속도 시도해 보기 바랍니다.

9.3 마스터(master) 네임서버

마스터 네임서버는 자신이 관리하는 주소정보가 있는 네임서버를 말합니다. 주소정보란 호스트의 도메인네임과 IP주소의 대응쌍을 말합니다. 마스터 네임서버로 운용하려면 몇 가지 설정을 해 주어야 합니다. 첫째는 네임서버의 설정파일 named.conf에 존(zone)을 정의해 주어야 하고, 둘째는 named.conf에 정의된 디렉터리에 네임서비스를 원하는 호스트들의 도메인네임과 그 IP주소의 대응관계를 정의하는 존(zone)파일을 만들어 주어야 합니다. 우리는 이 실습에서 'serveraaaa.com'이라는 도메인을 운영하려고 합니다. 그리고 ServerA의 웹서비스를 가동하고 ServerA를 www.serveraaaa.com으로 접속할 수 있게 할 것입니다. 이제 시작해 보겠습니다.

named.conf에 존(zone) 정의하기

먼저 네임서버의 설정파일인 named.conf를 중요부분만 살펴보겠습니다. options 블록의 'listen-on port 53' 항목과 'allow-query' 항목은 이미 살펴봤습니다. directory 항목은 존파일의 위치를 지정하는 것입니다.

```
options {
        listen-on port 53 { any; };
        listen-on-v6 port 53 { ::1; };
        directory "/var/named";
        dump-file          "/var/named/data/cache_dump.db";
        statistics-file "/var/named/data/named_stats.txt";
        memstatistics-file "/var/named/data/named_mem_stats.txt";
        allow-query      { any; };
        recursion yes;
};
logging {
        channel default_debug {
                file "data/named.run";
                severity dynamic;
        };
};
zone "." IN {
        type hint;
        file "named.ca";
};
include "/etc/named.rfc1912.zones";
```

〈그림 9-16〉 named.conf

이미 존 하나가 정의되어 있습니다. 존 블록은 "zone 도메인이름 IN { };"의 형식으로 정의됩니다. { }안에 필요한 항목과 값을 채워 넣게 됩니다. 정의되어 있는 존의 이름은 "."입니다. 이 존은 '루트'를 의미하는데 이 존이 named.conf 정의되어 있으면 문의하는 모든 도메인네임은 이 루트존에 해당하는 것으로 여겨지게 됩니다. 단, 예외가 있는데 그것은 named.conf에 별도의 존으로 정의되어 있으면서 그 type이 'master'나 'slave'인 경우입니다. 루트존의 경우는 type이 'hint'로 되어 있습니다. 그리고 named.ca라는 파일을 정의하고 있습니다. named.ca는 루트 네임서버들의 목록입니다. 그러므로 루트존에 해당하게 되면 루트네임서버에게 물어보게 되는 것입니다. type이 hint인 이유는 루트네임서버가 IP주소를 알게하는 '힌트'만을 주기 때문입니다. 여기에 type이 master인 존을 정의하면 이 존에 해당하는 질의는 루트 네임서버로 가지 않고 직접 이 네임서버로부터 응답을 받게 될 것입니다. 그렇기 때문에 마스터 네임서버가 되는 것이지요. slave는 부하를 분담하기 위해 네임서버를 두 개 이상 병렬로 운영할 때 master의 존파일을 그대로 전송받아 사용하는 네임서버를 말합니다. 실습으로 특별히 다루지는 않겠습니다. 그러면 루트존에 있는 named.ca파일은 어디에 있는 것일까요? 네, options 블록에 정의된 directory가 '/var/named'입니다. named.ca 파일은 그곳에 있습니다.

이제 'serveraaaa.com'이라는 존(zone)을 네임서버의 설정파일인 named.conf에 정의해 주겠습니다. type은 'master'로 하고 존파일의 이름은 'serveraaaa.com.zone'이라고 하겠습니다. <그림 9-17>의 'serveraaaa.com' 존 블록을 named.conf에 넣어줍니다. 위치는 루트 존 정의 바로 다음이 좋겠습니다.

```
                    ... 전략 ...
zone "." IN {
          type hint;
          file "named.ca";
};
zone "serveraaaa.com" IN {
          type master;
          file "serveraaaa.com.zone";
};
include "/etc/named.rfc1912.zones";
```

〈그림 9-17〉 named.conf

존파일의 이름이 반드시 "도메인이름.zone"이 되어야 하는 것은 아닙니다. 아무 이름이나 가능합니다. named.conf의 존블록에 그 이름을 file항목으로 지정하고 있으니까요. 하지만 파일이름을 보면 이 파일이 무엇인지를 구별할 수 있도록 이름 짓는 것이 좋겠습니다.

존(zone) 파일 만들기

기본적인 존파일의 예가 <그림 9-18>에 있습니다.

```
$TTL 86400
@       IN     SOA     ns.example.com.     netmaster.example.com. (
                                           2011020100      ; serial number
                                           8H              ; refresh
                                           900             ; update retry
                                           2W              ; expiry
                                           1H              ; negative caching TTL
                                           )
        IN     NS      ns.example.com.
        IN     A       192.168.100.100
ns      IN     A       192.168.100.200
www     IN     A       192.168.100.100
```

〈그림 9-18〉 존파일의 예

[1번줄]

'$TTL 86400'은 이 존파일에서 관리하는 주소정보의 TTL(Time To Live, 생존시간) 값이 86400초, 즉 24시간이라는 말입니다. 여기에서 TTL은 이 네임서버에 질의하여 알아간 주소정보가 있다면 그 내용을 24시간동안 캐시에 저장하여 활용하라고 클라이언트들에게 말해주고 있는 것입니다. 즉, 24시간 내에는 같은 질의를 다시 하지 말라는 것이죠. 자신이 관리하는 주소정보가 자주 변한다면 이 값은 작아야 할 것이고 반대의 경우는 늘려 잡아야 할 것입니다.

[2번줄]

'@'는 named.conf에 해당 존을 정의할 때 사용했던 '도메인명'으로 ORIGIN이라고 합니다. 존파일에서 '$ORIGIN'이라는 변수로 재정의 할 수도 있습니다. 이 존파일의 존이 named.conf에서 'zone "example.com" IN { };'와 같이 정의되었다면 @는 example.com을 의미합니다. 'IN'은 지금 기록하는 주소의 종류가 무엇이냐를 나타내는데 이는 DNS가 IP주소가 아닌 다른 주소체계에도 사용될 수 있기 때문입니다. 그러나 지금은 거의 다 IP주소를 사용하는데 사용되기 때문에 이 값은 인터넷을 의미하는 'IN'으로 설정합니다. 'SOA'는 'Start of Authority'의 약어입니다. 이것은 다음에 나오는 정보(네임서버와 관리자 이메일 주소)가 @에 대해 권한을 갖는다는 것을 말하고 있습니다. 다음은 이 존에 대해 권한을 갖는 네임서버이름입니다. example.com에 대해서는 'ns.example.com.' 네임서버가 권한을 가지고 있음을 나타냅니다. 주의할 것은 **도메인이름을 쓸 때 FQND로 기록했다면 반드시 맨 뒤에 마침표 '.'를 찍어야 한다는** 것입니다. 영문자로 기록했는데 마침표가 없으면 named는 이것이 뒤에 이 존의 도메인이름('@')이 생략된 것으로 보고 자동으로 첨부하게 됩니다. 만약, 권한을 갖는 네임서버를 'ns.example.com'으로만 쓰게 되면 named는 이것을 'ns.example.com.exaple.com'으로 이해합니다. 다음은 이 네임서버를 관리하는 관리자의 이메일주소가 오게 됩니다. 주의할 것은 @는 ORIGIN을 의미하기 때문에 메일주소에 @을 사용할 수가 없다는 것입니다. 따라서 메일주소의 '@'를 '.'로 대체하여 적습니다.

[3번줄]

serial number는 slave 네임서버가 존파일을 읽어갈 경우 자신이 가지고 있는 존파일과 비교하여 최신의 것인지를 판단하는데 근거가 되는 것입니다. 보통 "연+월+일+일련번호"의 구성으로 만듭니다.

[4번줄]

refresh는 slave 네임서버가 주기적으로 존파일을 읽어가야 하는 시간 간격입니다. 예에서는 8H=8시간으로 설정되어 있습니다.

[5번줄]

update retry는 slave 네임서버가 존파일을 읽었는데 실패했다면 다음 시도를 할 시간간격입니다. 예에서는 900=900초=15분으로 설정되어 있습니다.

[6번줄]

expiry는 slave 네임서버가 존파일 읽기를 제시도 했는데 실패한 경우 현재 zone 파일을 유효한 것으로 보고 유지할 시간입니다. 예에서는 2W=2주동안 유지하게 됩니다.

[7번줄]

negative caching TTL은 이 네임서버에 도메인네임을 질의했을 때 그것이 등록되어 있지 않다는 응답을 받은 경우 그 응답을 캐시에 유지할 시간입니다. 즉, 유효하지 않았던 도메인네임은 이 시간 동안은 다시 질의하지 말라는 것입니다. 예에서는 이 값이 1H=1시간으로 되어 있습니다.

[9번줄]

첫 번째 열이 공백이 되면 위에 있는 첫 번째 열에서 시작하는 데이터를 그대로 이어받게 됩니다. 즉, @가 앞에 온 것과 같게 됩니다. 'NS'는 뒤에 오는 데이터가 네임서버라는 의미로 이 줄은 그 도메인의 네임서버를 지정하고 있습니다. 그러므로 예에서는 'ns.example.com은 @(즉, example.com)의 네임서버'라고 말하고 있는 것입니다. 도메인네임에 대해 FQDN을 사용했기 때문에 맨 뒤에 마침표를 붙인 것을 유의하시기 바랍니다.

[10번줄]

역시 이 줄도 첫 칸이 비어 있으니 윗 줄의 첫 데이터를 받아옵니다. 따라서 앞에 @가 있는 것과 같습니다. 'A'는 뒤에 오는 데이터는 주소라는 의미로 이 줄은 앞의 도메인이름에 뒤의 주소를 부여해 주는 것입니다. 그렇다면 예에서는 example.com에 192.168.100.100이라는 주소를 부여하고 있는 것입니다. example.com은 FQDN이 아니지만 이렇게 해 주면 example.com만 입력해도 192.168.100.100의 주소의 호스트를 찾아가게 됩니다.

[11번줄]

www라는 이름에 192.168.100.100을 부여한 것입니다. www뒤에 마침표를 찍지 않았으므로 네임서버는 www.example.com이 192.168.100.100이라고 이해할 것입니다. 그리고 www가 웹서버라고 가정하고 '10번줄'과 연관하여 본다면 이 회사의 웹서버는 웹브라우저에 example.com만 입력해도 방문이 가능한 것입니다.

이상으로 존파일에 대한 간략한 설명을 마치고 '/var/named'에 'serveraaaa.com.zone'이라는 이름으로 정의된 존파일을 만들겠습니다. 우리는 ServerA에 웹서버와 네임서버를 모두 실행시키고 있습니다. 웹서버의 이름은 www.serveraaaa.com, 네임서버의 이름은 ns.serveraaaa.com으로 하겠습니다. 관리자의 메일주소는 netmaster@serveraaaa.com이라고 가정합니다. 기타 시간 값들은 예제와 같게 합니다.

```
$TTL 86400
@       IN    SOA    ns.serveraaaa.com.  netmaster.serveraaaa.com. (
                                         2011020100      ; serial number
                                         8H              ; refresh
                                         900             ; update retry
                                         2W              ; expiry
                                         1H              ; negative caching TTL
                                         )
        IN    NS     ns.serveraaaa.com.
        IN    A      192.168.56.50
ns      IN    A      192.168.56.50
www     IN    A      192.168.56.50
```

〈그림 9-19〉 serveraaaa.com.zone

파일을 저장하고 named를 재시작합니다. 그리고 ServerA의 httpd도 시작시켜 줍니다. 이제 ClientA에서 Firefox를 실행하여 www.serveraaaa.com을 접속해 봅니다.[30] ServerA의 홈페이지에 접속했다면 성공한 것입니다. 성공했다면 "#chkconfig named on"명령으로 부팅시 named가 항상 실행되도록 설정합니다.

30) 도메인이름을 serveraaaa.com으로 복잡하게 만든 것은 두 가지 이유가 있습니다. 첫째는 'a'를 많이 사용함으로써 다음 장에서 메일서버구축 실습을 할 때 ServerA와 ServerB를 잘 구분하기 위해서입니다. ServerB의 상위 도메인이름은 serverbbbb.com으로 하게 됩니다. 둘째는 혹시 모를 문제를 발생시키지 않게 하기 위해 실제로는 존재하지 않는 도메인이름을 만들어 사용하려 했기 때문입니다.

제10장 메일서버 구축하기

이 장에서 다루는 내용

○ SMTP(Simple Mail Transfer Protocol) 메일 시스템 개요
○ sendmail의 설치 및 기본환경설정
○ sendmail의 설정
○ POP3와 IMAP의 개요
○ dovecot의 설치 및 설정

이 장의 목표

이 장을 마치고 나면 다음의 능력들을 갖게 될 것입니다.

· SMTP를 이용한 전자 메일 시스템의 동작과정을 설명할 수 있습니다.
· sendmail을 설치하고 적절히 설정할 수 있습니다.
· access.db파일을 이용해서 sendmail에 대한 접근제어를 할 수 있습니다.
· POP3와 IMAP이 무엇인지 설명할 수 있습니다.
· dovecot을 설치하고 적절히 설정할 수 있습니다.

10.1 SMTP(Simple Mail Transfer Protocol) 메일 시스템 개요

이메일은 SMS(Short Message Servie, 휴대전화 문자서비스), 메신저와 더불어 현대인들의 주된 통신수단으로 자리 잡았습니다. 친구들간의 사적인 통신은 SMS와 메신저를 많이 이용하겠지만 업무수단으로는 이메일이 가장 긴요한 도구일 것입니다. 요즘은 포털사업자나 검색서비스 사업자들이 양질의 웹기반 메일 서비스를 무료로 제공하고 있기 때문에 대부분 웹메일을 이용하고 있습니다. 웹메일은 별도의 설정없이 일반 웹사이트를 이용하는 것과 비슷한 환경에서 사용하게 됩니다. 그래서인지 컴퓨터 네트워크나 정보통신을 공부한 사람이라 하더라도 실제로 메일 시스템이 어떻게 구성되어 메일이 전송되는지에 대해서는 잘 모르는 경우가 많습니다. 일반적인 메일사용자라고 한다면 내부적으로 구성되는 시스템에 대해 몰라도 전혀 문제가 되지 않습니다만, 서버를 구축하고 관리하는 사람들에게 이것은 반드시 알아야만 하는 내용입니다.

현재 이메일을 전송하는 데 사용하는 프로토콜은 SMTP입니다. 명확하게 인식해야 할 것은, 이메일을 '전송한다'고 했을 때는 상대방은 받을 준비를 항시 하고 있는 상태에서 송신자가 메일을 보내고 싶을 때 언제라도 전송을 하게 되는 것입니다. 그러므로 메일송신자는 SMTP 클라이언트가 되고 메일수신자는 SMTP 서버가 됩니다. sendmail은 SMTP 서버와 클라이언트의 역할을 모두 해 줄 수 있는 프로그램입니다. 따라서 메일서버들 간의 통신을 위해서는 서버들에 sendmail만 설치되어 있으면 됩니다. 하지만 sendmail은 메일을 전송하고 받는 기능을 하는 프로그램이지 사용자가 메일을 작성하는 도구를 제공하지는 않습니다. 또한 SMTP에 의해 수신된 메일을 수신자이름으로 분류하여 각 수신자에 해당하는 페도라 사용자의 메일박스에 넣어주는 기능도 필요하지만 그것까지 SMTP가 수행해주는 것은 아닙니다. 따라서 <그림 10-1>과 같은 메일시스템이 필요하게 됩니다.

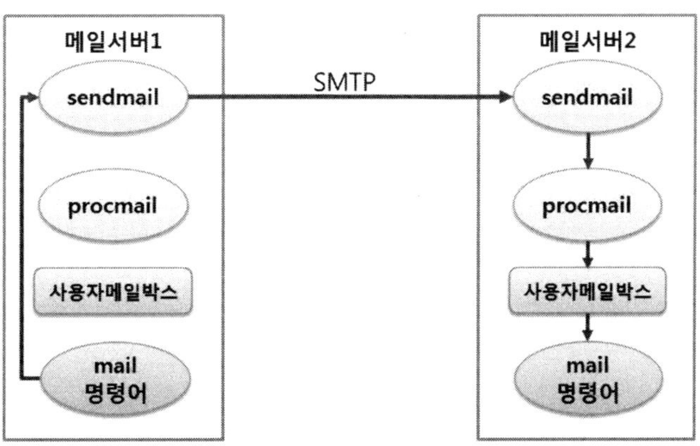

〈그림 10-1〉 메일전송 시스템의 구조

<그림 10-1>에서는 '메일서버1'이 클라이언트, '메일서버2'가 서버역할을 하고 있습니다. 물론 '메일서버2'가 '메일서버1'로 전송을 할 때는 이 역할이 서로 바뀌게 됩니다. 따라서 '메일서버1'과 '메일서버2'의 설정은 동일합니다. 메일을 보낼 때, 사용자는 메일을 작성하는 도구로 리눅스에서 기본적으로 제공하는 터미널의 mail 명령을 이용할 수 있습니다. 사용자가 mail 명령을 이용하여 메일을 작성하고 보내면 mail 명령은 sendmail에게 전송을 부탁합니다. '메일서버1'의 sendmail은 '메일서버2'의 sendmail에게 SMTP를 이용해서 메일을 전송합니다. '메일서버2'에서 sendmail이 메일을 수신하면 이는 sendmail의 임시저장소에 저장됩니다. 그리고 sendmail은 procmail을 호출합니다. procmail이 바로 SMTP에 의해 수신된 메일의 수신자이름을 보고 그 수신자에 해당하는 페도라 사용자의 메일박스에 넣어주는 프로그램의 한 종류입니다. 이런 프로그램을 흔히 MDA(Message/Mail Delivery Agent)라고 합니다. 페도라 11에서 사용자의 메일박스는 '/var/spool/mail' 디렉터리에 각 사용자의 아이디와 동일한 이름의 파일로 존재합니다. 즉, root의 메일박스는 '/var/spool/mail/root'라는 파일입니다. procmail이 사용자의 메일박스에 수신된 메일을 넣어주면 수신자는 mail 명령을 이용해 메일을 읽을 수 있습니다.

10.2 sendmail의 설치 및 기본환경설정

ServerA

ServerA에 sendmail이 설치되어 있나 확인해 봅니다. 그리고 procmail도 설치되어 있는지 확인해 봅니다. procmail은 sendmail의 기본 MDA로 설정되어 있기 때문에 sendmail을 설치하면 기본적으로 같이 설치되지만 확인은 해 보도록 합니다. 아마도 ServerA에는 두 패키지 모두 이미 설치가 되어 있을 것입니다. 만일 그렇지 않다면 yum을 이용해 sendmail을 설치하면 됩니다.

```
[root@ServerA mail]# rpm -q sendmail    Enter↵
sendmail-8.14.3-5.fc11.i586
[root@ServerA mail]# rpm -q procmail    Enter↵
procmail-3.22-23.fc11.i586
```

〈그림 10-2〉 sendmail과 procmail의 설치 확인

그런데 메일을 쓰기 위해서는 컴퓨터가 제대로 된 호스트이름(hostname)을 가지고 있어야 합니다. 지금 ServerA는 호스트이름이 단지 ServerA로 설정되어 있습니다.

```
[root@ServerA ~]# hostname    Enter↵
ServerA
```

〈그림 10-3〉 현재 hostname 출력

호스트이름이 제대로 형식을 갖추지 않으면 메일전송이 잘 되지 않습니다. 앞으로는 메일서버로 쓸 것이니 호스트이름을 "mail.serveraaaa.com"으로 변경하겠습니다.

변경을 위해 '/etc/sysconfig/network'라는 파일을 열어 'HOSTNAME=ServerA'라는 부분을 "HOSTNAME=mail.serveraaaa.com"로 바꾸어 줍니다.

그리고 '/etc/hosts' 파일을 열어 "192.168.56.50 mail.serveraaaa.com"을 추가해 줍니다.

```
192.168.56.50    mail.serveraaaa.com
127.0.0.1    localhost localhost.localdomain localhost4 localhost4.localdomain4
::1          localhost localhost.localdomain localhost6 localhost6.localdomain6
```

〈그림 10-4〉 /etc/hosts 파일의 내용 수정

또한 '/etc/mail/local-host-names'라는 파일에 "mail.serveraaaa.com"을 등록해 줍니다.

```
# local-host-names - include all aliases for your machine here.
mail.serveraaaa.com
```

〈그림 10-5〉 /etc/hosts 파일의 내용 수정

마지막으로 원활한 메일서비스를 위해 방화벽에서 '메일(SMTP) 25/tcp'를 열어주어야 합니다. 방화벽 설정을 마쳤으면 시스템을 reboot합니다.

ServerB

ServerB를 부팅하고 root로 로그인합니다. ServerB는 이제 네트워크 기능은 처음 이용하는 것이기 때문에 네트워크 설정을 하고 사용해야 합니다. "#system-config-networ-tui"명령으로 네트워크 설정에 들어갑니다.

```
[root@localhost ~]# system-config-network-tui    Enter↵
```

〈그림 10-6〉 system-config-network-tui 실행

- 'system-config-networ-tui'가 실행되면 [Edit a device params]가 반전되어 선택되어 있

는 상태가 됩니다. 아니라면 [Tab]을 눌러 해당항목이 반전되어 선택되도록 한 후 [Enter↵]를 누릅니다.

- 첫째 줄에 [eth0 (eth0) - ...]라는 항목이 선택되어 있을 것입니다. [Enter↵]를 누릅니다.
- 'Use DHCP' 항목에 [*]로 표시되어 있음을 확인하고 [Tab]을 눌러 [Ok]로 이동하여 [Enter↵]를 누릅니다.
- 화살표를 이용하여 둘째 줄의 [eth1 (eth1) - ...]라는 항목을 반전되어 선택되도록 한 후 [Enter↵]를 누릅니다.
- [Tab]을 눌러 'Use DHCP' 항목으로 이동하여 [*]가 반전되게 한 후에 [Space Bar]를 눌러 '*'를 제거합니다.
- [Tab]을 눌러 'Static IP' 항목으로 이동하여 "192.168.56.51"을 입력합니다.
- [Tab]을 눌러 'Netmask' 항목으로 이동하여 "255.255.255.0"을 입력합니다.
- [Tab]을 눌러 'Default gateway IP' 항목으로 이동하여 "192.168.56.1"을 입력합니다.
- [Tab]을 눌러 'Primary DNS Server' 항목으로 이동하여 "192.168.56.50"을 입력합니다.
- [Tab]을 눌러 [Ok]로 이동한 후 [Enter↵]를 누릅니다.

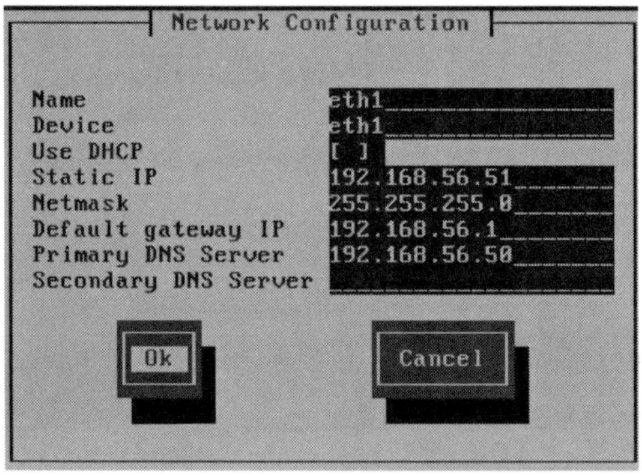

〈그림 10-7〉 ServerB eth1 설정

- [Tab]을 눌러 [Save]로 이동한 후 [Enter↵]를 누릅니다.
- [Tab]을 눌러 [Save&Quit]로 이동한 후 [Enter↵]를 누릅니다.

이상으로 네트워크 인터페이스의 설정은 끝났습니다. 그런데 ServerB의 경우는 부팅과 함께 자동으로 네트워크 인터페이스가 활성화되지는 않도록 설정되어 있습니다.[31] 일단 외부

---

31) 원한다면 '/etc/sysconfig/network-scripts' 디렉터리에 있는 ifcfg-eth0와 ifcfg-eth1 파일에 "ONBOOT=yes" 라고 설정함으로써 네트워크 인터페이스가 부팅시 자동활성화되도록 할 수 있습니다. 하지만 본서에서는 실습의 편의상 수동으로 활성화를 시키도록 하겠습니다.

인터넷으로 통하는 eth0를 "ifup" 명령으로 활성화시키도록 하겠습니다.

```
[root@localhost ~]# ifup eth0   Enter↵
```

〈그림 10-8〉 eth0의 활성화

외부 인터넷으로 연결이 잘 되었는지 ping을 통해 확인해 보도록 합니다.

```
[root@localhost ~]# ping -c 3 www.yahoo.com   Enter↵
PING any-fp.wa1.b.yahoo.com (72.30.2.43) 56(84) bytes of data.
64 bytes from ir1.fp.vip.sk1.yahoo.com (72.30.2.43): icmp_seq=1 ttl=53 time=164 ms
64 bytes from ir1.fp.vip.sk1.yahoo.com (72.30.2.43): icmp_seq=2 ttl=52 time=167 ms
64 bytes from ir1.fp.vip.sk1.yahoo.com (72.30.2.43): icmp_seq=3 ttl=52 time=162 ms
--- any-fp.wa1.b.yahoo.com ping statistics ---
3 packets transmitted, 3 received, 0% packet loss, time 2165ms
rtt min/avg/max/mdev = 162.376/164.869/167.500/2.145 ms
```

〈그림 10-9〉 eth0 네트워크 연결 시험

<그림 10-10>과 같은 응답이 나오면 연결이 잘 되어 있는 것입니다. 이제 인터넷을 사용하는데 문제가 없습니다. ServerB에 sendmail이 설치되어 있나 확인해 봅니다. 그리고 procmail도 설치되어 있는지 확인해 봅니다. 설치되어 있지 않을 것입니다. yum을 이용해 sendmail을 설치하면 procmail도 함께 설치됩니다.

```
[root@localhost ~]# yum -y install sendmail   Enter↵
```

〈그림 10-10〉 sendmail을 설치

페도라에서 직접 메일을 사용하려면 사용자가 메일을 읽고 작성하기 위한 프로그램이 필요합니다. 기본적인 것이 mail이라는 명령어인데 ServerB에는 설치되어 있지 않으니 'mailx' 패키지를 설치하도록 합니다.

```
[root@localhost ~]# yum -y install mailx   Enter↵
```

〈그림 10-11〉 mailx 패키지를 설치

이제 호스트이름(hostname) 설정입니다. 호스트이름은 "mail.serverbbbb.com"으로 설정하겠습니다. '/etc/sysconfig/network' 파일을 열어 "HOSTNAME=mail.serverbbbb.com"으로 바꾸어 줍니다.

메일실습을 위한 사용자를 생성하겠습니다. 'serverb'란 사용자를 만들어 주겠습니다.

```
[root@localhost ~]# useradd serverb    [Enter↵]
[root@localhost ~]# passwd serverb    [Enter↵]
Changing password for user serverb.
New password:
Retype new password:
passwd: all authentication tokens updated successfully.
```

〈그림 10-12〉 사용자 serverb 생성

암호는 역시 "dytc1234"로 설정해 줍니다.

그리고 '/etc/hosts' 파일을 열어 "192.168.56.51   mail.serverbbbb.com"을 추가해 줍니다.

```
192.168.56.51    mail.serverbbbb.com
127.0.0.1    localhost localhost.localdomain localhost4 localhost4.localdomain4
::1          localhost localhost.localdomain localhost6 localhost6.localdomain6
```

〈그림 10-13〉 /etc/hosts 파일의 내용 수정

또한 '/etc/mail/local-host-names'라는 파일에 "mail.serverbbbb.com"을 등록해 줍니다.

```
# local-host-names - include all aliases for your machine here.
mail.serverbbbb.com
```

〈그림 10-14〉 /etc/hosts 파일의 내용 수정

이제 ServerB도 방화벽을 열어 주어야 합니다. 그런데 ServerB의 경우는 텍스트기반으로 되어 있어서 ServerA보다 방화벽 설정이 좀 힘듭니다. 그래서 편의상 ServerB는 방화벽을 그냥 비활성화시키고 실습을 진행하도록 하겠습니다. "system-config-firewall-tui"으로 방화벽 설정 프로그램을 시작합니다. 실행이 되면 'Firewall'항목에 '[*] Enabled'라고 되어 있습니다. 스페이스를 눌러 '[ ] Enabled'로 변경해 주고 [Tab]을 눌러 [Ok]를 선택한 후 [Enter↵]를 누릅니다. [Yes]가 선택된 것을 확인하고 [Enter↵]를 누릅니다.

ServerB는 설정할 것이 하나 더 남아 있습니다. 바로 SELinux의 처리입니다. vi로 '/etc/sysconfig/selinux'파일을 엽니다. 중간쯤에 보면 'SELINUX=enforcing'이라고 되어 있는 부분이 있습니다. 이것을 "SELINUX=disabled"로 변경하여 저장합니다.

이제 시스템을 reboot합니다. 부팅이 되면 root로 로그인 합니다.

10.3 메일 실습을 위한 네임서버 설정

이 실습에서는 ServerA와 ServerB를 두 메일서버로 사용할 것입니다. 메일을 보내기 위해서는 메일서버가 반드시 네임서버에 등록이 되어 있어야만 합니다.

ServerA는 mail.serveraaaa.com의 FQDN를 ServerB는 mail.serverbbbb.com의 FQDN을 사용하게 하려고 합니다. 9장에서 배운 내용에 따라 작업을 해 보도록 합니다.

named.conf에 존 추가

우선 네임서버 설정파일 named.conf를 열어 존을 추가해야 합니다. 추가할 존의 이름은 'serverbbbb.com'입니다. 그리고 이 존을 위한 존파일의 이름은 'serverbbbb.com.zone'으로 하려고 합니다. 그러면 이를 만족시키도록 named.conf에 존 블록을 만들어 넣기 바랍니다.

```
zone "serverbbbb.com" IN {
        type master;
        file "serverbbbb.com.zone";
};
```

〈그림 10-15〉 /etc/named.conf 파일에 추가되어야 할 내용

존 파일의 수정 및 생성

'serveraaaa.com.zone'파일은 수정을, 'serverbbbb.com.zone' 파일은 생성해 주어야 합니다. 'serveraaaa.com.zone' 파일은 수정을 해야 하는 이유는 메일서버가 추가되기 때문입니다. 수정된 'serveraaaa.com.zone' 파일의 내용은 <그림 10-18>과 같습니다.

```
$TTL 86400
@       IN      SOA     ns.serveraaaa.com.  netmaster.serveraaaa.com. (
                                2011020100      ; serial number
                                8H              ; refresh
                                900             ; update retry
                                2W              ; expiry
                                1H              ; negative caching TTL
                                )
        IN      NS              ns.serveraaaa.com.
        IN      A               192.168.56.50
        IN      MX      10      mail.serveraaaa.com.
mail    IN      A               192.168.56.50
ns      IN      A               192.168.56.50
www     IN      A               192.168.56.50
```

〈그림 10-16〉 수정된 serveraaaa.com.zone

" IN MX 10 mail.serveraaaa.com."와 "mail IN A 192.168.56.50"가 추가되었습니다. 전자는 앞 칸이 비어 있으니 사실 "@ IN MX 10 mail.serveraaaa.com."라고 쓴 것입니다. 이는 '@'(여기에서는 serveraaaa.com)를 위한 인터넷(IN) 메일서버(MX)로 10이라는 선호도를 갖는 'mail.serveraaaa.com'을 사용하겠다는 것을 뜻하는 것입니다. 선호도는 0부터 65535까지의 값을 갖는데 다수의 메일서버를 함께 기재할 때 상대적인 선호도를 의미하며 숫자가 작을수록 더 선호하는 메일서버가 됩니다. 메일서버가 하나인 경우는 큰 의미가 없습니다. 'mail.serveraaaa.com'이 FQDN이기 때문에 끝에 마침표가 붙은 것을 유의하십시오. "mail IN A 192.168.56.50"는 'mail.serveraaaa.com'이라는 FQDN을 192.168.56.50의 주소에 연결시켜 준 것입니다 'mail'은 뒤에 마침표를 찍지 않았으므로 '.serveraaaa.com'이 뒤에 자동으로 붙어 처리됩니다.

그렇다면 'serverbbbb.com.zone'의 내용은 어떻게 되어야 하겠습니까? 9장에서 배운 내용과 바로 앞에서 한 'serveraaaa.com.zone'의 설정을 바탕으로 스스로 만들어 볼 수 있을까요? 되도록 혼자의 힘으로 해 보고 책에 나와있는 내용과 비교해 보면 더 학습효과가 클 것입니다. 'serverbbbb.com'의 경우는 <그림 10-19>와 같이 됩니다.

```
$TTL 86400
@       IN      SOA     ns.serveraaaa.com.  netmaster.serveraaaa.com. (
                                2011020100      ; serial number
                                8H              ; refresh
                                900             ; update retry
                                2W              ; expiry
                                1H              ; negative caching TTL
                                )
        IN      NS              ns.serveraaaa.com.
        IN      A               192.168.56.51
        IN      MX      10      mail.serverbbbb.com.
mail    IN      A               192.168.56.51
```

〈그림 10-17〉 serverbbbb.com.zone

네임서버는 여전히 'ns.serveraaaa.com'을 마스터로 사용하니까 그대로 두어야 합니다. 여기서의 '@' 즉, 'serverbbbb.com'만을 쓴다고 해도 '192.168.56.51'을 지시하도록 해 주었고, 이 도메인의 메일서버는 10의 선호도로 'mail.serverbbbb.com'으로 설정해 주었습니다. 그리고 'mail.serverbbbb.com'의 주소는 '192.168.56.51'로 설정하였습니다. 이렇게 설정이 다 끝나면 설정파일들이 제대로 잘 만들어 졌는지 확인해 볼 수 있습니다. 'named.conf' 파일은 "named-checkconf" 명령으로, 존파일은 "named-checkzone"으로 검사해 볼 수 있습니다. "named-checkconf" 명령은 named.conf의 경로를 포함한 파일명을 인수로 하여 실행시키고, 아무런 출력없이 실행이 끝나면 파일이 정상이라는 의미입니다. "named-checkzone" 명령은 도메인이름과 경로를 포함한 존파일이름을 인수로 하여 실행합니다. 파일이 정상이라면 'OK' 메시지를 출력합니다.

```
[root@mail ~]# named-checkconf /etc/named.conf  Enter↵
[root@mail ~]# named-checkzone serveraaaa.com /var/named/serveraaaa.com.zone  Enter↵
zone serveraaaa.com/IN: loaded serial 2011020100
OK
[root@mail ~]# named-checkzone serverbbbb.com /var/named/serverbbbb.com.zone  Enter↵
zone serverbbbb.com/IN: loaded serial 2011020100
OK
```

〈그림 10-18〉 named 관련 파일들의 검사

이제 설정파일들에 문제가 없으면 네임서버를 재시작해 줍니다.

10.4 sendmail의 설정

ServerA

다른 서버들과 마찬가지로 sendmail을 사용하기 위해서는 먼저 설정을 해 주어야 합니다. sendmail의 설정파일은 '/etc/mail/sendmail.cf'입니다. 'sendmail.cf'에서는 두 가지를 수정하면 됩니다. 첫 번째는 수신되는 메일주소가 가지고 있는 도메인이 어떤 것일 때 수신할 것인가를 정해주는 것입니다. ServerA의 servera 사용자의 경우라면 메일주소가 'servera@serveraaaa.com' 또는 'servera@mail.serveraaaa.com'이 될 것입니다. 두 표현을 모두 사용할 수 있게 하려면 'serveraaaa.com'과 'mail.serveraaaa.com'을 모두 'sendmail.cf'에 등록해야 합니다. 두 번째는, 모든 IP주소로부터 수신이 가능하도록 해 주어야 하는 것입니다. sendmail의 기본값은 메일을 자기자신('127.0.0.1')이 송신한 것만 수신하도록 되어 있습니다. 그러므로 이 값을 '0.0.0.0'으로 바꾸어 다른 모든 주소의 서버들이 보낸 것을 수신할 수 있게 해 주어야 메일송수신이 가능해 집니다. 이제 실제로 'sendmail.cf'를 수정해 보도록 하겠습니다.

vi로 '/etc/mail/sendmail.cf'를 엽니다. 명령모드에서 "/Cwlocalhost"를 입력하여 'Cwlocalhost'를 찾습니다. 찾았나요? 아마도 85행일 것입니다. 이것의 의미는 이메일주소의 @뒤에 쓰여 있는 도메인네임이 'localhost'인 경우만 수신하겠다는 것입니다. 그러므로 이를 "/Cwserveraaaa.com"으로 수정합니다. 그리고 그 아래줄에 "/Cwmail.serveraaaa.com"을 추가합니다. 바뀐 모습은 <그림 10-19>와 같을 것입니다. 수정문구 상하의 몇 줄만을 추가로 보였습니다.

```
# my LDAP cluster
# need to set this before any LDAP lookups are done (including classes)
#D{sendmailMTACluster}$m

Cwserveraaaa.com
Cwmail.serveraaaa.com
# file containing names of hosts for which we receive email
Fw/etc/mail/local-host-names
```

〈그림 10-19〉 sendmail.cf에서 Cwlocalhost의 수정

다음은 송신호스트의 주소를 '127.0.0.1'로 제한한 부분을 수정하겠습니다.

다시 'Addr=127'이란 부분을 vi의 검색기능으로 찾습니다. 결과 찾은 곳이 262번행 부근의 'O DaemonPortOptions=Port=smtp, Addr=127.0.0.1, Name=MTA'이라는 내용이면 제대로 찾은 것입니다. 이것을 "O DaemonPortOptions=Port=smtp, Addr=0.0.0.0, Name=MTA"로 변경하고 'sendmail.cf'를 저장합니다.

다음은 access.db를 만들 차례입니다. '/etc/mail/access.db'는 등록된 각 대상들에 대해서 sendmail이 어떤 동작을 해 줄 것인지를 설정하는 db입니다. 'Connect:'에 뒤이어 나오는 도메인네임에 대해 'OK'는 메일 수신을 허용한다는 것이고, 'RELAY'는 수신과 중계를 허용하는 것이고, 'REJECT'는 거부한다는 의미입니다. access.db를 만들기 위해서는 우선 '/etc/mail/access'파일을 vi로 <그림 10-20>과 같이 편집합니다. IP주소를 '192.168.56'이라고만 쓰면 '192.168.56.1~254' 범위의 호스트들을 의미합니다.

```
Connect:localhost.localdomain    RELAY
Connect:localhost                RELAY
Connect:127.0.0.1                RELAY
Connect:192.168.56          RELAY
Connect:serveraaaa.com     RELAY
Connect:serverbbbb.com     RELAY
```

〈그림 10-20〉 access 파일의 내용

access 파일의 편집이 다 끝났으면 이제 db를 만들어야 하는데 "makemap"이라는 명령을 이용합니다. 우리가 원하는 db는 hash 테이블형식이기 때문에 다음과 같이 'hash'라는 인수를 넣어서 실행해야 하며 입력을 표준입력에서 받기 때문에 <그림 10-21>과 같이 표준입력에 대한 리다이렉션을 사용해야 합니다.

```
[root@mail ~]# makemap hash /etc/mail/access < /etc/mail/access  Enter↵
```

〈그림 10-21〉 access.db의 생성

이제 설정이 다 끝났습니다. sendmail을 재시작해 줍니다.

ServerB

ServerB도 ServerA와 같은 요령으로 설정해 주어야 합니다. '/etc/mail/sendmail.cf'에서 <그림 10-22>와 같이 "Cwserverbbbb.com"와 "Cwmail.serverbbbb.com"를 추가합니다.

```
# my LDAP cluster
# need to set this before any LDAP lookups are done (including classes)
#D{sendmailMTACluster}$m

Cwserverbbbb.com
Cwmail.serverbbbb.com
# file containing names of hosts for which we receive email
Fw/etc/mail/local-host-names
```

〈그림 10-22〉 sendmail.cf에서 Cwlocalhost의 수정

또한 262번행 부근의 'O DaemonPortOptions=Port=smtp, Addr=127.0.0.1, Name=MTA'이라는 내용을 "O DaemonPortOptions=Port=smtp, Addr=0.0.0.0, Name=MTA"로 변경하고 'sendmail.cf'를 저장합니다. access.db는 ServerA의 경우와 같은 내용으로 생성합니다.
다 되었으면 sendmail을 재시작합니다.

이제 호스트전용 네트워크를 통해 메일을 주고 받아야 하므로 ServerB의 eth1을 활성화시켜 줍니다. eth1이 활성화가 되면 "ping -c 3 mail.serveraaaa.com"으로 네트워크와 네임서버가 잘 동작하는지 확인해 보기 바랍니다.

```
[root@mail ~]# ifup eth1  Enter↵
```

〈그림 10-23〉 eth1의 활성화

mail로 메일 주고 받기

이제 리눅스 터미널에서 사용하는 메일 클라이언트 프로그램인 mail을 이용해 servera 사용자와 serverb 사용자간에 메일을 주고 받아 보겠습니다.

[이하는 ServerA에서 실습합니다]

servera 사용자로 로그인한 터미널에서 "mail serverb@serverbbbb.com"을 입력합니다.

```
[servera@mail ~]$ mail serverb@serverbbbb.com  Enter↵
Subject: Message from ServerA  Enter↵
This is a test.  Enter↵
Hello World!  Enter↵
.  Enter↵
EOT
```

〈그림 10-24〉 mail을 실행

'Subject:'라고 나오는 줄이 메일의 제목을 나타냅니다. 적당히 제목을 쓰고 Enter↵를 누르면 본문을 쓰는 줄이 시작됩니다. 문장을 입력하고 또 Enter↵를 치면 다음 줄로 넘어가 계속 내용을 쓸 수 있습니다. 이제 문장을 다 쓰고 보내고 싶으면 첫 칸에 마침표 '.'를 입력하고 Enter↵를 누르면 전송이 됩니다. 이제 메일을 보냈습니다. ServerB에서 잘 수신이 되었는지 확인해 보겠습니다.

[이하는 ServerB에서 실습합니다]

serverb 사용자로 로그인하여 "mail"을 입력합니다.

```
[serverb@mail ~]$ mail  Enter↵
Heirloom Mail version 12.4 7/29/08.  Type ? for help.
"/var/spool/mail/serverb": 1 message 1 new
>N  1 servera          Tue Feb 22 18:42  22/955  "Message from ServerA"
& _
```

〈그림 10-25〉 mail을 실행

새로운 메일이 목록에 보입니다. 조금전 servera가 보낸 그 메일입니다. '&'는 mail 프로그램의 프롬프트입니다. 메일의 내용을 보고 싶으면 해당메일의 송신자 앞에 있는 번호를 입력합니다. 이 경우는 '1'입니다.

```
Message 1:
From servera@mail.serveraaaa.com  Tue Feb 22 18:42:54 955
Return-Path: <servera@mail.serveraaaa.com>
From: servera@mail.serveraaaa.com
Date: Tue, 22 Feb 2011 18:42:56 +0900
To: serverb@serverbbbb.com
Subject: Message from ServerA
User-Agent: Heirloom mailx 12.4 7/29/08
Content-Type: text/plain; charset=us-ascii
Status: R

This is a test.
Hello World!

& _
```

〈그림 10-26〉 mail로 메시지 읽기

'&' 프롬프트에서 'r'을 입력하면 답장을 쓸 수 있고, 'h'를 입력하면 수신메일목록 페이지로 가며, 'q'를 입력하면 mail 프로그램을 종료합니다.

ServerB에서 ServerA로 메일을 보내 보기 바랍니다. 또한 servera나 serverb사용자뿐 아니라 root나 user1과 같은 다른 사용자에게도 메일을 보내고 읽어 보기 바랍니다.

10.5 POP3와 IMAP의 개요

지금까지는 메일을 서버에 직접 터미널로 접속하여 읽는 것을 해 보았습니다. 그러나 메일의 경우에는 사용자들이 서버에 터미널로 직접 접속하여 사용하기 보다는 집에서 PC로 또는 스마트폰에서 메일 클라이언트 프로그램으로 서버에 접속하여 메일을 보내고 가져오는 형태로 사용하는 경우가 훨씬 많을 것입니다. PC의 경우는 윈도우즈 시스템이라면 이런 역할을 해 주는 프로그램으로 아웃룩(Outlook)이라는 것이 있고 페도라의 경우에는 에볼루션이라는 프로그램이 있습니다. 그런데 서버에 터미널로 직접 접속하지 않고 이렇게 원격에서 메일 클라이언트를 사용하는 경우에는 좀 생각해 봐야 할 문제가 있습니다. 메일을 송신하는 경우는 sendmail에 접속하여 SMTP 프로토콜로 메일을 전송하면 sendmail이

수신하여 이를 목적지 메일서버로 전송해 줄 수 있습니다. 일종의 '중계'인 셈입니다. 그런데 메일을 읽어오는 것은 좀 다릅니다. 수신된 메일은 이미 sendmail의 손을 떠나 procmail에 의해 사용자의 메일박스에 저장된 상태입니다. procmail의 손도 떠난 상태이지요. 그렇다면 서버의 터미널에 접속하지 않는한 현재로서는 서버의 파일시스템에 저장된 파일을 읽을 수가 없습니다. 그런데 터미널로 접속하고 싶지는 않은 것입니다. 그래서 외부의 메일클라이언트가 메일확인을 요청하면 이를 대신 확인해주고 메일을 읽어서 보내달라고 요청하면 그렇게 해 주는 서버가 필요하게 되지요. 이런 일을 하는 서버들이 POP3 서버 또는 IMAP 서버들입니다. 이 이름은 이렇게 외부 메일 클라이언트와 통신에 사용되는 프로토콜이 POP3(Post Office Protocol 3) 또는 IMAP(Internet Message Access Protocol)이기 때문입니다. 그래서 이런 경우의 메일 시스템의 구성은 <그림 10-27>과 같습니다. 그림에서 dovecot이라고 부르는 프로그램이 바로 POP3/IMAP 서버의 한 종류입니다. 메일을 전송할 때는 메일 클라이언트가 sendmail을 직접 접속하여 메일을 보내고 수신할 경우는 dovecot에게 메일수신확인이나 수신메일의 전송 등을 요청하게 됩니다. 그럼 이제 메일서버들에는 dovecot을 설치하고 ClientA의 에볼루션에서는 mail.serveraaaa.com에 ClinetB의 에볼루션에서는 mail.serverbbbb.com에 접속하여 메일을 송수신해 보도록 합니다.

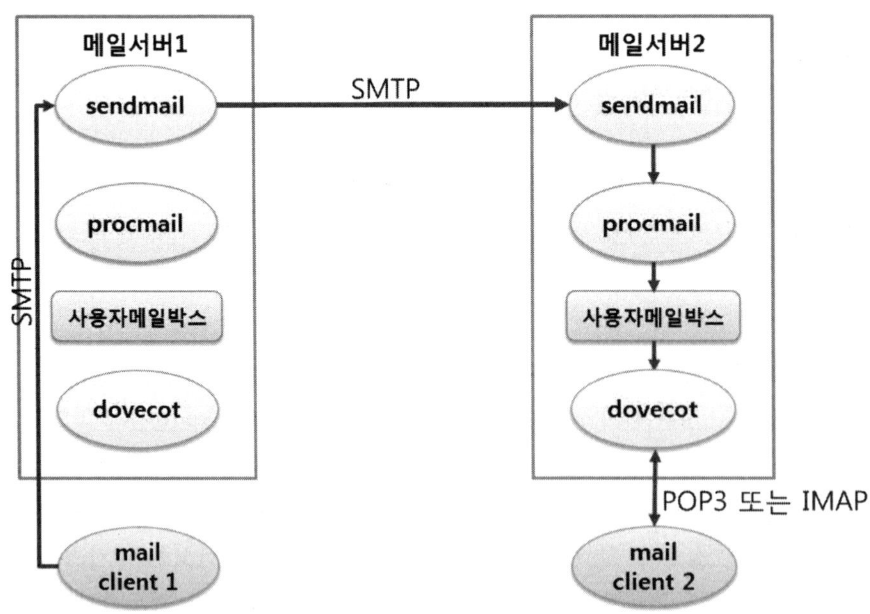

〈그림 10-27〉 외부 메일클라이언트를 사용할 경우의 메일시스템 구조

10.6 dovecot의 설치 및 활용

dovecot은 우리 시스템의 어디에도 설치되어 있지 않으므로 ServerA와 ServerB 모두 설치해야 합니다.

ServerA에서 dovecot을 설치/설정

ServerA에 root사용자로 로그인한 터미널에서 yum으로 dovecot을 설치합니다.

```
[root@mail ~]$ yum -y install dovecot  Enter↵
```

〈그림 10-28〉 dovecot을 설치

설치가 완료되면 설정을 합니다. dovecot은 imap, impas, pop3, 그리고 pop3s[32] 등의 프로토콜을 지원하는데 여기에서는 imap과 pop3 만을 지원하도록 설정하겠습니다. dovecot의 설정파일은 '/etc/dovecot.conf'입니다. vi로 설정파일을 열어서 <그림 10-29>에 나와 있는 것과 같이 수정합니다. 고쳐야 하는 부분은 "protocols = imap pop3"와 "mail_location = mbox:~/mail:INBOX=/var/mail/%u"입니다. 전자는 20번째 줄인데 주석표시 '#'와 imaps, pop3s를 제거합니다. 후자는 219번째 줄인데 앞의 주석표시 '#'만 없애주면 됩니다. 수정을 완료했으면 저장하고 dovecot을 실행시킵니다.

```
      ... 전략 ....
# Protocols we want to be serving: imap imaps pop3 pop3s managesieve
# If you only want to use dovecot-auth, you can set this to "none".
protocols = imap pop3
      ... 중략 ....
#    mail_location = maildir:~/Maildir
mail_location = mbox:~/mail:INBOX=/var/mail/%u
#    mail_location = mbox:/var/mail/%d/%1n/%n:INDEX=/var/indexes/%d/%1n/%n
      ... 하략 ....
```

〈그림 10-29〉 dovecot.conf의 수정

```
[root@mail ~]$ service dovecot start  Enter↵
```

〈그림 10-30〉 dovecot을 실행

32) impas와 pop3s는 각각 ssl(secure socket layer)을 통한 안전한 연결을 지원하는 imap과 pop3를 말합니다.

ClientA에서 에볼루션 사용

ClinetA에 clienta 사용자로 로그인합니다. <프로그램>→<오피스>→<에볼루션 메일 및 달력>을 실행합니다. '에볼루션 설정 도우미' 실행창이 뜹니다.

- '환영합니다'창에서는 [앞으로]를 눌러 진행합니다.
- '백업에서 복구'창에서는 [앞으로]를 눌러 진행합니다.
- '신상 정보'창에서는 '전체 이름' 항목은 "홍길동"처럼 이름을 써 주고, '전자메일 주소'에는 "servera@serveraaaa.com"라고 써 준 뒤 [앞으로]를 눌러 진행합니다.
- '메일 받기'창에서는 '서버 종류'는 'POP'을 선택하고 '서버' 항목에는 "mail.serveraaaa.com"을, '사용자이름'에는 "servera"를 입력한 뒤 [앞으로]를 눌러 진행합니다.
- '받기 옵션'창에서는 [앞으로]를 눌러 진행합니다.
- '메일 보내기'창에서는 '서버 종류'를 'SMTP', 서버 설정 영역의 '서버' 항목의 값은 "mail.serveraaaa.com"로 입력하고 '서버에 인증이 필요'는 체크를 해제합니다. 그리고 [앞으로]를 눌러 진행합니다.
- '계정 관리'창에서는 [앞으로]를 눌러 진행합니다.
- '시간대'창에서는 [앞으로]를 눌러 진행합니다.
- '완료'창에서는 [적용]를 눌러 설정을 마칩니다.

이제 에볼루션의 설정이 완료되었습니다. [보내고 받기]를 눌러 메일을 잘 가져오는지 확인해 보기 바랍니다. 수신이 문제없음이 확인이 되었으면 [새로 만들기]를 눌러 새 메일을 작성해 봅니다. 받는 사람 주소는 'serverb@serverbbbb.com'으로 하여 다 작성했으면 [보내기]버튼을 누릅니다.

ServerB에 dovecot, ClientB에서 에볼루션 사용

ServerA와 ClientA에서 했던 실습의 내용을 참고하여 ServerB에 dovecot을 설치/설정하고 ClientB의 에볼루션에서 ServerB를 SMTP/POP3로 접속하여 메일을 전송하고 읽어오는 실습을 각자 합니다. 실습시 상황에 따라 ServerB의 어떤 네트워크 인터페이스가 필요한지 잘 생각해서 eth0와 eth1을 적절히 잘 활성화하여 사용하기 바랍니다. 그리고 ClientB의 네트워크 인터페이스의 설정도 '제9장 네임서버 구축하기'에서 했던 ClientA의 네트워크 설정을 참고하여 설정하고 실습하기 바랍니다.

제11장 DHCP서버 구축하기

이 장에서 다루는 내용

○ DHCP(Dynamic Host Configuration Protocol)
○ dhcp 서버의 설치 및 설정
○ dhcp 서버로 고정 IP주소 설정

이 장의 목표

이 장을 마치고 나면 다음의 능력들을 갖게 될 것입니다.

· DHCP가 무엇이며 어떻게 동작하는지를 설명할 수 있습니다.
· dhcp 서버를 설치하고 적절히 설정할 수 있습니다.
· dhcp 서버로 특정 호스트에 고정 IP주소를 할당할 수 있습니다.

11.1 DHCP(Dynamic Host Configuration Protocol)

인터넷을 사용하려면 컴퓨터에 IP주소가 설정되어 있어야 합니다. 그런데 주소만 설정되어 있다고 인터넷이 가능한 것은 아닙니다. 최소한의 필요한 정보는 IP주소, 서브넷 마스크, 기본 게이트웨이(default gateway) 주소, DNS서버(네임서버) 주소 값 등이 필요합니다. 컴퓨터 네트워크에 대한 지식이 별로 없는 일반인들의 경우에는 이런 값들을 입력하는 것 자체가 쉽지 않습니다. 또 네트워크를 잘 안다고 하더라도 입력을 하기 위해서는 해당 값들에 대한 정보를 알아야 하는데 이를 위해서는 네트워크 관리자에게 문의를 해야 하기 때문에 좀 귀찮은 일이 되고 맙니다. 사용자의 입장에서도 그렇지만 관리자도 이런 일 때문에 업무의 부담이 많아지게 되지요. 이럴 때는 DHCP를 이용하면 참 좋습니다. 사용자의 컴퓨터에서 DHCP를 사용하겠다고 설정만 하면 IP주소, 서브넷 마스크, 기본 게이트웨이 주소, DNS서버 주소 등을 모두 자동으로 설정해 줍니다. <그림 11-1>에 DHCP의 동작을 단순하게 나타내었습니다. 그림에서 A, B, 그리고 C는 사용자의 컴퓨터이고 G는 게이트웨이를 의미합니다. 그림은 DHCP를 사용하도록 설정된 컴퓨터 A가 부팅하는 상황입니다. 먼저 A는 실질적으로 DHCP 서버의 도움이 필요하다는 의미가 되는 'DHCP DISCOVERY' 패킷을 방송(Broadcast)합니다. DHCP서버는 이를 수신하고 'DHCP OFFER' 패킷에 네트워킹에 필요한 정보들을 실어서 방송합니다. 이를 수신한 컴퓨터 A는 'DHCP REQUEST' 패킷을 방송하여 제안받은 IP주소의 사용을 요청합니다. 해당 DHCP서버가 이에 대해 'DHCP ACK' 패킷을 방송하고 A가 이를 수신하면 해당 IP주소의 임차(lease)가 시작되어 A는 이제 네트워킹이 가능해 집니다.

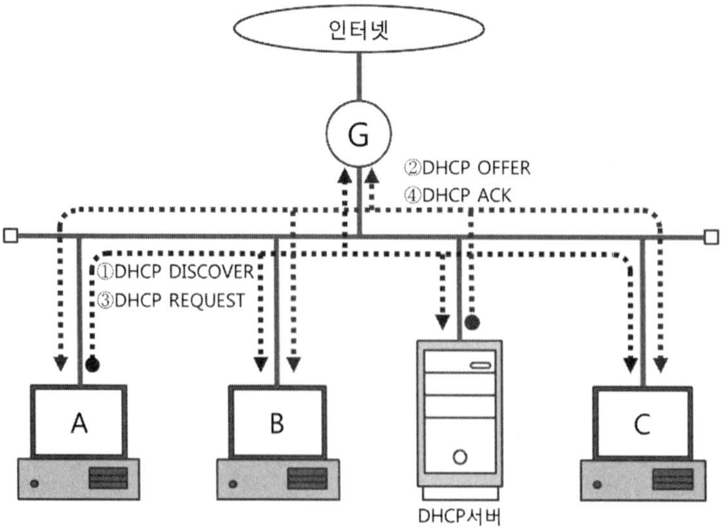

〈그림 11-1〉 DHCP의 동작

이미 별도로 IP주소나 게이트웨이, 네임서버를 설정하지 않고도 ServerA나 ClinetA 등에서 네트워크를 잘 써 왔습니다. 제9장에서 ServerA를 네임서버로 사용하면서 비로소 ServerA에 정적 IP주소를 설정하고 사용했지요. ServerB는 메일서버를 구축하면서 사용했는데 처음부터 정적 IP를 설정해 주었습니다. 그런데 ClientA와 ClientB는 여전히 DHCP로 IP주소를 임차하여 사용하고 있습니다. 그러면 ClientA와 ClientB에게 IP주소를 임차해 주는 DHCP서버는 어디에 있는 것일까요? VirtualBox의 실행창에서 <파일>→<환경 설정>을 선택합니다.

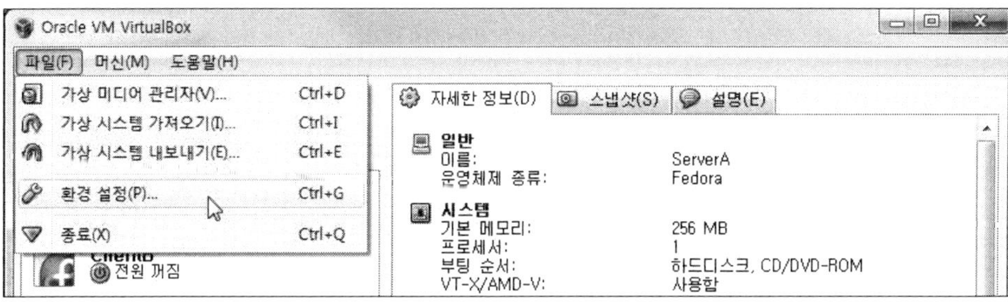

〈그림 11-2〉 VirtualBox의 실행창에서 〈파일〉→〈환경 설정〉선택

<그림 11-3>과 같은 설정창이 생성됩니다. 왼쪽에서 '네트워크'를 선택하면 'VirtualBox Host-Only Ethernet Adapter 네트워크'가 나옵니다. 아래에 'DHCP 서버: 사용함'이라고 쓰여 있는 것을 확인합니다. 오른쪽에 아이콘 세 개가 세로로 줄지어 있는데 맨 마지막에 있는 드라이버 모양을 클릭합니다.

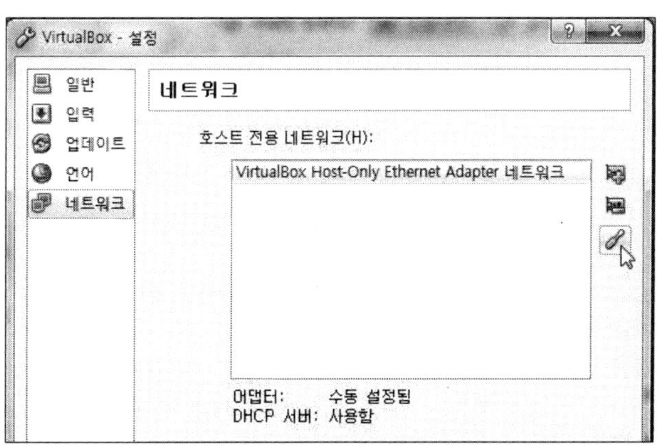

〈그림 11-3〉 VirtualBox 설정창

'호스트 전용 네트워크 정보'창이 열립니다. 현재 보이는 것은 '어댑터'텝입니다. 'DHCP 서버'탭을 클릭합니다. <그림 11-4>와 같이 VirtualBox내장 DHCP 서버의 정보가 보입니다.

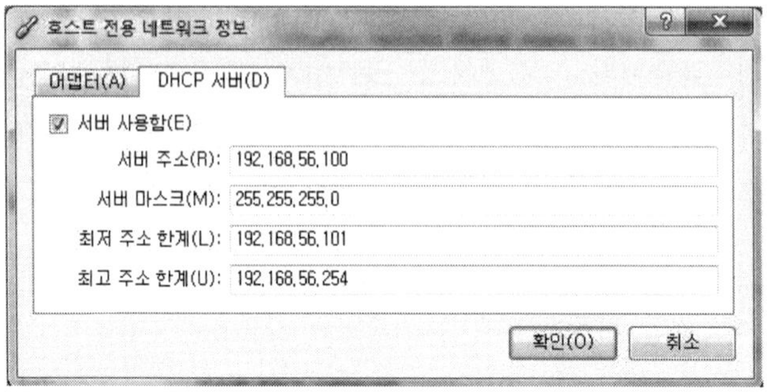

〈그림 11-4〉 VirtualBox내장 DHCP 서버 정보

VirtualBox 자체에서 제공하는 DHCP 서버의 IP주소가 192.168.56.100으로 설정되어 있습니다. 그것은 이 DHCP서버가 192.168.56 네트워크에 연결되어 있다는 것을 말해 줍니다. 따라서 호스트 전용 네트워크는 현재 <그림 11-5>처럼 구성되어 있는 것입니다.

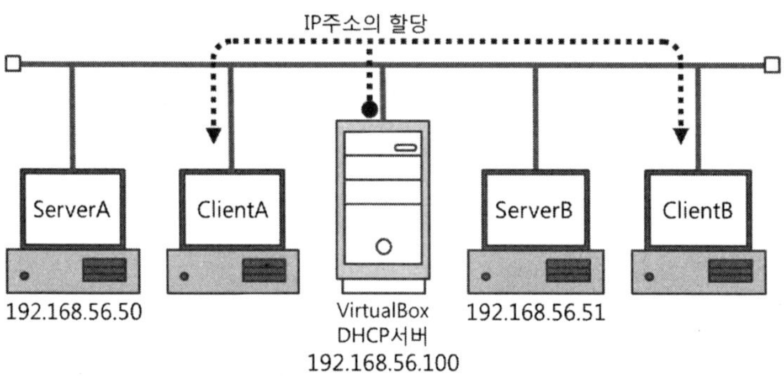

〈그림 11-5〉 호스트 전용 네트워크의 구조

이 장에서는 ServerA에 DHCP서버를 구축하여 현재 VirtualBox 내장 DHCP서버가 하는 일을 대신하게 할 것입니다. 그런데 그렇게 하려면 내장 DHCP서버를 사용하지 않도록 설정해야 합니다. <그림 11-4>의 위쪽에 '서버 사용함'의 체크를 해제합니다.

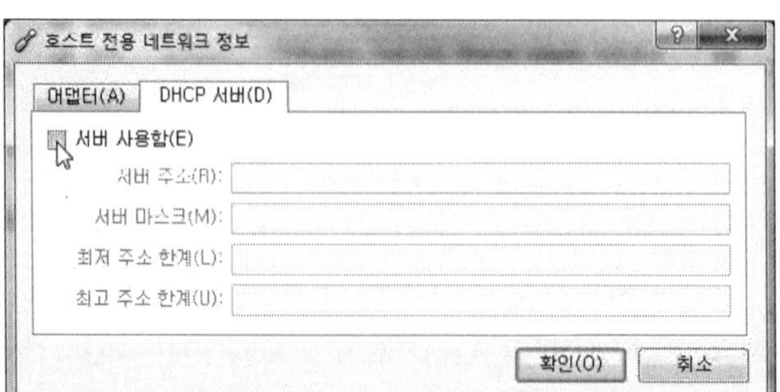

〈그림 11-6〉 내장 DHCP 서버를 사용하지 않게 설정

이제 VirtualBox 내장 DHCP 서버는 '**호스트 전용 네트워크**'에서 제거 되었습니다. ServerA에 DHCP 서버를 구축하면 '**호스트 전용 네트워크**'는 <그림 11-7>과 같이 될 것입니다.

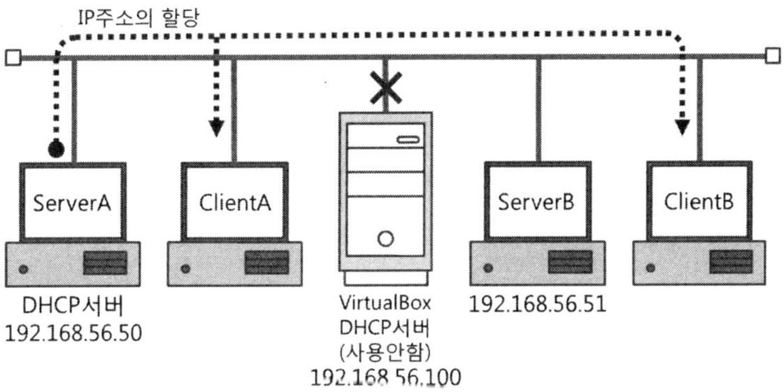

〈그림 11-7〉 ServerA에 DHCP서버를 구축하여 네트워크 구성

참고

VirtualBox의 버전에 따라, 위에 소개한 방법으로 내장 DHCP 서버를 무효화해도 설정이 잘 적용되지 않는 경우가 발생합니다. 본서에서 사용한 3.2.12버전도 그와 같은 현상이 발생하는데, 이런 경우에는 다음과 같이 해 주기 바랍니다.

①먼저 VirtualBox를 종료합니다.
②'**명령 프롬프트**'창에서 직접 명령을 입력하여 설정을 하면 됩니다. 우선 '**명령 프롬프트**'창을 실행시키십시오. [시작]→[실행]→"cmd"입력→[확인]을 실행하면 됩니다.
③VirtualBox의 설치폴더로 이동합니다. 설치시 별도로 지정한 바가 없었다면 'C:₩Program Files₩Oracle₩VirtualBox'일 것입니다.
④그 위치에서 다음과 같은 명령을 실행합니다. '□'는 공백(space)을 의미합니다.

```
vboxmanage□dhcpserver□modify□--ifname□"VirtualBox□Host-Only□Ethernet□Adapter"□--disable
```

이제 호스트 전용 네트워크의 내장 DHCP서버가 무효화되었을 것입니다.

11.2 DHCP 서버의 설치 및 설정

ServerA와 ClientA, 그리고 ClientB 가상머신을 실행합니다. 그리고 각각 servera, clienta, 그리고 clientb 사용자로 로그인합니다. ServerB는 실행하지 않아도 됩니다. ClientA에서 호스트 전용 네트워크의 인터페이스인 'eth1'의 정보를 확인해 봅니다.

```
[clienta@ClientA ~]# ifconfig eth1 Enter↵
```

〈그림 11-8〉 eth1의 정보를 확인

출력에서 'inet addr:192.168.56.xxx Bcast:192.168.56.255 Mask:255.255.255.0'라는 줄이 보이지 않습니다. 그렇지요? 물론 여기에서 'xxx'는 '101'과 같은 값이 되겠지만 DHCP로 할당되는 것이니 확정지어 말하기는 어렵겠습니다. 혹시라도 eth1이 활성화가 잘 안되어서 IP주소를 못가지고 온 것일 수도 있으니 수동으로 활성화를 시켜봅니다.

```
[clienta@ClientA ~]# su -c 'ifup eth1' Enter↵
```

〈그림 11-9〉 eth1의 활성화

하지만 결과는 다음과 같습니다.

```
eth1에 관한 IP 정보를 얻고 있습니다... 실패.
```

〈그림 11-10〉 eth1 활성화의 결과 - 실패

이는 ClientA가 DHCP로 설정되어 있는데 네트워크에 DHCP 서버가 존재하지 않아 IP 주소를 가져올 수 없기 때문입니다.

ClientB도 부팅하여 clientb 사용자로 로그인한 후에 ClientA와 같은 방법으로 확인해 보기 바랍니다. 마찬가지로 ClientB의 'eth1'도 활성화에 실패할 것입니다.

ServerA를 부팅하고 같은 방법으로 'eth1'을 조사해 봅니다. ServerA에는 IP주소가 잘 설정되어 있습니다. ServerA는 'eth1'에 정적 IP주소를 할당하도록 해 놓아서 DHCP서버와 상관없이 동작하기 때문입니다. 이제 ServerA에 DHCP 서버를 구축하여 ClientA와 ClientB가 '호스트 전용 네트워크'에서 문제없이 동작하도록 하겠습니다.

DHCP 서버 패키지이름은 'dhcp'입니다. yum을 이용하여 설치하면 되는데, 'eth1' 인터페이스가 **'호스트 전용 네트워크'**의 주소를 찾아갈 때만 접속하도록 설정이 되어 있어야 하는데, 만약 그렇지 않다면 'eth0'를 인터페이스로하여 인터넷에 접속되어야 할 yum이

'호스트 전용 네트워크'로 접속하게 되어 패키지 설치가 불가능하게 되는 문제가 발생할 수 있습니다. 이는 페도라 11의 NetworkManager가 제대로 구현되지 않았기 때문입니다. 'eth1'에 대해 <그림 9-13>에서와 같이 'Use this connection only for resources on its network'에 체크하여 'eth1'을 통해서는 그 네트워크 즉, '192.168.56' 네트워크만 접속하도록 설정했는데 설정이 저장이 잘 되지 않아 ServerA를 재시작 하고 나면 'eth1'이 외부 인터넷으로 나가는 인터페이스의 역할도 하는 것으로 초기화되어 벌어지는 문제입니다. 이를 해결하는 방법은 몇 가지가 있습니다. 아래에 '참고'로 소개합니다.

참고

'eth1'을 '192.168.56' 네트워크만으로의 인터페이스로 한정하는 방법

첫 번째 방법은, NetworkManager의 연결편집에서 'eth1'를 더블클릭하고 'IPv4 Settings'에서 [Routes]를 누른 후 'Use this connection only for resources on its network'에 체크하고 [확인], [Apply], [닫기]를 차례로 누른 뒤, 터미널에서 "#service network restart"를 실행합니다.

두 번째 방법은, 인터넷이 필요한 작업을 할 때는 'eth1'을 비활성화시키고 'eth0'만 활성화시키고 작업하는 것입니다. 그리고 '호스트 전용 네트워크'가 필요한 경우는 'eth0'을 비활성화하고 'eth1'만 활성화한 상태에서 작업하면 문제가 전혀 없습니다.

이제 ServerA에 dhcp 패키지를 설치합니다.

```
[root@mail ~]# yum -y install dhcp Enter↵
```

〈그림 11-11〉 dhcp를 설치

이제 DHCP 서버를 실행하기 위해 설정을 해야 합니다. DHCP 서버의 데몬의 이름은 'dhcpd'입니다. 'dhcpd'의 설정파일은 '/etc/dhcp/dhcpd.conf'인데 이 파일은 dhcp 패키지를 설치하면 자동으로 생기긴 하는데 그 내용이 좀 황당합니다.

```
[root@mail ~]# vi /etc/dhcp/dhcpd.conf Enter↵
```

〈그림 11-12〉 dhcpd.conf의 내용보기

```
#
# DHCP Server Configuration file.
#    see /usr/share/doc/dhcp*/dhcpd.conf.sample
#    see 'man 5 dhcpd.conf'
#
```

〈그림 11-13〉 dhcpd.conf의 내용보기

단 4줄인데 모두 주석처리가 되어 있고 내용을 보니, 설정하는 것이 아니라 무슨 힌트와 같은 말들입니다. '/usr/share/doc/dhcp*/dhcpd.conf.sample'을 참고하라고 합니다. 해당 파일을 찾아보면 일단 '/usr/share/doc/dhcp*'라는 디렉터리는 없습니다. '*'는 '모든'을 의미하므로 '/usr/share/doc/dhcp*'는 '/usr/share/doc'의 아래에 있는 dhcp로 시작하는 이름의 디렉터리가 되겠습니다. 찾아보니 '/usr/share/doc/dhcp-4.1.0p1' 디렉터리[33]가 있습니다. 이곳의 'dhcpd.conf.sample'이라는 파일을 '/etc/dhcp/dhcpd.conf'로 복사한 후 수정하여 사용하면 됩니다.

```
[root@mail ~]# cp /usr/share/doc/dhcp-4.1.0p1/dhcpd.conf.sample /etc/dhcp/dhcpd.conf
Enter↵
```

〈그림 11-14〉 dhcpd.conf.sample을 복사

일단 dhcpd.conf를 46번째 줄부터 55번째 줄까지만 남기고 모두 지웁니다. 결과는 <그림 11-15>와 같게 됩니다.

```
subnet 10.5.5.0 netmask 255.255.255.224 {
  range 10.5.5.26 10.5.5.30;
  option domain-name-servers ns1.internal.example.org;
  option domain-name "internal.example.org";
  option routers 10.5.5.1;
  option broadcast-address 10.5.5.31;
  default-lease-time 600;
  max-lease-time 7200;
}
```

〈그림 11-15〉 dhcpd.conf에 남길 내용

[1번줄]

'subnet 10.5.5.0'은 이 DHCP 서버에서 관리하는 서브넷의 주소를 나타냅니다. 그러니까 본 실습의 경우는 "192.168.56.0"이 될 것입니다. netmask 뒤에는 해당 서브넷의 서브넷마

33) 이 디렉터리 이름의 '4.1.0p1' 은 버전이므로 달라질 수 있습니다.

스크가 와야 합니다. 본 실습은 "255.255.255.0"을 사용해야 합니다.

[2번줄]

'range 10.5.5.26 10.5.5.30;'는 이 서브넷에 대하여 '10.5.5.26'부터 '10.5.5.30'까지의 주소를 임대해 주겠다는 것입니다. <그림 11-4>에 나와 있는 VirtualBox 내장 DHCP 서버의 정보를 보면 '최저 주소 한계'와 '최고 주소 한계'가 나와 있습니다. 내장 DHCP 서버에서는 이것이 range를 정의한 부분입니다. 그렇기 때문에 IP주소를 '192.168.56.101'부터 할당했던 것입니다. 본 실습에서는 내장 DHCP 서버를 사용했을 때와는 다소 차이가 있어야 새로운 DHCP 서버를 쓴다는 실감을 할 것이므로 range를 "192.168.56.201"부터 "192.168.56.254"로 설정하겠습니다.

[3번줄]

이제 option 항목들입니다. option으로는 IP주소이외에 DHCP 클라이언트에게 필요한 정보가 있을 때 설정하는 것입니다. 'option domain-name-servers ns1.internal.example.org;'는 클라이언트에게 네임서버가 'ns1.internal.example.org'라고 알려주는 것입니다. 우리는 네임서버를 '192.168.56.50'으로 설정해 주면 되겠습니다.

[4번줄]

'option domain-name "internal.example.org";'는 도메인네임을 알려주는 것입니다. 크게 중요한 것이 아니므로 제거하도록 합니다.

[5번줄]

'option routers 10.5.5.1;'은 기본 게이트웨이를 지정해 주는 것입니다. 사실 '호스트 전용 네트워크'는 LAN으로만 존재하는 독립망이기 때문에 외부 네트워크로 연결되어 있지 않으므로 게이트웨이가 존재하지 않습니다. 하지만 게이트웨이를 설정하지 않으면 네트워크 설정이 제대로 되지 않으므로 본 실습에서는 게이트웨이를 편의상 "192.168.56.1"로 설정합니다.

[6번줄]

'option broadcast-address 10.5.5.31;'은 방송주소를 설정하는 것입니다만 이 역시 중요한 내용이 아니므로 삭제합니다.

[7번줄]

이제 option들이 끝나고 DHCP서버의 동작을 위한 시간 등의 설정입니다. 'default-lease-time 600;'은 IP주소를 임대해 줄 때 기본 임대시간입니다. 이는 DHCP 클라이언트가 원하는 임대시간을 요청하지 않는 경우에 기본으로 적용하는 시간입니다. 이 경우는 빌려가서 600초, 즉 10분을 기본으로 하고 있습니다. DHCP클라이언트는 임대시간의 1/2정도의 시간이 지날 때 해당 DHCP 서버에게 주소 재사용

요청을 합니다. 이런 재사용 요청으로 이용해 DHCP 클라이언트는 계속 같은 IP를 이용할 수 있습니다. 하지만 컴퓨터가 종료되었다가 어느 정도 시간이 지난 뒤에 다시 DHCP로 IP주소를 받는다면 다른 주소를 할당받을 가능성이 커지겠지요. 실제로는 이 시간은 너무 짧지 않게 주는 것이 좋겠습니다. 실습을 위해서라면 600초도 그리 나쁜 값은 아닙니다.

[9번줄]

'max-lease-time 7200;'은 최대 임대시간입니다. DHCP 클라이언트가 원하는 임대시간을 요청할 때 그 시간을 임대 시간으로 설정해서 임대를 해 주긴 하지만 그 값이 7200초를 넘어서는 안 된다는 것입니다.

이상의 내용을 바탕으로 본 실습을 위해 다시 정리한 dhcpd.conf의 내용이 <그림 11-16>입니다.

```
subnet 192.168.56.0 netmask 255.255.255.0 {
  range 192.168.56.201 192.168.56.254;
  option domain-name-servers 192.168.56.50;
  option routers 192.168.56.1;
  default-lease-time 600;
  max-lease-time 7200;
}
```

〈그림 11-16〉 실습을 위한 dhcpd.conf

그런데 DHCP 서버가 IP주소를 빌려주게 되면 그 기록을 '/var/lib/dhcpd.leases'라는 파일에 기록합니다. 파일이 있는지 확인해 보도록 합니다. 만약 없다면 파일을 만들어 주어야 임대 기록 작성이 가능합니다.

```
[root@mail ~]# ls -l /var/lib/dhcpd  Enter↵
합계 0
-rw-r--r-- 1 root root 0 2010-06-18 21:13 dhcpd.leases
-rw-r--r-- 1 root root 0 2010-06-18 21:13 dhcpd6.leases
```

〈그림 11-17〉 dhcpd.leases 파일이 있는지 확인

DHCP 서버를 실행시킵니다.

```
[root@mail ~]# service dhcpd start  Enter↵
```

〈그림 11-18〉 dhcp 서버 실행

그런데 DHCP 서비스를 제공하려면 ServerA의 방화벽에서 해당 포트를 열어 주어야 합니다. '방화벽 설정'창을 열어 '그 외의 포트'에서 '67/udp'를 선택해 줍니다. 서비스의 이름이 bootps라고 나와 있는데 이는 bootp라는 프로토콜의 서버측 포트라는 뜻입니다. bootp는 dhcp와 거의 같은 프로토콜로서 dhcp의 앞 버전 정도로 생각하면 됩니다. '68/udp'는 DHCP 클라이언트측의 포트 넘버이므로 서버의 방화벽에서는 열어줄 필요가 없습니다. 그리고 DHCP가 tcp는 사용하지 않으니 '67,68/tcp'도 그냥 놓아 둡니다.

이제 '호스트 전용 네트워크'에 DHCP 서버가 생겼으니 ClientA와 ClientB의 네트워크 서비스를 재시작하여 IP주소를 받아 오는지 확인해 보겠습니다. 우선 ClientA의 터미널에서 네트워크를 재시작해 줍니다.

```
[root@ClientA ~]# service network restart  Enter↵
```

<그림 11-19>ClientA의 네트워크 서비스 재시작

'eth1에 관한 IP 정보를 얻어 오고 있습니다... 완료. [OK]'라는 메시지가 출력되면 일단 성공입니다. NetworkManager에서 'eth1'이 활성화되어 있는지 확인해보고 그렇지 않다면 활성화시켜 줍니다.

"ifconfig" 명령으로 'eth1' 인터페이스에 어떤 주소가 할당되어 있는지 확인합니다. 아마도 '192.168.56.201'이 할당되어 있을 것입니다. 우리가 구축한 DHCP 서버에 의해 할당된 것임을 알 수 있습니다. ServerA로 ping을 해 봅니다. 응답이 잘 오는지 확인합니다.

'/var/lib/dhcpd.leases'라는 파일을 less 등으로 열어 봅니다. 해당 IP주소를 임대해 준 내용이 기록되어 있습니다. 현재는 모두 같은 IP주소이고 'hardware ethernet' 항목에 임대해간 호스트의 이더넷 주소가 적혀 있는데 확인해 보면 이는 ClientA의 'eth1'의 이더넷 주소와 동일합니다. 임대기록을 살펴보면 기본 임대시간의 약 반 정도 되는 시간에서 재임대가 이루어지고 있음을 확인할 수 있습니다.

ClientB의 네트워크 서비스도 재시작한 후 ClientA의 경우와 동일하게 동작을 확인해 보기 바랍니다.

11.3 DHCP 서버로 고정 IP주소 설정

DHCP를 쓰더라도 특정 호스트에 대해서는 특정한 IP주소를 고정적으로 할당하고 싶은 경우가 있습니다. 예를 들면 공공을 상대로 서비스하는 서버는 아니지만 원격접속으로 업무를 많이 해야 하는 PC 같은 경우가 그렇습니다. 외부에서 원격접속으로 들어오려면 아무래도 IP주소가 변하지 않아야 원활하고 편하게 사용할 수 있습니다. 또 네트워크에 직접 연결한, 공용으로 사용하는 프린터도 고정IP가 필요할 것입니다.

ClientA에 '192.168.56.234'를 고정하여 할당하는 설정을 추가해 보겠습니다. 필요한 내용을 추가하여 작성한 dhcpd.conf가 <그림 11-20>입니다.

```
subnet 192.168.56.0 netmask 255.255.255.0 {
   range 192.168.56.201 192.168.56.254;
   option domain-name-servers 192.168.56.50;
   option routers 192.168.56.1;
   default-lease-time 600;
   max-lease-time 7200;
   host clienta {
          hardware ethernet 08:00:27:f4:df:93;
          fixed-address 192.168.56.234;
   }
}
```

〈그림 11-20〉 ClientA에 고정 IP를 할당하는 dhcpd.conf

host라는 키워드 뒤에 해당 호스트 이름을 쓰고 '{ }'안에는 "hardware ethernet" 뒤에 원하는 호스트의 이더넷주소를, "fixed-address" 뒤에는 그에 할당할 IP주소를 넣어주면 됩니다. 호스트 이름은 설정 파일에서 호스트들을 구분하기 위한 것입니다. 고정 IP 주소를 할당해 줄 호스트들이 많아지면 혼동이 되므로 이를 방지하기 위함입니다.

dhcpd.conf의 편집을 마쳤으면 저장한 후 dhcpd를 재시작해 줍니다. ClientA에서 네트워크 서비스를 재시작하여 ClientA가 '192.168.56.234'의 주소를 할당 받는지 확인해 봅니다.

제12장 원격으로 시스템 관리하기

이 장에서 다루는 내용

- ○ SSH(Secure SHell)를 통해 리눅스 서버 원격 접속하기
- ○ VNC(Virtual Network Computing)로 리눅스 서버 원격접속 하기

이 장의 목표

이 장을 마치고 나면 다음의 능력들을 갖게 될 것입니다.

- · SSH를 설명할 수 있습니다.
- · SSH를 구성하고 이를 이용해 리눅스 서버에 원격으로 접속할 수 있습니다.
- · VNC를 설명할 수 있습니다.
- · VNC를 구성하고 이를 이용해 리눅스 서버에 원격으로 접속할 수 있습니다.

벌써 마지막장이 되었습니다. 그 동안 페도라에 여러 네트워크 서버들을 설치하여 실행해 보았습니다. 그런데 서버 관리자로서 서버를 설치하여 서비스가 이루어지게 하는 것은 매우 중요하지만, 실제로는 그 이후 서버를 유지하는 것이 더욱 중요한 일이 됩니다. 그런데 서버는 24시간 쉬지 않고 서비스를 제공해야 하는 장비이므로 서버의 관리도 본질상 24시간 이루어져야 하는 일이 됩니다. 그렇다고 해서 관리자가 서버와 함께 인생의 모든 시간을 보낼 수는 없는 일입니다. 이를 위해서 서버에서 멀리 떨어진 곳에 있다하더라도 원격으로 서버를 접속할 수 있게 해 주는 도구들이 있습니다. 원격 접속이라면 원래 고전적으로 텔넷(Telnet)이라고 하는 서비스가 있습니다만, 전에도 잠깐 언급했듯이 텔넷은 보안이 전혀 고려되지 않은 서비스이므로 터미널 서버로는 되도록 사용하지 않는 것이 권장되고 있습니다. 따라서 텔넷은 제외하도록 하고 이 장에서는 SSH(Secure SHell)를 통한 페도라의 터미널에 접속하는 방법과 VNC(Virtual Network Computing)를 통한 페도라의 데스크탑에 접속하는 방법을 소개하도록 하겠습니다.

12.1 SSH로 원격 접속

SSH는 8.3절에서 sshfs를 이용한 원격 디렉터리 공유를 공부하면서 사용했던 기억이 있습니다. SSH의 주된 임무는 네트워크로 연결된 두 컴퓨터 사이에 정보를 안전하게 전송할 수 있는 통로를 제공하는 것입니다. SSH라는 것은 이런 안전한 통로를 위한 프로토콜이라는 것이 그 본질입니다. 그래서 이 통로를 이용해 디렉터리 공유도 안전하게 할 수 있었던 것입니다.

여기에서는 안전한 SSH를 이용하여 서버에 터미널 접속을 하는 방법을 알아보도록 하겠습니다. 이것을 위해서는 역시 ssh가 설치되어 있어야 합니다. 이미 8장에서 조사해 보긴 했으나 다시 한 번 살펴보면서 ssh 관련 패키지들에 대해 조금 더 상세하게 알아보겠습니다. ServerA에 설지된 ssh 관련 패키지들을 확인합니다.

```
[root@mail ~]# rpm -qa | grep ssh  Enter↵
openssh-5.2p1-2.fc11.i586
openssh-clients-5.2p1-2.fc11.i586
openssh-askpass-5.2p1-2.fc11.i586
openssh-server-5.2p1-2.fc11.i586
libssh2-1.0-2.fc11.i586
```

〈그림 12-1〉 ServerA에서 ssh 관련 패키지 확인

openssh 패키지는 openssh-clients와 openssh-server에 공통적으로 필요한 실행파일과 라이브러리 등의 파일들을 가지고 있습니다. openssh-clients는 클라이언트로서 ssh 서버에 연결할 때 필요한 실행 파일들이 들어 있는 패키지입니다. openssh-server는 ssh 서버 패키지로서 ssh 서버 데몬인 sshd가 포함되어 있습니다. openssh-askpass는 ssh를 이용해 X 윈도우 환경으로 로그인할 경우 필요한 패스워드 입력 대화창을 포함하고 있는 패키지입니다. 목록 중 마지막에 나오는 libssh2는 ssh의 새로운 버전인 ssh2의 라이브러리 패키지입니다. ssh서버를 구성하기 위해서는 최소한 openssh-server 패키지와 openssh 패키지가 필요하고 ssh 클라이언트를 실행하기 위해서는 최소한 openssh-client 패키지와 openssh 패키지가 설치되어 있어야 합니다.

ClientA에서 ServerA로 접속

ClientA에서 ServerA로 ssh를 통해 접속하려면 ClientA에는 적어도 openssh-client 패키지와 openssh 패키지가 설치되어 있어야 한다고 했습니다. ClientA에는 ssh와 관련하여 어떤 패키지들이 설치되어 있는지 확인해 보도록 하겠습니다.

```
[clienta@ClientA ~]$ rpm -qa | grep ssh    Enter↵
openssh-5.2p1-2.fc11.i586
openssh-clients-5.2p1-2.fc11.i586
openssh-askpass-5.2p1-2.fc11.i586
fuse-sshfs-2.2-5.fc11.i586
openssh-server-5.2p1-2.fc11.i586
libssh2-1.0-2.fc11.i586
```

〈그림 12-2〉 ClientA에서 ssh 관련 패키지 확인

필요한 모든 ssh 관련 패키지들이 설치되어 있습니다. 제8장에서 설치했던 fuse-sshfs 패키지도 보입니다. 이 패키지는 이번 장의 실습하고는 물론 관련은 없습니다.

서버와 클라이언트에 모두 필요한 openssh 패키지가 설치되어 있음이 확인됩니다. 혹시 설치되어 있지 않다면 yum으로 설치하기 바랍니다. 다음은 ServerA에서 ssh 서비스의 데몬인 sshd가 실행 중인지 확인합니다.

```
[root@mail ~]# service sshd status    Enter↵
openssh-daemon (pid  1397)를 실행하고 있습니다..
```

〈그림 12-3〉 ssh 데몬 상태 확인

만약 실행이 되고 있지 않다면 "#service sshd start" 명령으로 실행시키기 바랍니다.

이제 ServerA의 servera 사용자가 ClientA에서 ServerA로 원격 접속이 필요한 상황이라고 가정합니다. ssh를 사용하여 원격으로 접속할 때는 사용자이름과 서버의 FQDN 또는 IP주소를 필요로 합니다. <그림 12-4>와 같이 입력하여 ServerA에 servera 사용자로 로그인합니다.

```
[clienta@ClientA ~]$ ssh servera@192.168.56.50  Enter↵
The authenticity of host '192.168.56.50 (192.168.56.50)' can't be established.
RSA key fingerprint is 75:de:74:14:9e:15:3c:66:cc:25:d4:fe:b9:8a:3f:a0.
Are you sure you want to continue connecting (yes/no)? yes  Enter↵
Warning: Permanently added '192.168.56.50' (RSA) to the list of known hosts.
servera@192.168.56.50's password: (패스워드입력후)  Enter↵
[servera@mail ~]$
```

〈그림 12-4〉 ClientA에서 ServerA에 ssh로 접속

ssh로 접속시에는 "ssh 사용자id@서버주소"의 형태로 입력합니다. 물론 "사용자id"란 원격 ssh서버에 존재하는 사용자id이고 서버주소는 IP주소와 FQDN 모두 좋습니다. 그 다음에 약간 긴 영어문장들이 나오면서 마지막에 물어봅니다. 이것은 ssh를 처음 접속하는 경우에 상대방과의 안전한 통신을 위한 암호키가 있어야 하는데 그것이 없는 상태이기 때문에 그 키를 가져오고 연결하겠냐고 물어보는 것입니다. "yes"라고 입력하고 Enter↵를 눌러줍니다. 그러면 상대 호스트를 호스트목록에 등록했다는 메시지가 나옵니다. 상황에 따라서 조금 기다리면 패스워드를 묻는 메시지가 나옵니다. servera 사용자의 패스워드를 입력하면 프롬프트가 나오는데 바로 ServerA의 servera 사용자의 프롬프트임을 확인할 수 있습니다. 이제 ServerA에 연결된 것입니다. ServerA에서 직접 터미널 창을 띄운 것과 동일한 환경에서 서버를 관리할 수 있습니다. ssh 터미널 접속을 해제하려면 "exit"를 입력합니다.

Windows 호스트에서 ServerA로 접속

서버는 리눅스로 운용하지만 관리자나 사용자가 원격에서 사용하는 컴퓨터는 윈도우즈 기반인 경우가 많습니다. 윈도우즈 컴퓨터에서 ssh를 통해 서버에 접속하려면 어떻게 해야 할까요? 윈도우즈 시스템을 위해서도 ssh 관련 프로그램들이 많이 있습니다 그 중에 가장 유명한 것이 PuTTY(홈페이지는 'http://www.chiark.greenend.org.uk/~sgtatham/putty')입니다. PuTTY는 한글버전(홈페이지는 'http://kldp.net/projects/iputty')도 있습니다. 한글버전을 설치하여 사용해 보겠습니다. 윈도우즈 호스트에서 웹브라우저로 한글 PuTTY의 홈페이지에 접속합니다. 첫 화면의 왼쪽에 메뉴들이 있는데 맨 아래의 <다운로드>를 클릭합

니다. '릴리즈 이름'이 '0.60h'인 것을 클릭합니다. 'HangulPuTTY-0.60h.se... (1.73 MB)'라고 파일이름이 나와 있습니다. 그 오른쪽의 [다운로드]를 누릅니다. 파일을 적절한 위치에 다운로드합니다. 다운로드가 완료되면 실행시켜 한글 PuTTY를 설치합니다. 특별히 수정할 선택사항은 없으므로 계속 진행하여 설치를 완료하면 됩니다. 설치가 완료되면 윈도우즈의 [시작]을 누른 뒤 PuTTY를 찾아 실행합니다. PuTTY의 창이 생성되면 <그림 12-5>와 같이 '접속 대상 정보'의 'Host Name'에 "servera@192.168.56.50"라고 입력하고 [열기]를 누릅니다.

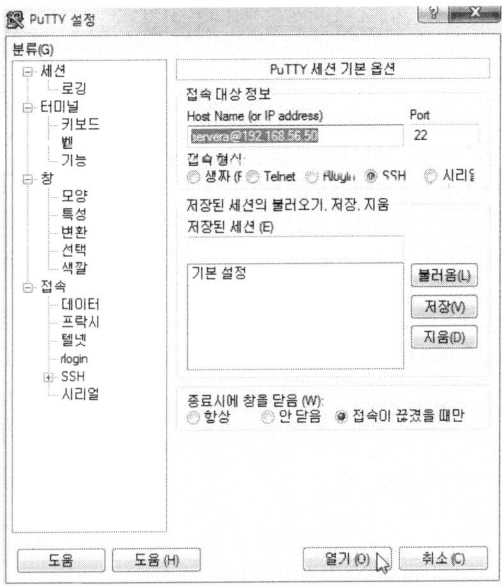

〈그림 12-5〉 PuTTY에 접속정보입력

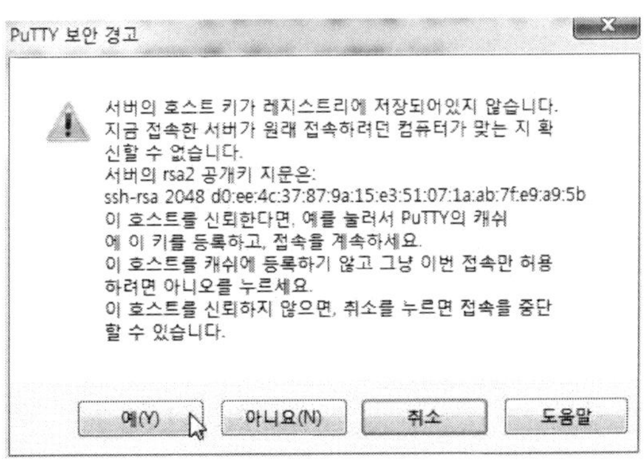

〈그림 12-6〉 ssh 보안경고

다음에는 ssh의 보안경고 창이 나옵니다. 연결 상대가 확실하다면 키를 등록해서 다음에는 편하고 안전하게 연결하도록 하기 위해 [예]를 누릅니다. 이제 필요한 패스워드를 물어보게 되고 입력을 정확히 했다면 ServerA의 servera 사용자 프롬프트가 나오게 됩니다. 역시 연결을 종료하려면 "exit"를 입력해 주면 됩니다.

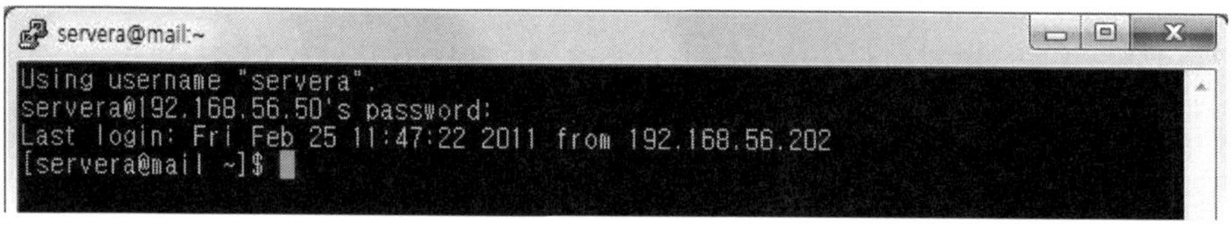

〈그림 12-7 〉 PuTTY로 ServerA에 접속 성공

12.2 VNC로 원격접속

ssh의 원격 터미널로 접속을 하면 텍스트모드로 작업을 하게 됩니다. 서버의 관리라면 텍스트모드로 못할 일은 없습니다만, 그래도 익숙하지 않은 사람에게는 아무래도 좀 불편한 점이 있습니다. 그리고 사용자의 경우에는 프로그램 중에서 그래픽 소프트웨어 등 필수적으로 GUI가 요구되는 것들을 원격으로 접속하여 작업할 필요가 있을 때는 난감하게 됩니다. 이럴 때는 VNC라는 패키지를 설치하여 이용하면 편리합니다.

우선 ServerA에 vnc 서버를 설치해야 합니다. "#yum -y install vnc-server"를 실행하면 페도라는 'tigervnc-server'라는 패키지를 설치해 줍니다.

```
[root@mail ~]# yum -y install vnc-server   Enter↵
```

〈그림 12-8〉 vnc-server의 설치

vnc 서버의 설치가 완료되었으면 실행파일을 수정하여 적절히 설정을 해 주어야 실행이 됩니다. '/etc/sysconfig/vncservers'가 그 실행파일입니다. vi를 이용하여 파일을 엽니다. 이 파일에 '디스플레이번호:사용자id'쌍을 만들어 주어야 합니다. '디스플레이 번호'란 '화면번호'라고 생각하면 됩니다. 현재 컴퓨터에 직접 로그인하여 보고 있는 화면을 '0'번이라고 생각합니다. 이제 vnc로 연결하여 원격에서 사용하기 위한 화면을 만들면 1번, 2번, ...과 같은 번호를 붙여주면 됩니다. 만약 servera 사용자에게 1번 화면을 통해서 원격접속을 하게 하려면 '/etc/sysconfig/vncservers'에 "VNCSERVERS="1:servera""라고 기록합니다. 여기에 user1 사용자가 2번 화면을 통해서 원격접속을 하는 것을 추가하게 되면 "VNCSERVERS="1:servera 2:user1""이라고 빈 칸을 사이에 넣어서 나열하면 됩니다. 두 명의 사용자를 모두 추가하게 되면 설정파일은 <그림 12-9>와 같게 됩니다.

```
        ... 전략 ...
# 'man vncviewer' manual page.

VNCSERVERS="1:servera 2:user1"
# VNCSERVERARGS[2]="-geometry 800x600 -nolisten tcp -nohttpd -localhost"
```

〈그림 12-9〉 vnc 서버 설정파일

이제 각 사용자를 위한 패스워드를 만들어야 합니다. 패스워드를 만드는 것은 사용자 각자의 계정으로 로그인하여 "vncpasswd" 명령을 이용해 생성합니다. 패스워드는 6자 이상이어야 합니다. 지금은 "dytc1234"를 이용하는 것이 편합니다.

```
[servera@mail ~]$ vncpasswd  Enter↵
Password: (패스워드입력)  Enter↵
Verify: (패스워드입력)  Enter↵
```

〈그림 12-10〉 vnc-server의 설치

사용자의 홈 디렉터리 아래에 '.vnc'라는 디렉터리가 생성되고 그 곳에 passwd라는 파일이 생성되었습니다. 패스워드를 저장하는 파일입니다.

```
[servera@mail ~]$ cd .vnc  Enter↵
[servera@mail .vnc]$ ls -l  Enter↵
합계 4
-rw------- 1 servera gusers 8 2011-02-25 14:03 passwd
```

〈그림 12-11〉 생성된 패스워드 파일

user1 사용자에 대해서도 같은 작업을 해 줍니다.

작업이 끝났으면 vnc 서버를 실행시켜 줍니다.

```
[root@mail ~]# service vncserver start  Enter↵
```

〈그림 12-12〉 vnc-server의 실행

'[OK]' 메시지가 나오면 vnc 서버의 가동은 성공입니다. 이제 ClientA에서 vnc를 통해 ServerA로 접속해 보겠습니다. ClientA에는 vnc 클라이언트 패키지가 설치되어 있어야 합니다. 클라이언트 패키지의 이름은 'vnc'입니다.

```
[root@ClientA ~]# yum -y install vnc  Enter↵
```

〈그림 12-13〉 ClientA에 vnc 클라이언트를 설치

패키지이름을 'vnc'로만 입력해도 페도라는 'tigervnc' 패키지를 설치해 줍니다. 그런데 vnc 클라이언트를 이용하는 명령어는 "vncviewer"입니다. 명령을 입력할 때는 적당한 인수를 넣어 주어야 하는데 그 형식은 "vncviewer 서버주소:디스플레이번호"입니다. 어떤 사용자로 접속할 것인가에 따라서 디스플레이번호는 달라지게 될 것입니다. servera 사용자로 로그인해 보도록 합니다.

```
[root@ClientA ~]# vncviewer 192.168.56.50:1  Enter↵
```

〈그림 12-14〉 ServerA에 vnc를 통해 servera 사용자로 접속

그런데 <그림 12-15>와 같은 알 수 없는 창만 뜨고 진행이 되지 않습니다. 무슨 일일까요?

〈그림 12-15〉 vnc 접속 에러

연결을 할 수 없다는 에러입니다. 이것은 서버의 방화벽에서 해당포트를 열어주지 않았기 때문에 발생한 일입니다. 그런데 방화벽의 포트를 열어주기 위해서는 알아야 할 것이 조금 있습니다. vnc는 TCP 포트를 사용하는데 그 기본 포트번호가 5900번입니다. 하지만 열어야 할 포트는 디스플레이 번호까지 고려를 해야 합니다. 즉, 사용하는 포트 번호는 '5900+디스플레이 번호'로 계산됩니다. 따라서 servera 사용자의 경우에는 5901번, user1 사용자는 5902번 포트를 이용하게 됩니다. ServerA의 방화벽에서 해당 포트들을 열어주기 바랍니다. 다시 <그림 12-14>의 접속 명령을 입력하면 이제는 <그림 12-16>과 같은 패스워드를 물어보는 창이 생성됩니다. vnc 사용자 servera의 패스워드를 입력하고 Enter↵를 누릅니다.

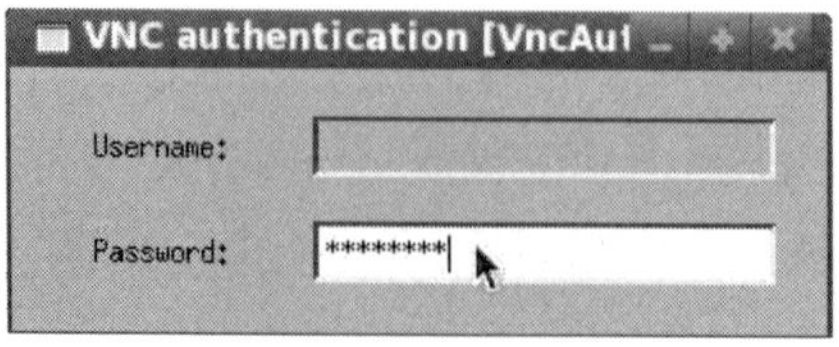

〈그림 12-16〉 패스워드 입력

패스워드가 정확하면 바로 ServerA의 servera 사용자 데스크탑이 펼쳐집니다.

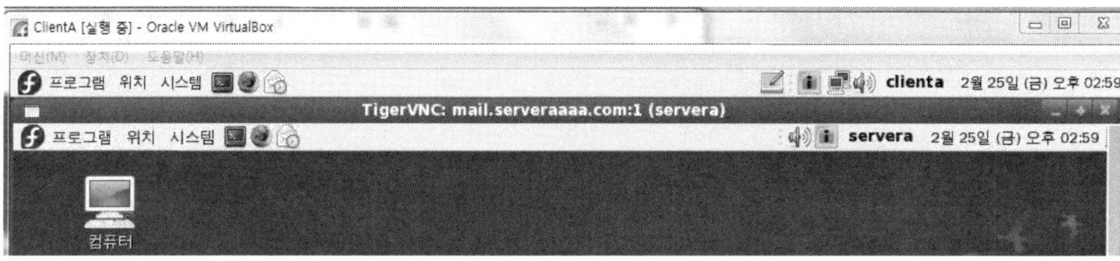

〈그림 12-17〉 vncviewer창에 보이는 servera 사용자의 데스크탑

ClientA에서 ServerA의 user1 사용자로도 접속하여 보기 바랍니다.

이제 윈도우즈 호스트에 vncviewer 프로그램을 설치하여 ServerA에 접속해 보도록 하겠습니다. 페도라에 설치했던 tigervnc의 윈도우 버전도 있으니 그것을 설치하면 될 것입니다. 윈도우즈 호스트에서 웹브라우저를 실행하여 tigervnc 홈페이지 'http://tigervnc.org'를 접속합니다. 홈페이지의 오른쪽에 'Project page'와 'Downloads'라고 쓰여 있는 네모가 있습니다. 그곳의 'Downloads'를 클릭합니다.

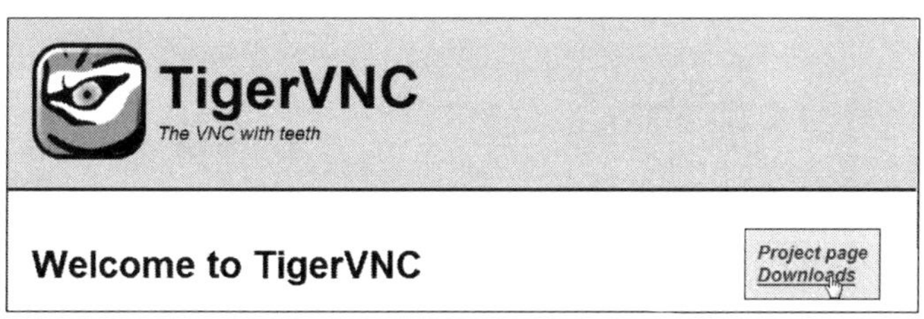

〈그림 12-18〉 Downloads 클릭

다음 페이지에서 <그림 12-19>와 같이 <tigervnc>를 클릭합니다.

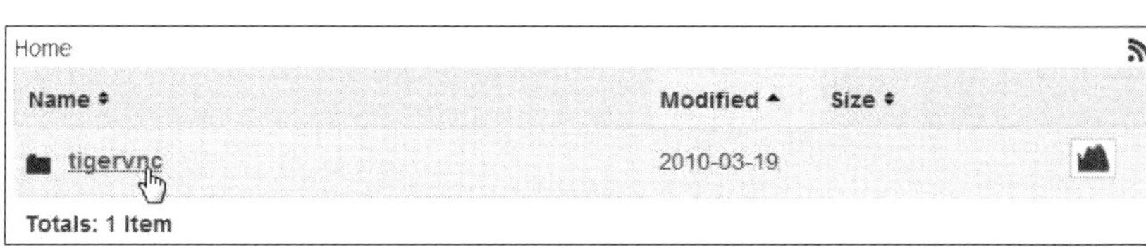

〈그림 12-19〉 tigervnc 클릭

다음 페이지에서는 '1.0.1'을[34] 클릭하고 그 다음에 나오는 페이지에서는 'tigervnc-1.0.1.exe'

34) 2011년2월 현재 가장 최신 버전이 1.0.1입니다. 버전이 바뀌면 이 숫자도 바뀔 것입니다.

을 클릭하면 자동으로 다운로드가 시작됩니다. 만약 다운로드가 시작되지 않으면 <그림 12-20>과 같이 'direct link'를 클릭하여 다운로드가 시작되도록 합니다.

〈그림 12-20〉 다운로드 장애시 direct link 클릭

다운로드가 완료되면 실행시킵니다.
- tigervnc를 설치하겠는데 괜찮냐고 물어봅니다. [예]를 누릅니다.
- 다음 페이지에서 [Next]를 눌러 진행합니다.
- 라이센스 동의 화면입니다. 'I accept the agreement'를 선택하고 [Next]를 누릅니다.
- 설치위치는 주어진 대로 하면 되겠습니다. [Next]
- 시작메뉴 폴더이름 설정입니다. [Next]
- 다음은 서버설정을 어떻게 할 것이냐고 물어보는 것입니다. 우리는 클라이언트만 사용할 것이므로 둘 다 체크를 없앱니다. [Next]

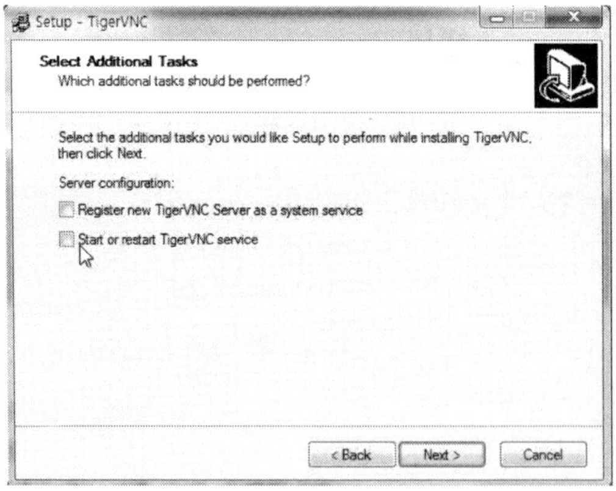

〈그림 12-21〉 서버설정 모두 체크해제

- 다음 페이지에서 [Install]을 눌러 설치를 진행합니다.
- 설치가 끝나면 [Finish]를 눌러줍니다.

설치가 완료되었습니다. 윈도우즈의 [시작]을 누르고 'TigerVNC viewer'를 찾아 실행합니다. <그림 12-22>와 같은 창이 뜨면 서버의 주소와 디스플레이 번호를 입력합니다.

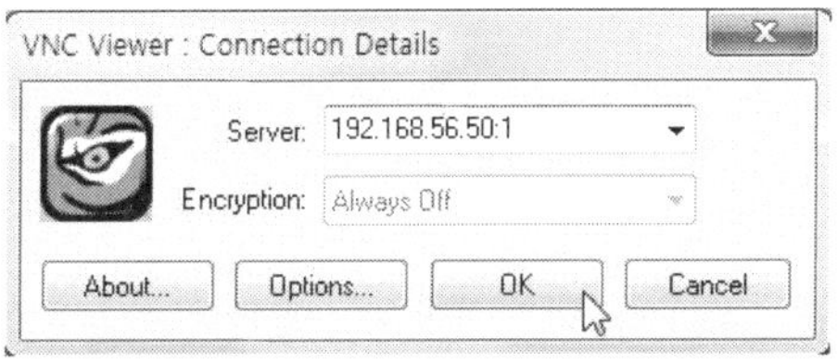

〈그림 12-22〉접속 주소 입력

주소와 포트를 정확히 입력했다면 패스워드를 물어보는 창이 뜹니다. 패스워드를 입력하고 Enter↵를 누릅니다.

〈그림 12-23〉 패스워드 입력

이제 윈도우즈 호스트의 데스크탑 위에 ServerA의 데스크탑이 나타나게 됩니다.

〈그림 12-24〉 윈도우즈 vncviewer에서 보이는 ServerA의 데스크탑

저자 약력

김 교 일

경력
1996년 3월 - 현재 동양미래대학(전 동양공업전문대학) 정보통신과 교수
1991년 3월 - 1996년 2월 한국통신(현 KT) 전임연구원

학력
2003년 8월 Ph.D. (전기 및 컴퓨터공학, University of Texas at Austin)
1990년 8월 공학석사 (전자공학, 서울대학교 대학원)
1987년 2월 공학사 (전자공학, 서울대학교)

저자와의
협의에 의해
인지 생략

VirtualBox를 이용한 리눅스 서버구축 입문

1판 3쇄 2014년 2월 15일

저 자 김교일
발행인 송광헌
발행처 복두출판사
주 소 서울특별시 영등포구 경인로82길 3-4
센터플러스 807호
(우) 150-091
전 화 02-2164-2580
FAX 02-2164-2584
등 록 1993. 11. 22. 제 10-902 호

정가 : 14,000원
ISBN : 978-89-8000-638-0 93560

한국과학기술출판협회 회원사

* 본 도서의 자료 업데이트가 있을 경우 본사 홈페이지 자료실에 업로드 됩니다. 정기적으로 들러서 유익한 자료를 받아가시기 바랍니다.